U0457265

电网调度安全管理
法律法规及制度规定汇编

国家电力调度控制中心　编

中国电力出版社
CHINA ELECTRIC POWER PRESS

内 容 提 要

为了便于各级调度机构工作人员学习和查阅本专业使用频率较高的法律法规和规章制度，本书汇编了能够切实指导调度系统日常工作的各层级法律法规和规章制度 21 项，主要包括《中华人民共和国安全生产法》《电力安全事故应急处置和调查处理条例》《重大活动电力安全保障工作规定》《国家电网有限公司调度机构安全工作规定》等。

本书可供国家电网公司各级调度系统人员、调度机构管理人员学习使用，也可供广大电力系统工作人员阅读参考。

图书在版编目（CIP）数据

电网调度安全管理法律法规及制度规定汇编/国家电力调度控制中心编． —北京：中国电力出版社，2023.7（2025.8 重印）
　ISBN 978-7-5198-7679-1

　Ⅰ．①电…　Ⅱ．①国…　Ⅲ．①电力系统调度－安全管理－法律－汇编－中国　Ⅳ．①D922.292

　中国国家版本馆 CIP 数据核字（2023）第 051484 号

出版发行：中国电力出版社
地　　址：北京市东城区北京站西街 19 号（邮政编码 100005）
网　　址：http://www.cepp.sgcc.com.cn
责任编辑：穆智勇（010-63412336）
责任校对：黄　蓓　常燕昆
装帧设计：张俊霞
责任印制：石　雷

印　　刷：固安县铭成印刷有限公司
版　　次：2023 年 7 月第一版
印　　次：2025 年 8 月北京第五次印刷
开　　本：787 毫米×1092 毫米　16 开本
印　　张：16
字　　数：392 千字
定　　价：62.00 元

前 言

　　党中央提出了"四个革命、一个合作"能源安全新战略和能源强国新目标，强调要深入推进能源革命，加快规划建设新型能源体系，助力实现碳达峰碳中和目标，支撑经济社会高质量发展。电力安全生产关系国计民生和经济发展全局，为更好统筹发展和安全，必须进一步梳理完善电力安全生产涉及的法律法规和规范性文件，在调度系统保障电网安全稳定运行及电力可靠供应工作中发挥更有力的支撑作用。

　　面对新时期、新形势，电网规模、电网形态、调度责任发生了很大变化，对电网调度安全管理提出了更高要求、更高标准。调度系统作为电力生产调度、电网运行控制的主要组织者、执行者，是保障电力可靠供应、电网安全稳定运行的重要责任机构，其各项工作均有完备的法律法规、制度规定支撑。国家电力调度控制中心从确保电网安全运行和电力可靠供应，全面提升公司各级调度机构安全管理水平，强化调度人员安全培训工作出发，组织梳理了与电网调度运行安全密切相关的法律法规及规章制度，以安全管理制度的有效性、重要性、常用性为原则，汇编成《电网调度安全管理法律法规及制度规定汇编》（以下简称《汇编》）。

　　本书汇编并更新了《中华人民共和国安全生产法》《国家电网有限公司安全事故调查规程》《国家电网有限公司调度机构安全工作规定》等法律法规、公司规章制度及管理规定，是公司安全生产管理的依据，要充分发挥其在调度机构安全生产领域的技术支撑和引领性作用，有效指导各级调度机构日常安全管理工作，助力公司"一体四翼"高质量发展。在编写《汇编》过程中，我们秉承严谨、全面、实用原则，为调度系统专业及管理人员提供法规、制度支撑。《汇编》是各级调度机构开展安全生产的必备参考资料，能够有效指导各级调度机构日常安全管理工作。

国家电力调度控制中心汇编工作组

2023 年 3 月

目 录

1　中华人民共和国安全生产法

中华人民共和国主席令

第八十八号

《全国人民代表大会常务委员会关于修改〈中华人民共和国安全生产法〉的决定》已由中华人民共和国第十三届全国人民代表大会常务委员会第二十九次会议于 2021 年 6 月 10 日通过，现予公布，自 2021 年 9 月 1 日起施行。

中华人民共和国主席　习近平

2021 年 6 月 10 日

第一章　总　　则

第一条　为了加强安全生产工作，防止和减少生产安全事故，保障人民群众生命和财产安全，促进经济社会持续健康发展，制定本法。

第二条　在中华人民共和国领域内从事生产经营活动的单位（以下统称生产经营单位）的安全生产，适用本法；有关法律、行政法规对消防安全和道路交通安全、铁路交通安全、水上交通安全、民用航空安全以及核与辐射安全、特种设备安全另有规定的，适用其规定。

第三条　安全生产工作坚持中国共产党的领导。

安全生产工作应当以人为本，坚持人民至上、生命至上，把保护人民生命安全摆在首位，树牢安全发展理念，坚持安全第一、预防为主、综合治理的方针，从源头上防范化解重大安全风险。

安全生产工作实行管行业必须管安全、管业务必须管安全、管生产经营必须管安全，强化和落实生产经营单位主体责任与政府监管责任，建立生产经营单位负责、职工参与、政府监管、行业自律和社会监督的机制。

第四条　生产经营单位必须遵守本法和其他有关安全生产的法律、法规，加强安全生产管理，建立健全全员安全生产责任制和安全生产规章制度，加大对安全生产资金、物资、技术、人员的投入保障力度，改善安全生产条件，加强安全生产标准化、信息化建设，构建安全风险分级管控和隐患排查治理双重预防机制，健全风险防范化解机制，提高安全生产水平，确保安全生产。

平台经济等新兴行业、领域的生产经营单位应当根据本行业、领域的特点，建立健全并落实全员安全生产责任制，加强从业人员安全生产教育和培训，履行本法和其他法律、法规规定的有关安全生产义务。

第五条 生产经营单位的主要负责人是本单位安全生产第一责任人，对本单位的安全生产工作全面负责。其他负责人对职责范围内的安全生产工作负责。

第六条 生产经营单位的从业人员有依法获得安全生产保障的权利，并应当依法履行安全生产方面的义务。

第七条 工会依法对安全生产工作进行监督。

生产经营单位的工会依法组织职工参加本单位安全生产工作的民主管理和民主监督，维护职工在安全生产方面的合法权益。生产经营单位制定或者修改有关安全生产的规章制度，应当听取工会的意见。

第八条 国务院和县级以上地方各级人民政府应当根据国民经济和社会发展规划制定安全生产规划，并组织实施。安全生产规划应当与国土空间规划等相关规划相衔接。

各级人民政府应当加强安全生产基础设施建设和安全生产监管能力建设，所需经费列入本级预算。

县级以上地方各级人民政府应当组织有关部门建立完善安全风险评估与论证机制，按照安全风险管控要求，进行产业规划和空间布局，并对位置相邻、行业相近、业态相似的生产经营单位实施重大安全风险联防联控。

第九条 国务院和县级以上地方各级人民政府应当加强对安全生产工作的领导，建立健全安全生产工作协调机制，支持、督促各有关部门依法履行安全生产监督管理职责，及时协调、解决安全生产监督管理中存在的重大问题。

乡镇人民政府和街道办事处，以及开发区、工业园区、港区、风景区等应当明确负责安全生产监督管理的有关工作机构及其职责，加强安全生产监管力量建设，按照职责对本行政区域或者管理区域内生产经营单位安全生产状况进行监督检查，协助人民政府有关部门或者按照授权依法履行安全生产监督管理职责。

第十条 国务院应急管理部门依照本法，对全国安全生产工作实施综合监督管理；县级以上地方各级人民政府应急管理部门依照本法，对本行政区域内安全生产工作实施综合监督管理。

国务院交通运输、住房和城乡建设、水利、民航等有关部门依照本法和其他有关法律、行政法规的规定，在各自的职责范围内对有关行业、领域的安全生产工作实施监督管理；县级以上地方各级人民政府有关部门依照本法和其他有关法律、法规的规定，在各自的职责范围内对有关行业、领域的安全生产工作实施监督管理。对新兴行业、领域的安全生产监督管理职责不明确的，由县级以上地方各级人民政府按照业务相近的原则确定监督管理部门。

应急管理部门和对有关行业、领域的安全生产工作实施监督管理的部门，统称负有安全生产监督管理职责的部门。负有安全生产监督管理职责的部门应当相互配合、齐抓共管、信息共享、资源共用，依法加强安全生产监督管理工作。

第十一条 国务院有关部门应当按照保障安全生产的要求，依法及时制定有关的国家标准或者行业标准，并根据科技进步和经济发展适时修订。

生产经营单位必须执行依法制定的保障安全生产的国家标准或者行业标准。

第十二条 国务院有关部门按照职责分工负责安全生产强制性国家标准的项目提出、组织起草、征求意见、技术审查。国务院应急管理部门统筹提出安全生产强制性国家标准的立项计划。国务院标准化行政主管部门负责安全生产强制性国家标准的立项、编号、对外通报和授权批准发布工作。国务院标准化行政主管部门、有关部门依据法定职责对安全生产强制性国家标准的实施进行监督检查。

第十三条 各级人民政府及其有关部门应当采取多种形式，加强对有关安全生产的法律、法规和安全生产知识的宣传，增强全社会的安全生产意识。

第十四条 有关协会组织依照法律、行政法规和章程，为生产经营单位提供安全生产方面的信息、培训等服务，发挥自律作用，促进生产经营单位加强安全生产管理。

第十五条 依法设立的为安全生产提供技术、管理服务的机构，依照法律、行政法规和执业准则，接受生产经营单位的委托为其安全生产工作提供技术、管理服务。

生产经营单位委托前款规定的机构提供安全生产技术、管理服务的，保证安全生产的责任仍由本单位负责。

第十六条 国家实行生产安全事故责任追究制度，依照本法和有关法律、法规的规定，追究生产安全事故责任单位和责任人员的法律责任。

第十七条 县级以上各级人民政府应当组织负有安全生产监督管理职责的部门依法编制安全生产权力和责任清单，公开并接受社会监督。

第十八条 国家鼓励和支持安全生产科学技术研究和安全生产先进技术的推广应用，提高安全生产水平。

第十九条 国家对在改善安全生产条件、防止生产安全事故、参加抢险救护等方面取得显著成绩的单位和个人，给予奖励。

第二章 生产经营单位的安全生产保障

第二十条 生产经营单位应当具备本法和有关法律、行政法规和国家标准或者行业标准规定的安全生产条件；不具备安全生产条件的，不得从事生产经营活动。

第二十一条 生产经营单位的主要负责人对本单位安全生产工作负有下列职责：

（一）建立健全并落实本单位全员安全生产责任制，加强安全生产标准化建设；

（二）组织制定并实施本单位安全生产规章制度和操作规程；

（三）组织制定并实施本单位安全生产教育和培训计划；

（四）保证本单位安全生产投入的有效实施；

（五）组织建立并落实安全风险分级管控和隐患排查治理双重预防工作机制，督促、检查本单位的安全生产工作，及时消除生产安全事故隐患；

（六）组织制定并实施本单位的生产安全事故应急救援预案；

（七）及时、如实报告生产安全事故。

第二十二条 生产经营单位的全员安全生产责任制应当明确各岗位的责任人员、责任范围和考核标准等内容。

生产经营单位应当建立相应的机制，加强对全员安全生产责任制落实情况的监督考核，保证全员安全生产责任制的落实。

第二十三条 生产经营单位应当具备的安全生产条件所必需的资金投入，由生产经营单位的决策机构、主要负责人或者个人经营的投资人予以保证，并对由于安全生产所必需的资金投入不足导致的后果承担责任。

有关生产经营单位应当按照规定提取和使用安全生产费用，专门用于改善安全生产条件。安全生产费用在成本中据实列支。安全生产费用提取、使用和监督管理的具体办法由国务院财政部门会同国务院应急管理部门征求国务院有关部门意见后制定。

第二十四条 矿山、金属冶炼、建筑施工、运输单位和危险物品的生产、经营、储存、装卸单位，应当设置安全生产管理机构或者配备专职安全生产管理人员。

前款规定以外的其他生产经营单位，从业人员超过一百人的，应当设置安全生产管理机构或者配备专职安全生产管理人员；从业人员在一百人以下的，应当配备专职或者兼职的安全生产管理人员。

第二十五条 生产经营单位的安全生产管理机构以及安全生产管理人员履行下列职责：

（一）组织或者参与拟订本单位安全生产规章制度、操作规程和生产安全事故应急救援预案；

（二）组织或者参与本单位安全生产教育和培训，如实记录安全生产教育和培训情况；

（三）组织开展危险源辨识和评估，督促落实本单位重大危险源的安全管理措施；

（四）组织或者参与本单位应急救援演练；

（五）检查本单位的安全生产状况，及时排查生产安全事故隐患，提出改进安全生产管理的建议；

（六）制止和纠正违章指挥、强令冒险作业、违反操作规程的行为；

（七）督促落实本单位安全生产整改措施。

生产经营单位可以设置专职安全生产分管负责人，协助本单位主要负责人履行安全生产管理职责。

第二十六条 生产经营单位的安全生产管理机构以及安全生产管理人员应当恪尽职守，依法履行职责。

生产经营单位作出涉及安全生产的经营决策，应当听取安全生产管理机构以及安全生产管理人员的意见。

生产经营单位不得因安全生产管理人员依法履行职责而降低其工资、福利等待遇或者解除与其订立的劳动合同。

危险物品的生产、储存单位以及矿山、金属冶炼单位的安全生产管理人员的任免，应当告知主管的负有安全生产监督管理职责的部门。

第二十七条 生产经营单位的主要负责人和安全生产管理人员必须具备与本单位所从事的生产经营活动相应的安全生产知识和管理能力。

危险物品的生产、经营、储存、装卸单位以及矿山、金属冶炼、建筑施工、运输单位的主要负责人和安全生产管理人员，应当由主管的负有安全生产监督管理职责的部门对其安全生产知识和管理能力考核合格。考核不得收费。

危险物品的生产、储存、装卸单位以及矿山、金属冶炼单位应当有注册安全工程师从事安全生产管理工作。鼓励其他生产经营单位聘用注册安全工程师从事安全生产管理工作。注册安全工程师按专业分类管理，具体办法由国务院人力资源和社会保障部门、国务院应急管理部门会同国务院有关部门制定。

第二十八条 生产经营单位应当对从业人员进行安全生产教育和培训，保证从业人员具备必要的安全生产知识，熟悉有关的安全生产规章制度和安全操作规程，掌握本岗位的安全操作技能，了解事故应急处理措施，知悉自身在安全生产方面的权利和义务。未经安全生教育和培训合格的从业人员，不得上岗作业。

生产经营单位使用被派遣劳动者的，应当将被派遣劳动者纳入本单位从业人员统一管理，对被派遣劳动者进行岗位安全操作规程和安全操作技能的教育和培训。劳务派遣单位应当对被派遣劳动者进行必要的安全生产教育和培训。

生产经营单位接收中等职业学校、高等学校学生实习的，应当对实习学生进行相应的安全生产教育和培训，提供必要的劳动防护用品。学校应当协助生产经营单位对实习学生进行安全生产教育和培训。

生产经营单位应当建立安全生产教育和培训档案，如实记录安全生产教育和培训的时间、内容、参加人员以及考核结果等情况。

第二十九条 生产经营单位采用新工艺、新技术、新材料或者使用新设备，必须了解、掌握其安全技术特性，采取有效的安全防护措施，并对从业人员进行专门的安全生产教育和培训。

第三十条 生产经营单位的特种作业人员必须按照国家有关规定经专门的安全作业培训，取得相应资格，方可上岗作业。

特种作业人员的范围由国务院应急管理部门会同国务院有关部门确定。

第三十一条 生产经营单位新建、改建、扩建工程项目（以下统称建设项目）的安全设施，必须与主体工程同时设计、同时施工、同时投入生产和使用。安全设施投资应当纳入建设项目概算。

第三十二条 矿山、金属冶炼建设项目和用于生产、储存、装卸危险物品的建设项目，应当按照国家有关规定进行安全评价。

第三十三条 建设项目安全设施的设计人、设计单位应当对安全设施设计负责。

矿山、金属冶炼建设项目和用于生产、储存、装卸危险物品的建设项目的安全设施设计应当按照国家有关规定报经有关部门审查，审查部门及其负责审查的人员对审查结果负责。

第三十四条 矿山、金属冶炼建设项目和用于生产、储存、装卸危险物品的建设项目的施工单位必须按照批准的安全设施设计施工，并对安全设施的工程质量负责。

矿山、金属冶炼建设项目和用于生产、储存、装卸危险物品的建设项目竣工投入生产或者使用前，应当由建设单位负责组织对安全设施进行验收；验收合格后，方可投入生产和使用。负有安全生产监督管理职责的部门应当加强对建设单位验收活动和验收结果的监督核查。

第三十五条 生产经营单位应当在有较大危险因素的生产经营场所和有关设施、设备上，设置明显的安全警示标志。

第三十六条 安全设备的设计、制造、安装、使用、检测、维修、改造和报废，应当符合国家标准或者行业标准。

生产经营单位必须对安全设备进行经常性维护、保养，并定期检测，保证正常运转。维护、保养、检测应当作好记录，并由有关人员签字。

生产经营单位不得关闭、破坏直接关系生产安全的监控、报警、防护、救生设备、设施，或者篡改、隐瞒、销毁其相关数据、信息。

餐饮等行业的生产经营单位使用燃气的，应当安装可燃气体报警装置，并保障其正常使用。

第三十七条 生产经营单位使用的危险物品的容器、运输工具，以及涉及人身安全、危险性较大的海洋石油开采特种设备和矿山井下特种设备，必须按照国家有关规定，由专业生产单位生产，并经具有专业资质的检测、检验机构检测、检验合格，取得安全使用证或者安全标志，方可投入使用。检测、检验机构对检测、检验结果负责。

第三十八条 国家对严重危及生产安全的工艺、设备实行淘汰制度，具体目录由国务院应急管理部门会同国务院有关部门制定并公布。法律、行政法规对目录的制定另有规定的，适用其规定。

省、自治区、直辖市人民政府可以根据本地区实际情况制定并公布具体目录，对前款规定以外的危及生产安全的工艺、设备予以淘汰。

生产经营单位不得使用应当淘汰的危及生产安全的工艺、设备。

第三十九条 生产、经营、运输、储存、使用危险物品或者处置废弃危险物品的，由有关主管部门依照有关法律、法规的规定和国家标准或者行业标准审批并实施监督管理。

生产经营单位生产、经营、运输、储存、使用危险物品或者处置废弃危险物品，必须执行有关法律、法规和国家标准或者行业标准，建立专门的安全管理制度，采取可靠的安全措施，接受有关主管部门依法实施的监督管理。

第四十条 生产经营单位对重大危险源应当登记建档，进行定期检测、评估、监控，并制定应急预案，告知从业人员和相关人员在紧急情况下应当采取的应急措施。

生产经营单位应当按照国家有关规定将本单位重大危险源及有关安全措施、应急措施报有关地方人民政府应急管理部门和有关部门备案。有关地方人民政府应急管理部门和有关部门应当通过相关信息系统实现信息共享。

第四十一条 生产经营单位应当建立安全风险分级管控制度，按照安全风险分级采取相应的管控措施。

生产经营单位应当建立健全并落实生产安全事故隐患排查治理制度，采取技术、管理措施，及时发现并消除事故隐患。事故隐患排查治理情况应当如实记录，并通过职工大会或者职工代表大会、信息公示栏等方式向从业人员通报。其中，重大事故隐患排查治理情况应当及时向负有安全生产监督管理职责的部门和职工大会或者职工代表大会报告。

县级以上地方各级人民政府负有安全生产监督管理职责的部门应当将重大事故隐患纳入相关信息系统，建立健全重大事故隐患治理督办制度，督促生产经营单位消除重大事故隐患。

第四十二条 生产、经营、储存、使用危险物品的车间、商店、仓库不得与员工宿舍在同一座建筑物内，并应当与员工宿舍保持安全距离。

生产经营场所和员工宿舍应当设有符合紧急疏散要求、标志明显、保持畅通的出口、疏散通道。禁止占用、锁闭、封堵生产经营场所或者员工宿舍的出口、疏散通道。

第四十三条 生产经营单位进行爆破、吊装、动火、临时用电以及国务院应急管理部门会同国务院有关部门规定的其他危险作业，应当安排专门人员进行现场安全管理，确保操作规程的遵守和安全措施的落实。

第四十四条 生产经营单位应当教育和督促从业人员严格执行本单位的安全生产规章制度和安全操作规程；并向从业人员如实告知作业场所和工作岗位存在的危险因素、防范措施以及事故应急措施。

生产经营单位应当关注从业人员的身体、心理状况和行为习惯，加强对从业人员的心理疏导、精神慰藉，严格落实岗位安全生产责任，防范从业人员行为异常导致事故发生。

第四十五条 生产经营单位必须为从业人员提供符合国家标准或者行业标准的劳动防护用品，并监督、教育从业人员按照使用规则佩戴、使用。

第四十六条 生产经营单位的安全生产管理人员应当根据本单位的生产经营特点，对安全生产状况进行经常性检查；对检查中发现的安全问题，应当立即处理；不能处理的，应当及时报告本单位有关负责人，有关负责人应当及时处理。检查及处理情况应当如实记录在案。

生产经营单位的安全生产管理人员在检查中发现重大事故隐患，依照前款规定向本单位有关负责人报告，有关负责人不及时处理的，安全生产管理人员可以向主管的负有安全生产监督管理职责的部门报告，接到报告的部门应当依法及时处理。

第四十七条 生产经营单位应当安排用于配备劳动防护用品、进行安全生产培训的经费。

第四十八条 两个以上生产经营单位在同一作业区域内进行生产经营活动，可能危及对方生产安全的，应当签订安全生产管理协议，明确各自的安全生产管理职责和应当采取的安全措施，并指定专职安全生产管理人员进行安全检查与协调。

第四十九条 生产经营单位不得将生产经营项目、场所、设备发包或者出租给不具备安全生产条件或者相应资质的单位或者个人。

生产经营项目、场所发包或者出租给其他单位的，生产经营单位应当与承包单位、承租单位签订专门的安全生产管理协议，或者在承包合同、租赁合同中约定各自的安全生产管理职责；生产经营单位对承包单位、承租单位的安全生产工作统一协调、管理，定期进行安全检查，发现安全问题的，应当及时督促整改。

矿山、金属冶炼建设项目和用于生产、储存、装卸危险物品的建设项目的施工单位应当加强对施工项目的安全管理，不得倒卖、出租、出借、挂靠或者以其他形式非法转让施工资质，不得将其承包的全部建设工程转包给第三人或者将其承包的全部建设工程支解以后以分包的名义分别转包给第三人，不得将工程分包给不具备相应资质条件的单位。

第五十条 生产经营单位发生生产安全事故时，单位的主要负责人应当立即组织抢救，并不得在事故调查处理期间擅离职守。

第五十一条 生产经营单位必须依法参加工伤保险，为从业人员缴纳保险费。

国家鼓励生产经营单位投保安全生产责任保险；属于国家规定的高危行业、领域的生产经营单位，应当投保安全生产责任保险。具体范围和实施办法由国务院应急管理部门会同国务院财政部门、国务院保险监督管理机构和相关行业主管部门制定。

第三章　从业人员的安全生产权利义务

第五十二条 生产经营单位与从业人员订立的劳动合同，应当载明有关保障从业人员劳动安全、防止职业危害的事项，以及依法为从业人员办理工伤保险的事项。

生产经营单位不得以任何形式与从业人员订立协议，免除或者减轻其对从业人员因生产安全事故伤亡依法应承担的责任。

第五十三条 生产经营单位的从业人员有权了解其作业场所和工作岗位存在的危险因素、防范措施及事故应急措施，有权对本单位的安全生产工作提出建议。

第五十四条 从业人员有权对本单位安全生产工作中存在的问题提出批评、检举、控告；有权拒绝违章指挥和强令冒险作业。

生产经营单位不得因从业人员对本单位安全生产工作提出批评、检举、控告或者拒绝违章指挥、强令冒险作业而降低其工资、福利等待遇或者解除与其订立的劳动合同。

第五十五条 从业人员发现直接危及人身安全的紧急情况时，有权停止作业或者在采取可能的应急措施后撤离作业场所。

生产经营单位不得因从业人员在前款紧急情况下停止作业或者采取紧急撤离措施而降低其工资、福利等待遇或者解除与其订立的劳动合同。

第五十六条 生产经营单位发生生产安全事故后，应当及时采取措施救治有关人员。

因生产安全事故受到损害的从业人员，除依法享有工伤保险外，依照有关民事法律尚有获得赔偿的权利的，有权提出赔偿要求。

第五十七条 从业人员在作业过程中，应当严格落实岗位安全责任，遵守本单位的安全生产规章制度和操作规程，服从管理，正确佩戴和使用劳动防护用品。

第五十八条 从业人员应当接受安全生产教育和培训，掌握本职工作所需的安全生产知识，提高安全生产技能，增强事故预防和应急处理能力。

第五十九条 从业人员发现事故隐患或者其他不安全因素，应当立即向现场安全生产管理人员或者本单位负责人报告；接到报告的人员应当及时予以处理。

第六十条 工会有权对建设项目的安全设施与主体工程同时设计、同时施工、同时投入生产和使用进行监督，提出意见。

工会对生产经营单位违反安全生产法律、法规，侵犯从业人员合法权益的行为，有权要求纠正；发现生产经营单位违章指挥、强令冒险作业或者发现事故隐患时，有权提出解决的建议，生产经营单位应当及时研究答复；发现危及从业人员生命安全的情况时，有权向生产经营单位建议组织从业人员撤离危险场所，生产经营单位必须立即作出处理。

工会有权依法参加事故调查，向有关部门提出处理意见，并要求追究有关人员的责任。

第六十一条 生产经营单位使用被派遣劳动者的，被派遣劳动者享有本法规定的从业人员的权利，并应当履行本法规定的从业人员的义务。

第四章 安全生产的监督管理

第六十二条 县级以上地方各级人民政府应当根据本行政区域内的安全生产状况，组织有关部门按照职责分工，对本行政区域内容易发生重大生产安全事故的生产经营单位进行严格检查。

应急管理部门应当按照分类分级监督管理的要求，制定安全生产年度监督检查计划，并按照年度监督检查计划进行监督检查，发现事故隐患，应当及时处理。

第六十三条 负有安全生产监督管理职责的部门依照有关法律、法规的规定，对涉及安全生产的事项需要审查批准（包括批准、核准、许可、注册、认证、颁发证照等，下同）或者验收的，必须严格依照有关法律、法规和国家标准或者行业标准规定的安全生产条件和程序进行审查；不符合有关法律、法规和国家标准或者行业标准规定的安全生产条件的，不得批准或者验收通过。对未依法取得批准或者验收合格的单位擅自从事有关活动的，负责行政审批的部门发现或者接到举报后应当立即予以取缔，并依法予以处理。对已经依法取得批准的单位，负责行政审批的部门发现其不再具备安全生产条件的，应当撤销原批准。

第六十四条 负有安全生产监督管理职责的部门对涉及安全生产的事项进行审查、验收，不得收取费用；不得要求接受审查、验收的单位购买其指定品牌或者指定生产、销售单位的安全设备、器材或者其他产品。

第六十五条 应急管理部门和其他负有安全生产监督管理职责的部门依法开展安全生产行政执法工作，对生产经营单位执行有关安全生产的法律、法规和国家标准或者行业标准的情况进行监督检查，行使以下职权：

（一）进入生产经营单位进行检查，调阅有关资料，向有关单位和人员了解情况；

（二）对检查中发现的安全生产违法行为，当场予以纠正或者要求限期改正；对依法应当给予行政处罚的行为，依照本法和其他有关法律、行政法规的规定作出行政处罚决定；

（三）对检查中发现的事故隐患，应当责令立即排除；重大事故隐患排除前或者排除过程中无法保证安全的，应当责令从危险区域内撤出作业人员，责令暂时停产停业或者停止使用相关设施、设备；重大事故隐患排除后，经审查同意，方可恢复生产经营和使用；

（四）对有根据认为不符合保障安全生产的国家标准或者行业标准的设施、设备、器材以及违法生产、储存、使用、经营、运输的危险物品予以查封或者扣押，对违法生产、储存、使用、经营危险物品的作业场所予以查封，并依法作出处理决定。

监督检查不得影响被检查单位的正常生产经营活动。

第六十六条 生产经营单位对负有安全生产监督管理职责的部门的监督检查人员（以下统称安全生产监督检查人员）依法履行监督检查职责，应当予以配合，不得拒绝、阻挠。

第六十七条 安全生产监督检查人员应当忠于职守，坚持原则，秉公执法。

安全生产监督检查人员执行监督检查任务时，必须出示有效的行政执法证件；对涉及被检查单位的技术秘密和业务秘密，应当为其保密。

第六十八条 安全生产监督检查人员应当将检查的时间、地点、内容、发现的问题及其处理情况，作出书面记录，并由检查人员和被检查单位的负责人签字；被检查单位的负责人拒绝签字的，检查人员应当将情况记录在案，并向负有安全生产监督管理职责的部门报告。

第六十九条 负有安全生产监督管理职责的部门在监督检查中，应当互相配合，实行联合检查；确需分别进行检查的，应当互通情况，发现存在的安全问题应当由其他有关部门进行处理的，应当及时移送其他有关部门并形成记录备查，接受移送的部门应当及时进行处理。

第七十条 负有安全生产监督管理职责的部门依法对存在重大事故隐患的生产经营单位作出停产停业、停止施工、停止使用相关设施或者设备的决定，生产经营单位应当依法执行，及时消除事故隐患。生产经营单位拒不执行，有发生生产安全事故的现实危险的，在保证安全的前提下，经本部门主要负责人批准，负有安全生产监督管理职责的部门可以采取通知有关单位停止供电、停止供应民用爆炸物品等措施，强制生产经营单位履行决定。通知应当采用书面形式，有关单位应当予以配合。

负有安全生产监督管理职责的部门依照前款规定采取停止供电措施，除危及生产安全的紧急情形外，应当提前二十四小时通知生产经营单位。生产经营单位依法履行行政决定、采取相应措施消除事故隐患的，负有安全生产监督管理职责的部门应当及时解除前款规定的措施。

第七十一条 监察机关依照监察法的规定，对负有安全生产监督管理职责的部门及其工作人员履行安全生产监督管理职责实施监察。

第七十二条 承担安全评价、认证、检测、检验职责的机构应当具备国家规定的资质条件，并对其作出的安全评价、认证、检测、检验结果的合法性、真实性负责。资质条件由国务院应急管理部门会同国务院有关部门制定。

承担安全评价、认证、检测、检验职责的机构应当建立并实施服务公开和报告公开制度，不得租借资质、挂靠、出具虚假报告。

第七十三条 负有安全生产监督管理职责的部门应当建立举报制度，公开举报电话、信箱或者电子邮件地址等网络举报平台，受理有关安全生产的举报；受理的举报事项经调查核实后，应当形成书面材料；需要落实整改措施的，报经有关负责人签字并督促落实。对不属于本部门职责，需要由其他有关部门进行调查处理的，转交其他有关部门处理。

涉及人员死亡的举报事项，应当由县级以上人民政府组织核查处理。

第七十四条 任何单位或者个人对事故隐患或者安全生产违法行为，均有权向负有安全生产监督管理职责的部门报告或者举报。

因安全生产违法行为造成重大事故隐患或者导致重大事故，致使国家利益或者社会公共利益受到侵害的，人民检察院可以根据民事诉讼法、行政诉讼法的相关规定提起公益诉讼。

第七十五条 居民委员会、村民委员会发现其所在区域内的生产经营单位存在事故隐患或者安全生产违法行为时，应当向当地人民政府或者有关部门报告。

第七十六条 县级以上各级人民政府及其有关部门对报告重大事故隐患或者举报安全生产违法行为的有功人员，给予奖励。具体奖励办法由国务院应急管理部门会同国务院财政部门制定。

第七十七条 新闻、出版、广播、电影、电视等单位有进行安全生产公益宣传教育的义务，有对违反安全生产法律、法规的行为进行舆论监督的权利。

第七十八条 负有安全生产监督管理职责的部门应当建立安全生产违法行为信息库，如实记录生产经营单位及其有关从业人员的安全生产违法行为信息；对违法行为情节严重的生产经营单位及其有关从业人员，应当及时向社会公告，并通报行业主管部门、投资主管部门、自然资源主管部门、生态环境主管部门、证券监督管理机构以及有关金融机构。有关部门和机构应当对存在失信行为的生产经营单位及其有关从业人员采取加大执法检查频次、暂停项目审批、上调有关保险费率、行业或者职业禁入等联合惩戒措施，并向社会公示。

负有安全生产监督管理职责的部门应当加强对生产经营单位行政处罚信息的及时归集、共享、应用和公开，对生产经营单位作出处罚决定后七个工作日内在监督管理部门公示系统予以公开曝光，强化对违法失信生产经营单位及其有关从业人员的社会监督，提高全社会安全生产诚信水平。

第五章 生产安全事故的应急救援与调查处理

第七十九条 国家加强生产安全事故应急能力建设，在重点行业、领域建立应急救援基地和应急救援队伍，并由国家安全生产应急救援机构统一协调指挥；鼓励生产经营单位和其他社会力量建立应急救援队伍，配备相应的应急救援装备和物资，提高应急救援的专业化水平。

国务院应急管理部门牵头建立全国统一的生产安全事故应急救援信息系统，国务院交通运输、住房和城乡建设、水利、民航等有关部门和县级以上地方人民政府建立健全相关行业、领域、地区的生产安全事故应急救援信息系统，实现互联互通、信息共享，通过推行网上安全信息采集、安全监管和监测预警，提升监管的精准化、智能化水平。

第八十条　县级以上地方各级人民政府应当组织有关部门制定本行政区域内生产安全事故应急救援预案，建立应急救援体系。

乡镇人民政府和街道办事处，以及开发区、工业园区、港区、风景区等应当制定相应的生产安全事故应急救援预案，协助人民政府有关部门或者按照授权依法履行生产安全事故应急救援工作职责。

第八十一条　生产经营单位应当制定本单位生产安全事故应急救援预案，与所在地县级以上地方人民政府组织制定的生产安全事故应急救援预案相衔接，并定期组织演练。

第八十二条　危险物品的生产、经营、储存单位以及矿山、金属冶炼、城市轨道交通运营、建筑施工单位应当建立应急救援组织；生产经营规模较小的，可以不建立应急救援组织，但应当指定兼职的应急救援人员。

危险物品的生产、经营、储存、运输单位以及矿山、金属冶炼、城市轨道交通运营、建筑施工单位应当配备必要的应急救援器材、设备和物资，并进行经常性维护、保养，保证正常运转。

第八十三条　生产经营单位发生生产安全事故后，事故现场有关人员应当立即报告本单位负责人。

单位负责人接到事故报告后，应当迅速采取有效措施，组织抢救，防止事故扩大，减少人员伤亡和财产损失，并按照国家有关规定立即如实报告当地负有安全生产监督管理职责的部门，不得隐瞒不报、谎报或者迟报，不得故意破坏事故现场、毁灭有关证据。

第八十四条　负有安全生产监督管理职责的部门接到事故报告后，应当立即按照国家有关规定上报事故情况。负有安全生产监督管理职责的部门和有关地方人民政府对事故情况不得隐瞒不报、谎报或者迟报。

第八十五条　有关地方人民政府和负有安全生产监督管理职责的部门的负责人接到生产安全事故报告后，应当按照生产安全事故应急救援预案的要求立即赶到事故现场，组织事故抢救。

参与事故抢救的部门和单位应当服从统一指挥，加强协同联动，采取有效的应急救援措施，并根据事故救援的需要采取警戒、疏散等措施，防止事故扩大和次生灾害的发生，减少人员伤亡和财产损失。

事故抢救过程中应当采取必要措施，避免或者减少对环境造成的危害。

任何单位和个人都应当支持、配合事故抢救，并提供一切便利条件。

第八十六条　事故调查处理应当按照科学严谨、依法依规、实事求是、注重实效的原则，及时、准确地查清事故原因，查明事故性质和责任，评估应急处置工作，总结事故教训，提出整改措施，并对事故责任单位和人员提出处理建议。事故调查报告应当依法及时向社会公布。事故调查和处理的具体办法由国务院制定。

事故发生单位应当及时全面落实整改措施，负有安全生产监督管理职责的部门应当加强监督检查。

负责事故调查处理的国务院有关部门和地方人民政府应当在批复事故调查报告后一年内，组织有关部门对事故整改和防范措施落实情况进行评估，并及时向社会公开评估结果；对不履行职责导致事故整改和防范措施没有落实的有关单位和人员，应当按照有关规定追究责任。

第八十七条 生产经营单位发生生产安全事故，经调查确定为责任事故的，除了应当查明事故单位的责任并依法予以追究外，还应当查明对安全生产的有关事项负有审查批准和监督职责的行政部门的责任，对有失职、渎职行为的，依照本法第九十条的规定追究法律责任。

第八十八条 任何单位和个人不得阻挠和干涉对事故的依法调查处理。

第八十九条 县级以上地方各级人民政府应急管理部门应当定期统计分析本行政区域内发生生产安全事故的情况，并定期向社会公布。

第六章 法 律 责 任

第九十条 负有安全生产监督管理职责的部门的工作人员，有下列行为之一的，给予降级或者撤职的处分；构成犯罪的，依照刑法有关规定追究刑事责任：

（一）对不符合法定安全生产条件的涉及安全生产的事项予以批准或者验收通过的；

（二）发现未依法取得批准、验收的单位擅自从事有关活动或者接到举报后不予取缔或者不依法予以处理的；

（三）对已经依法取得批准的单位不履行监督管理职责，发现其不再具备安全生产条件而不撤销原批准或者发现安全生产违法行为不予查处的；

（四）在监督检查中发现重大事故隐患，不依法及时处理的。

负有安全生产监督管理职责的部门的工作人员有前款规定以外的滥用职权、玩忽职守、徇私舞弊行为的，依法给予处分；构成犯罪的，依照刑法有关规定追究刑事责任。

第九十一条 负有安全生产监督管理职责的部门，要求被审查、验收的单位购买其指定的安全设备、器材或者其他产品的，在对安全生产事项的审查、验收中收取费用的，由其上级机关或者监察机关责令改正，责令退还收取的费用；情节严重的，对直接负责的主管人员和其他直接责任人员依法给予处分。

第九十二条 承担安全评价、认证、检测、检验职责的机构出具失实报告的，责令停业整顿，并处三万元以上十万元以下的罚款；给他人造成损害的，依法承担赔偿责任。

承担安全评价、认证、检测、检验职责的机构租借资质、挂靠、出具虚假报告的，没收违法所得；违法所得在十万元以上的，并处违法所得二倍以上五倍以下的罚款，没有违法所得或者违法所得不足十万元的，单处或者并处十万元以上二十万元以下的罚款；对其直接负责的主管人员和其他直接责任人员处五万元以上十万元以下的罚款；给他人造成损害的，与生产经营单位承担连带赔偿责任；构成犯罪的，依照刑法有关规定追究刑事责任。

对有前款违法行为的机构及其直接责任人员，吊销其相应资质和资格，五年内不得从事安全评价、认证、检测、检验等工作；情节严重的，实行终身行业和职业禁入。

第九十三条 生产经营单位的决策机构、主要负责人或者个人经营的投资人不依照本法规定保证安全生产所必需的资金投入，致使生产经营单位不具备安全生产条件的，责令限期改正，提供必需的资金；逾期未改正的，责令生产经营单位停产停业整顿。

有前款违法行为，导致发生生产安全事故的，对生产经营单位的主要负责人给予撤职处分，对个人经营的投资人处二万元以上二十万元以下的罚款；构成犯罪的，依照刑法有关规定追究刑事责任。

第九十四条 生产经营单位的主要负责人未履行本法规定的安全生产管理职责的，责令限期改正，处二万元以上五万元以下的罚款；逾期未改正的，处五万元以上十万元以下的罚款，责令生产经营单位停产停业整顿。

生产经营单位的主要负责人有前款违法行为，导致发生生产安全事故的，给予撤职处分；构成犯罪的，依照刑法有关规定追究刑事责任。

生产经营单位的主要负责人依照前款规定受刑事处罚或者撤职处分的，自刑罚执行完毕或者受处分之日起，五年内不得担任任何生产经营单位的主要负责人；对重大、特别重大生产安全事故负有责任的，终身不得担任本行业生产经营单位的主要负责人。

第九十五条 生产经营单位的主要负责人未履行本法规定的安全生产管理职责，导致发生生产安全事故的，由应急管理部门依照下列规定处以罚款：

（一）发生一般事故的，处上一年年收入百分之四十的罚款；

（二）发生较大事故的，处上一年年收入百分之六十的罚款；

（三）发生重大事故的，处上一年年收入百分之八十的罚款；

（四）发生特别重大事故的，处上一年年收入百分之一百的罚款。

第九十六条 生产经营单位的其他负责人和安全生产管理人员未履行本法规定的安全生产管理职责的，责令限期改正，处一万元以上三万元以下的罚款；导致发生生产安全事故的，暂停或者吊销其与安全生产有关的资格，并处上一年年收入百分之二十以上百分之五十以下的罚款；构成犯罪的，依照刑法有关规定追究刑事责任。

第九十七条 生产经营单位有下列行为之一的，责令限期改正，处十万元以下的罚款；逾期未改正的，责令停产停业整顿，并处十万元以上二十万元以下的罚款，对其直接负责的主管人员和其他直接责任人员处二万元以上五万元以下的罚款：

（一）未按照规定设置安全生产管理机构或者配备安全生产管理人员、注册安全工程师的；

（二）危险物品的生产、经营、储存、装卸单位以及矿山、金属冶炼、建筑施工、运输单位的主要负责人和安全生产管理人员未按照规定经考核合格的；

（三）未按照规定对从业人员、被派遣劳动者、实习学生进行安全生产教育和培训，或者未按照规定如实告知有关的安全生产事项的；

（四）未如实记录安全生产教育和培训情况的；

（五）未将事故隐患排查治理情况如实记录或者未向从业人员通报的；

（六）未按照规定制定生产安全事故应急救援预案或者未定期组织演练的；

（七）特种作业人员未按照规定经专门的安全作业培训并取得相应资格，上岗作业的。

第九十八条 生产经营单位有下列行为之一的，责令停止建设或者停产停业整顿，限期改正，并处十万元以上五十万元以下的罚款，对其直接负责的主管人员和其他直接责任人员处二万元以上五万元以下的罚款；逾期未改正的，处五十万元以上一百万元以下的罚款，对其直接负责的主管人员和其他直接责任人员处五万元以上十万元以下的罚款；构成犯罪的，依照刑法有关规定追究刑事责任：

（一）未按照规定对矿山、金属冶炼建设项目或者用于生产、储存、装卸危险物品的建设项目进行安全评价的；

（二）矿山、金属冶炼建设项目或者用于生产、储存、装卸危险物品的建设项目没有安全设施设计或者安全设施设计未按照规定报经有关部门审查同意的；

（三）矿山、金属冶炼建设项目或者用于生产、储存、装卸危险物品的建设项目的施工单位未按照批准的安全设施设计施工的；

（四）矿山、金属冶炼建设项目或者用于生产、储存、装卸危险物品的建设项目竣工投入生产或者使用前，安全设施未经验收合格的。

第九十九条 生产经营单位有下列行为之一的，责令限期改正，处五万元以下的罚款；逾期未改正的，处五万元以上二十万元以下的罚款，对其直接负责的主管人员和其他直接责任人员处一万元以上二万元以下的罚款；情节严重的，责令停产停业整顿；构成犯罪的，依照刑法有关规定追究刑事责任：

（一）未在有较大危险因素的生产经营场所和有关设施、设备上设置明显的安全警示标志的；

（二）安全设备的安装、使用、检测、改造和报废不符合国家标准或者行业标准的；

（三）未对安全设备进行经常性维护、保养和定期检测的；

（四）关闭、破坏直接关系生产安全的监控、报警、防护、救生设备、设施，或者篡改、隐瞒、销毁其相关数据、信息的；

（五）未为从业人员提供符合国家标准或者行业标准的劳动防护用品的；

（六）危险物品的容器、运输工具，以及涉及人身安全、危险性较大的海洋石油开采特种设备和矿山井下特种设备未经具有专业资质的机构检测、检验合格，取得安全使用证或者安全标志，投入使用的；

（七）使用应当淘汰的危及生产安全的工艺、设备的；

（八）餐饮等行业的生产经营单位使用燃气未安装可燃气体报警装置的。

第一百条 未经依法批准，擅自生产、经营、运输、储存、使用危险物品或者处置废弃危险物品的，依照有关危险物品安全管理的法律、行政法规的规定予以处罚；构成犯罪的，依照刑法有关规定追究刑事责任。

第一百零一条 生产经营单位有下列行为之一的，责令限期改正，处十万元以下的罚款；逾期未改正的，责令停产停业整顿，并处十万元以上二十万元以下的罚款，对其直接负责的主管人员和其他直接责任人员处二万元以上五万元以下的罚款；构成犯罪的，依照刑法有关规定追究刑事责任：

（一）生产、经营、运输、储存、使用危险物品或者处置废弃危险物品，未建立专门安全管理制度、未采取可靠的安全措施的；

（二）对重大危险源未登记建档，未进行定期检测、评估、监控，未制定应急预案，或者未告知应急措施的；

（三）进行爆破、吊装、动火、临时用电以及国务院应急管理部门会同国务院有关部门规定的其他危险作业，未安排专门人员进行现场安全管理的；

（四）未建立安全风险分级管控制度或者未按照安全风险分级采取相应管控措施的；

（五）未建立事故隐患排查治理制度，或者重大事故隐患排查治理情况未按照规定报告的。

第一百零二条 生产经营单位未采取措施消除事故隐患的，责令立即消除或者限期消除，处五万元以下的罚款；生产经营单位拒不执行的，责令停产停业整顿，对其直接负责的主管人员和其他直接责任人员处五万元以上十万元以下的罚款；构成犯罪的，依照刑法有关规定追究刑事责任。

第一百零三条 生产经营单位将生产经营项目、场所、设备发包或者出租给不具备安全生产条件或者相应资质的单位或者个人的，责令限期改正，没收违法所得；违法所得十万元以上的，并处违法所得二倍以上五倍以下的罚款；没有违法所得或者违法所得不足十万元的，单处或者并处十万元以上二十万元以下的罚款；对其直接负责的主管人员和其他直接责任人员处一万元以上二万元以下的罚款；导致发生生产安全事故给他人造成损害的，与承包方、承租方承担连带赔偿责任。

生产经营单位未与承包单位、承租单位签订专门的安全生产管理协议或者未在承包合同、租赁合同中明确各自的安全生产管理职责，或者未对承包单位、承租单位的安全生产统一协调、管理的，责令限期改正，处五万元以下的罚款，对其直接负责的主管人员和其他直接责任人员处一万元以下的罚款；逾期未改正的，责令停产停业整顿。

矿山、金属冶炼建设项目和用于生产、储存、装卸危险物品的建设项目的施工单位未按照规定对施工项目进行安全管理的，责令限期改正，处十万元以下的罚款，对其直接负责的主管人员和其他直接责任人员处二万元以下的罚款；逾期未改正的，责令停产停业整顿。以上施工单位倒卖、出租、出借、挂靠或者以其他形式非法转让施工资质的，责令停产停业整顿，吊销资质证书，没收违法所得；违法所得十万元以上的，并处违法所得二倍以上五倍以下的罚款，没有违法所得或者违法所得不足十万元的，单处或者并处十万元以上二十万元以下的罚款；对其直接负责的主管人员和其他直接责任人员处五万元以上十万元以下的罚款；构成犯罪的，依照刑法有关规定追究刑事责任。

第一百零四条 两个以上生产经营单位在同一作业区域内进行可能危及对方安全生产的生产经营活动，未签订安全生产管理协议或者未指定专职安全生产管理人员进行安全检查与协调的，责令限期改正，处五万元以下的罚款，对其直接负责的主管人员和其他直接责任人员处一万元以下的罚款；逾期未改正的，责令停产停业。

第一百零五条 生产经营单位有下列行为之一的，责令限期改正，处五万元以下的罚款，对其直接负责的主管人员和其他直接责任人员处一万元以下的罚款；逾期未改正的，责令停产停业整顿；构成犯罪的，依照刑法有关规定追究刑事责任：

（一）生产、经营、储存、使用危险物品的车间、商店、仓库与员工宿舍在同一座建筑内，或者与员工宿舍的距离不符合安全要求的；

（二）生产经营场所和员工宿舍未设有符合紧急疏散需要、标志明显、保持畅通的出口、疏散通道，或者占用、锁闭、封堵生产经营场所或者员工宿舍出口、疏散通道的。

第一百零六条 生产经营单位与从业人员订立协议，免除或者减轻其对从业人员因生产安全事故伤亡依法应承担的责任的，该协议无效；对生产经营单位的主要负责人、个人经营的投资人处二万元以上十万元以下的罚款。

第一百零七条 生产经营单位的从业人员不落实岗位安全责任，不服从管理，违反安全生产规章制度或者操作规程的，由生产经营单位给予批评教育，依照有关规章制度给予处分；构成犯罪的，依照刑法有关规定追究刑事责任。

第一百零八条 违反本法规定，生产经营单位拒绝、阻碍负有安全生产监督管理职责的部门依法实施监督检查的，责令改正；拒不改正的，处二万元以上二十万元以下的罚款；对其直接负责的主管人员和其他直接责任人员处一万元以上二万元以下的罚款；构成犯罪的，依照刑法有关规定追究刑事责任。

第一百零九条 高危行业、领域的生产经营单位未按照国家规定投保安全生产责任保险的，责令限期改正，处五万元以上十万元以下的罚款；逾期未改正的，处十万元以上二十万元以下的罚款。

第一百一十条 生产经营单位的主要负责人在本单位发生生产安全事故时，不立即组织抢救或者在事故调查处理期间擅离职守或者逃匿的，给予降级、撤职的处分，并由应急管理部门处上一年年收入百分之六十至百分之一百的罚款；对逃匿的处十五日以下拘留；构成犯罪的，依照刑法有关规定追究刑事责任。

生产经营单位的主要负责人对生产安全事故隐瞒不报、谎报或者迟报的，依照前款规定处罚。

第一百一十一条 有关地方人民政府、负有安全生产监督管理职责的部门，对生产安全事故隐瞒不报、谎报或者迟报的，对直接负责的主管人员和其他直接责任人员依法给予处分；构成犯罪的，依照刑法有关规定追究刑事责任。

第一百一十二条 生产经营单位违反本法规定，被责令改正且受到罚款处罚，拒不改正的，负有安全生产监督管理职责的部门可以自作出责令改正之日的次日起，按照原处罚数额按日连续处罚。

第一百一十三条 生产经营单位存在下列情形之一的，负有安全生产监督管理职责的部门应当提请地方人民政府予以关闭，有关部门应当依法吊销其有关证照。生产经营单位主要负责人五年内不得担任任何生产经营单位的主要负责人；情节严重的，终身不得担任本行业生产经营单位的主要负责人：

（一）存在重大事故隐患，一百八十日内三次或者一年内四次受到本法规定的行政处罚的；

（二）经停产停业整顿，仍不具备法律、行政法规和国家标准或者行业标准规定的安全生产条件的；

（三）不具备法律、行政法规和国家标准或者行业标准规定的安全生产条件，导致发生重大、特别重大生产安全事故的；

（四）拒不执行负有安全生产监督管理职责的部门作出的停产停业整顿决定的。

第一百一十四条 发生生产安全事故，对负有责任的生产经营单位除要求其依法承担相应的赔偿等责任外，由应急管理部门依照下列规定处以罚款：

（一）发生一般事故的，处三十万元以上一百万元以下的罚款；

（二）发生较大事故的，处一百万元以上二百万元以下的罚款；

（三）发生重大事故的，处二百万元以上一千万元以下的罚款；

（四）发生特别重大事故的，处一千万元以上二千万元以下的罚款。

发生生产安全事故，情节特别严重、影响特别恶劣的，应急管理部门可以按照前款罚款数额的二倍以上五倍以下对负有责任的生产经营单位处以罚款。

第一百一十五条 本法规定的行政处罚，由应急管理部门和其他负有安全生产监督管理职责的部门按照职责分工决定；其中，根据本法第九十五条、第一百一十条、第一百一十四条的规定应当给予民航、铁路、电力行业的生产经营单位及其主要负责人行政处罚的，也可以由主管的负有安全生产监督管理职责的部门进行处罚。予以关闭的行政处罚，由负有安全生产监督管理职责的部门报请县级以上人民政府按照国务院规定的权限决定；给予拘留的行政处罚，由公安机关依照治安管理处罚的规定决定。

第一百一十六条　生产经营单位发生生产安全事故造成人员伤亡、他人财产损失的，应当依法承担赔偿责任；拒不承担或者其负责人逃匿的，由人民法院依法强制执行。

生产安全事故的责任人未依法承担赔偿责任，经人民法院依法采取执行措施后，仍不能对受害人给予足额赔偿的，应当继续履行赔偿义务；受害人发现责任人有其他财产的，可以随时请求人民法院执行。

第七章　附　　则

第一百一十七条　本法下列用语的含义：

危险物品，是指易燃易爆物品、危险化学品、放射性物品等能够危及人身安全和财产安全的物品。

重大危险源，是指长期地或者临时地生产、搬运、使用或者储存危险物品，且危险物品的数量等于或者超过临界量的单元（包括场所和设施）。

第一百一十八条　本法规定的生产安全一般事故、较大事故、重大事故、特别重大事故的划分标准由国务院规定。

国务院应急管理部门和其他负有安全生产监督管理职责的部门应当根据各自的职责分工，制定相关行业、领域重大危险源的辨识标准和重大事故隐患的判定标准。

第一百一十九条　本法自 2002 年 11 月 1 日起施行。

2 中华人民共和国网络安全法

（2016 年 11 月 7 日第十二届全国人民代表大会常务委员会第二十四次会议通过 2016 年 11 月 7 日中华人民共和国主席令第 53 号公布 自 2017 年 6 月 1 日起施行）

中华人民共和国主席令

第五十三号

《中华人民共和国网络安全法》已由中华人民共和国第十二届全国人民代表大会常务委员会第二十四次会议于 2016 年 11 月 7 日通过，现予公布，自 2017 年 6 月 1 日起施行。

中华人民共和国主席 习近平

2016 年 11 月 7 日

第一章 总 则

第一条 为了保障网络安全，维护网络空间主权和国家安全、社会公共利益，保护公民、法人和其他组织的合法权益，促进经济社会信息化健康发展，制定本法。

第二条 在中华人民共和国境内建设、运营、维护和使用网络，以及网络安全的监督管理，适用本法。

第三条 国家坚持网络安全与信息化发展并重，遵循积极利用、科学发展、依法管理、确保安全的方针，推进网络基础设施建设和互联互通，鼓励网络技术创新和应用，支持培养网络安全人才，建立健全网络安全保障体系，提高网络安全保护能力。

第四条 国家制定并不断完善网络安全战略，明确保障网络安全的基本要求和主要目标，提出重点领域的网络安全政策、工作任务和措施。

第五条 国家采取措施，监测、防御、处置来源于中华人民共和国境内外的网络安全风险和威胁，保护关键信息基础设施免受攻击、侵入、干扰和破坏，依法惩治网络违法犯罪活动，维护网络空间安全和秩序。

第六条 国家倡导诚实守信、健康文明的网络行为，推动传播社会主义核心价值观，采取措施提高全社会的网络安全意识和水平，形成全社会共同参与促进网络安全的良好环境。

第七条 国家积极开展网络空间治理、网络技术研发和标准制定、打击网络违法犯罪等方面的国际交流与合作，推动构建和平、安全、开放、合作的网络空间，建立多边、民主、透明的网络治理体系。

第八条 国家网信部门负责统筹协调网络安全工作和相关监督管理工作。国务院电信主管部门、公安部门和其他有关机关依照本法和有关法律、行政法规的规定，在各自职责范围内负责网络安全保护和监督管理工作。

县级以上地方人民政府有关部门的网络安全保护和监督管理职责，按照国家有关规定确定。

第九条 网络运营者开展经营和服务活动，必须遵守法律、行政法规，尊重社会公德，遵守商业道德，诚实信用，履行网络安全保护义务，接受政府和社会的监督，承担社会责任。

第十条 建设、运营网络或者通过网络提供服务，应当依照法律、行政法规的规定和国家标准的强制性要求，采取技术措施和其他必要措施，保障网络安全、稳定运行，有效应对网络安全事件，防范网络违法犯罪活动，维护网络数据的完整性、保密性和可用性。

第十一条 网络相关行业组织按照章程，加强行业自律，制定网络安全行为规范，指导会员加强网络安全保护，提高网络安全保护水平，促进行业健康发展。

第十二条 国家保护公民、法人和其他组织依法使用网络的权利，促进网络接入普及，提升网络服务水平，为社会提供安全、便利的网络服务，保障网络信息依法有序自由流动。

任何个人和组织使用网络应当遵守宪法法律，遵守公共秩序，尊重社会公德，不得危害网络安全，不得利用网络从事危害国家安全、荣誉和利益，煽动颠覆国家政权、推翻社会主义制度，煽动分裂国家、破坏国家统一，宣扬恐怖主义、极端主义，宣扬民族仇恨、民族歧视，传播暴力、淫秽色情信息，编造、传播虚假信息扰乱经济秩序和社会秩序，以及侵害他人名誉、隐私、知识产权和其他合法权益等活动。

第十三条 国家支持研究开发有利于未成年人健康成长的网络产品和服务，依法惩治利用网络从事危害未成年人身心健康的活动，为未成年人提供安全、健康的网络环境。

第十四条 任何个人和组织有权对危害网络安全的行为向网信、电信、公安等部门举报。收到举报的部门应当及时依法作出处理；不属于本部门职责的，应当及时移送有权处理的部门。

有关部门应当对举报人的相关信息予以保密，保护举报人的合法权益。

第二章 网络安全支持与促进

第十五条 国家建立和完善网络安全标准体系。国务院标准化行政主管部门和国务院其他有关部门根据各自的职责，组织制定并适时修订有关网络安全管理以及网络产品、服务和运行安全的国家标准、行业标准。

国家支持企业、研究机构、高等学校、网络相关行业组织参与网络安全国家标准、行业标准的制定。

第十六条 国务院和省、自治区、直辖市人民政府应当统筹规划，加大投入，扶持重点网络安全技术产业和项目，支持网络安全技术的研究开发和应用，推广安全可信的网络产品和服务，保护网络技术知识产权，支持企业、研究机构和高等学校等参与国家网络安全技术创新项目。

第十七条 国家推进网络安全社会化服务体系建设，鼓励有关企业、机构开展网络安全认证、检测和风险评估等安全服务。

第十八条 国家鼓励开发网络数据安全保护和利用技术，促进公共数据资源开放，推动技术创新和经济社会发展。

国家支持创新网络安全管理方式，运用网络新技术，提升网络安全保护水平。

第十九条 各级人民政府及其有关部门应当组织开展经常性的网络安全宣传教育，并指导、督促有关单位做好网络安全宣传教育工作。

大众传播媒介应当有针对性地面向社会进行网络安全宣传教育。

第二十条 国家支持企业和高等学校、职业学校等教育培训机构开展网络安全相关教育与培训，采取多种方式培养网络安全人才，促进网络安全人才交流。

第三章 网 络 运 行 安 全

第一节 一 般 规 定

第二十一条 国家实行网络安全等级保护制度。网络运营者应当按照网络安全等级保护制度的要求，履行下列安全保护义务，保障网络免受干扰、破坏或者未经授权的访问，防止网络数据泄露或者被窃取、篡改：

（一）制定内部安全管理制度和操作规程，确定网络安全负责人，落实网络安全保护责任；

（二）采取防范计算机病毒和网络攻击、网络侵入等危害网络安全行为的技术措施；

（三）采取监测、记录网络运行状态、网络安全事件的技术措施，并按照规定留存相关的网络日志不少于六个月；

（四）采取数据分类、重要数据备份和加密等措施；

（五）法律、行政法规规定的其他义务。

第二十二条 网络产品、服务应当符合相关国家标准的强制性要求。网络产品、服务的提供者不得设置恶意程序；发现其网络产品、服务存在安全缺陷、漏洞等风险时，应当立即采取补救措施，按照规定及时告知用户并向有关主管部门报告。

网络产品、服务的提供者应当为其产品、服务持续提供安全维护；在规定或者当事人约定的期限内，不得终止提供安全维护。

网络产品、服务具有收集用户信息功能的，其提供者应当向用户明示并取得同意；涉及用户个人信息的，还应当遵守本法和有关法律、行政法规关于个人信息保护的规定。

第二十三条 网络关键设备和网络安全专用产品应当按照相关国家标准的强制性要求，由具备资格的机构安全认证合格或者安全检测符合要求后，方可销售或者提供。国家网信部门会同国务院有关部门制定、公布网络关键设备和网络安全专用产品目录，并推动安全认证和安全检测结果互认，避免重复认证、检测。

第二十四条 网络运营者为用户办理网络接入、域名注册服务，办理固定电话、移动电话等入网手续，或为用户提供信息发布、即时通讯等服务，在与用户签订协议或者确认提供服务时，应当要求用户提供真实身份信息。用户不提供真实身份信息的，网络运营者不得为其提供相关服务。

国家实施网络可信身份战略，支持研究开发安全、方便的电子身份认证技术，推动不同电子身份认证之间的互认。

第二十五条 网络运营者应当制定网络安全事件应急预案，及时处置系统漏洞、计算机病毒、网络攻击、网络侵入等安全风险；在发生危害网络安全的事件时，立即启动应急预案，采取相应的补救措施，并按照规定向有关主管部门报告。

第二十六条 开展网络安全认证、检测、风险评估等活动，向社会发布系统漏洞、计算机病毒、网络攻击、网络侵入等网络安全信息，应当遵守国家有关规定。

第二十七条　任何个人和组织不得从事非法侵入他人网络、干扰他人网络正常功能、窃取网络数据等危害网络安全的活动；不得提供专门用于从事侵入网络、干扰网络正常功能及防护措施、窃取网络数据等危害网络安全活动的程序、工具；明知他人从事危害网络安全的活动的，不得为其提供技术支持、广告推广、支付结算等帮助。

第二十八条　网络运营者应当为公安机关、国家安全机关依法维护国家安全和侦查犯罪的活动提供技术支持和协助。

第二十九条　国家支持网络运营者之间在网络安全信息收集、分析、通报和应急处置等方面进行合作，提高网络运营者的安全保障能力。

有关行业组织建立健全本行业的网络安全保护规范和协作机制，加强对网络安全风险的分析评估，定期向会员进行风险警示，支持、协助会员应对网络安全风险。

第三十条　网信部门和有关部门在履行网络安全保护职责中获取的信息，只能用于维护网络安全的需要，不得用于其他用途。

第二节　关键信息基础设施的运行安全

第三十一条　国家对公共通信和信息服务、能源、交通、水利、金融、公共服务、电子政务等重要行业和领域，以及其他一旦遭到破坏、丧失功能或者数据泄露，可能严重危害国家安全、国计民生、公共利益的关键信息基础设施，在网络安全等级保护制度的基础上，实行重点保护。关键信息基础设施的具体范围和安全保护办法由国务院制定。

国家鼓励关键信息基础设施以外的网络运营者自愿参与关键信息基础设施保护体系。

第三十二条　按照国务院规定的职责分工，负责关键信息基础设施安全保护工作的部门分别编制并组织实施本行业、本领域的关键信息基础设施安全规划，指导和监督关键信息基础设施运行安全保护工作。

第三十三条　建设关键信息基础设施应当确保其具有支持业务稳定、持续运行的性能，并保证安全技术措施同步规划、同步建设、同步使用。

第三十四条　除本法第二十一条的规定外，关键信息基础设施的运营者还应当履行下列安全保护义务：

（一）设置专门安全管理机构和安全管理负责人，并对该负责人和关键岗位的人员进行安全背景审查；

（二）定期对从业人员进行网络安全教育、技术培训和技能考核；

（三）对重要系统和数据库进行容灾备份；

（四）制定网络安全事件应急预案，并定期进行演练；

（五）法律、行政法规规定的其他义务。

第三十五条　关键信息基础设施的运营者采购网络产品和服务，可能影响国家安全的，应当通过国家网信部门会同国务院有关部门组织的国家安全审查。

第三十六条　关键信息基础设施的运营者采购网络产品和服务，应当按照规定与提供者签订安全保密协议，明确安全和保密义务与责任。

第三十七条　关键信息基础设施的运营者在中华人民共和国境内运营中收集和产生的个人信息和重要数据应当在境内存储。因业务需要，确需向境外提供的，应当按照国家网信部门会同国务院有关部门制定的办法进行安全评估；法律、行政法规另有规定的，依照其规定。

第三十八条 关键信息基础设施的运营者应当自行或者委托网络安全服务机构对其网络的安全性和可能存在的风险每年至少进行一次检测评估，并将检测评估情况和改进措施报送相关负责关键信息基础设施安全保护工作的部门。

第三十九条 国家网信部门应当统筹协调有关部门对关键信息基础设施的安全保护采取下列措施：

（一）对关键信息基础设施的安全风险进行抽查检测，提出改进措施，必要时可以委托网络安全服务机构对网络存在的安全风险进行检测评估；

（二）定期组织关键信息基础设施的运营者进行网络安全应急演练，提高应对网络安全事件的水平和协同配合能力；

（三）促进有关部门、关键信息基础设施的运营者以及有关研究机构、网络安全服务机构等之间的网络安全信息共享；

（四）对网络安全事件的应急处置与网络功能的恢复等，提供技术支持和协助。

第四章 网络信息安全

第四十条 网络运营者应当对其收集的用户信息严格保密，并建立健全用户信息保护制度。

第四十一条 网络运营者收集、使用个人信息，应当遵循合法、正当、必要的原则，公开收集、使用规则，明示收集、使用信息的目的、方式和范围，并经被收集者同意。

网络运营者不得收集与其提供的服务无关的个人信息，不得违反法律、行政法规的规定和双方的约定收集、使用个人信息，并应当依照法律、行政法规的规定和与用户的约定，处理其保存的个人信息。

第四十二条 网络运营者不得泄露、篡改、毁损其收集的个人信息；未经被收集者同意，不得向他人提供个人信息。但是，经过处理无法识别特定个人且不能复原的除外。

网络运营者应当采取技术措施和其他必要措施，确保其收集的个人信息安全，防止信息泄露、毁损、丢失。在发生或者可能发生个人信息泄露、毁损、丢失的情况时，应当立即采取补救措施，按照规定及时告知用户并向有关主管部门报告。

第四十三条 个人发现网络运营者违反法律、行政法规的规定或者双方的约定收集、使用其个人信息的，有权要求网络运营者删除其个人信息；发现网络运营者收集、存储的其个人信息有错误的，有权要求网络运营者予以更正。网络运营者应当采取措施予以删除或者更正。

第四十四条 任何个人和组织不得窃取或者以其他非法方式获取个人信息，不得非法出售或者非法向他人提供个人信息。

第四十五条 依法负有网络安全监督管理职责的部门及其工作人员，必须对在履行职责中知悉的个人信息、隐私和商业秘密严格保密，不得泄露、出售或者非法向他人提供。

第四十六条 任何个人和组织应当对其使用网络的行为负责，不得设立用于实施诈骗，传授犯罪方法、制作或者销售违禁物品、管制物品等违法犯罪活动的网站、通讯群组，不得利用网络发布涉及实施诈骗，制作或者销售违禁物品、管制物品以及其他违法犯罪活动的信息。

第四十七条 网络运营者应当加强对其用户发布的信息的管理，发现法律、行政法规禁止发布或者传输的信息的，应当立即停止传输该信息，采取消除等处置措施，防止信息扩散，保存有关记录，并向有关主管部门报告。

第四十八条 任何个人和组织发送的电子信息、提供的应用软件，不得设置恶意程序，不得含有法律、行政法规禁止发布或者传输的信息。

电子信息发送服务提供者和应用软件下载服务提供者，应当履行安全管理义务，知道其用户有前款规定行为的，应当停止提供服务，采取消除等处置措施，保存有关记录，并向有关主管部门报告。

第四十九条 网络运营者应当建立网络信息安全投诉、举报制度，公布投诉、举报方式等信息，及时受理并处理有关网络信息安全的投诉和举报。

网络运营者对网信部门和有关部门依法实施的监督检查，应当予以配合。

第五十条 国家网信部门和有关部门依法履行网络信息安全监督管理职责，发现法律、行政法规禁止发布或者传输的信息的，应当要求网络运营者停止传输，采取消除等处置措施，保存有关记录；对来源于中华人民共和国境外的上述信息，应当通知有关机构采取技术措施和其他必要措施阻断传播。

第五章 监测预警与应急处置

第五十一条 国家建立网络安全监测预警和信息通报制度。国家网信部门应当统筹协调有关部门加强网络安全信息收集、分析和通报工作，按照规定统一发布网络安全监测预警信息。

第五十二条 负责关键信息基础设施安全保护工作的部门，应当建立健全本行业、本领域的网络安全监测预警和信息通报制度，并按照规定报送网络安全监测预警信息。

第五十三条 国家网信部门协调有关部门建立健全网络安全风险评估和应急工作机制，制定网络安全事件应急预案，并定期组织演练。

负责关键信息基础设施安全保护工作的部门应当制定本行业、本领域的网络安全事件应急预案，并定期组织演练。

网络安全事件应急预案应当按照事件发生后的危害程度、影响范围等因素对网络安全事件进行分级，并规定相应的应急处置措施。

第五十四条 网络安全事件发生的风险增大时，省级以上人民政府有关部门应当按照规定的权限和程序，并根据网络安全风险的特点和可能造成的危害，采取下列措施：

（一）要求有关部门、机构和人员及时收集、报告有关信息，加强对网络安全风险的监测；

（二）组织有关部门、机构和专业人员，对网络安全风险信息进行分析评估，预测事件发生的可能性、影响范围和危害程度；

（三）向社会发布网络安全风险预警，发布避免、减轻危害的措施。

第五十五条 发生网络安全事件，应当立即启动网络安全事件应急预案，对网络安全事件进行调查和评估，要求网络运营者采取技术措施和其他必要措施，消除安全隐患，防止危害扩大，并及时向社会发布与公众有关的警示信息。

第五十六条 省级以上人民政府有关部门在履行网络安全监督管理职责中，发现网络存在较大安全风险或者发生安全事件的，可以按照规定的权限和程序对该网络的运营者的法定代表人或者主要负责人进行约谈。网络运营者应当按照要求采取措施，进行整改，消除隐患。

第五十七条 因网络安全事件，发生突发事件或者生产安全事故的，应当依照《中华人民共和国突发事件应对法》《中华人民共和国安全生产法》等有关法律、行政法规的规定处置。

第五十八条 因维护国家安全和社会公共秩序，处置重大突发社会安全事件的需要，经国务院决定或者批准，可以在特定区域对网络通信采取限制等临时措施。

第六章 法 律 责 任

第五十九条 网络运营者不履行本法第二十一条、第二十五条规定的网络安全保护义务的，由有关主管部门责令改正，给予警告；拒不改正或者导致危害网络安全等后果的，处一万元以上十万元以下罚款，对直接负责的主管人员处五千元以上五万元以下罚款。

关键信息基础设施的运营者不履行本法第三十三条、第三十四条、第三十六条、第三十八条规定的网络安全保护义务的，由有关主管部门责令改正，给予警告；拒不改正或者导致危害网络安全等后果的，处十万元以上一百万元以下罚款，对直接负责的主管人员处一万元以上十万元以下罚款。

第六十条 违反本法第二十二条第一款、第二款和第四十八条第一款规定，有下列行为之一的，由有关主管部门责令改正，给予警告；拒不改正或者导致危害网络安全等后果的，处五万元以上五十万元以下罚款，对直接负责的主管人员处一万元以上十万元以下罚款：

（一）设置恶意程序的；

（二）对其产品、服务存在的安全缺陷、漏洞等风险未立即采取补救措施，或者未按照规定及时告知用户并向有关主管部门报告的；

（三）擅自终止为其产品、服务提供安全维护的。

第六十一条 网络运营者违反本法第二十四条第一款规定，未要求用户提供真实身份信息，或者对不提供真实身份信息的用户提供相关服务的，由有关主管部门责令改正；拒不改正或者情节严重的，处五万元以上五十万元以下罚款，并可以由有关主管部门责令暂停相关业务、停业整顿、关闭网站、吊销相关业务许可证或者吊销营业执照，对直接负责的主管人员和其他直接责任人员处一万元以上十万元以下罚款。

第六十二条 违反本法第二十六条规定，开展网络安全认证、检测、风险评估等活动，或者向社会发布系统漏洞、计算机病毒、网络攻击、网络侵入等网络安全信息的，由有关主管部门责令改正，给予警告；拒不改正或者情节严重的，处一万元以上十万元以下罚款，并可以由有关主管部门责令暂停相关业务、停业整顿、关闭网站、吊销相关业务许可证或者吊销营业执照，对直接负责的主管人员和其他直接责任人员处五千元以上五万元以下罚款。

第六十三条 违反本法第二十七条规定，从事危害网络安全的活动，或者提供专门用于从事危害网络安全活动的程序、工具，或者为他人从事危害网络安全的活动提供技术支持、广告推广、支付结算等帮助，尚不构成犯罪的，由公安机关没收违法所得，处五日以下拘留，可以并处五万元以上五十万元以下罚款；情节较重的，处五日以上十五日以下拘留，可以并处十万元以上一百万元以下罚款。

　　单位有前款行为的，由公安机关没收违法所得，处十万元以上一百万元以下罚款，并对直接负责的主管人员和其他直接责任人员依照前款规定处罚。

　　违反本法第二十七条规定，受到治安管理处罚的人员，五年内不得从事网络安全管理和网络运营关键岗位的工作；受到刑事处罚的人员，终身不得从事网络安全管理和网络运营关键岗位的工作。

　　第六十四条　网络运营者、网络产品或者服务的提供者违反本法第二十二条第三款、第四十一条至第四十三条规定，侵害个人信息依法得到保护的权利的，由有关主管部门责令改正，可以根据情节单处或者并处警告、没收违法所得、处违法所得一倍以上十倍以下罚款，没有违法所得的，处一百万元以下罚款，对直接负责的主管人员和其他直接责任人员处一万元以上十万元以下罚款；情节严重的，并可以责令暂停相关业务、停业整顿、关闭网站、吊销相关业务许可证或者吊销营业执照。

　　违反本法第四十四条规定，窃取或者以其他非法方式获取、非法出售或者非法向他人提供个人信息，尚不构成犯罪的，由公安机关没收违法所得，并处违法所得一倍以上十倍以下罚款，没有违法所得的，处一百万元以下罚款。

　　第六十五条　关键信息基础设施的运营者违反本法第三十五条规定，使用未经安全审查或者安全审查未通过的网络产品或者服务的，由有关主管部门责令停止使用，处采购金额一倍以上十倍以下罚款；对直接负责的主管人员和其他直接责任人员处一万元以上十万元以下罚款。

　　第六十六条　关键信息基础设施的运营者违反本法第三十七条规定，在境外存储网络数据，或者向境外提供网络数据的，由有关主管部门责令改正，给予警告，没收违法所得，处五万元以上五十万元以下罚款，并可以责令暂停相关业务、停业整顿、关闭网站、吊销相关业务许可证或者吊销营业执照；对直接负责的主管人员和其他直接责任人员处一万元以上十万元以下罚款。

　　第六十七条　违反本法第四十六条规定，设立用于实施违法犯罪活动的网站、通讯群组，或者利用网络发布涉及实施违法犯罪活动的信息，尚不构成犯罪的，由公安机关处五日以下拘留，可以并处一万元以上十万元以下罚款；情节较重的，处五日以上十五日以下拘留，可以并处五万元以上五十万元以下罚款。关闭用于实施违法犯罪活动的网站、通讯群组。

　　单位有前款行为的，由公安机关处十万元以上五十万元以下罚款，并对直接负责的主管人员和其他直接责任人员依照前款规定处罚。

　　第六十八条　网络运营者违反本法第四十七条规定，对法律、行政法规禁止发布或者传输的信息未停止传输、采取消除等处置措施、保存有关记录的，由有关主管部门责令改正，给予警告，没收违法所得；拒不改正或者情节严重的，处十万元以上五十万元以下罚款，并可以责令暂停相关业务、停业整顿、关闭网站、吊销相关业务许可证或者吊销营业执照，对直接负责的主管人员和其他直接责任人员处一万元以上十万元以下罚款。

　　电子信息发送服务提供者、应用软件下载服务提供者，不履行本法第四十八条第二款规定的安全管理义务的，依照前款规定处罚。

　　第六十九条　网络运营者违反本法规定，有下列行为之一的，由有关主管部门责令改正；拒不改正或者情节严重的，处五万元以上五十万元以下罚款，对直接负责的主管人员和其他直接责任人员，处一万元以上十万元以下罚款：

（一）不按照有关部门的要求对法律、行政法规禁止发布或者传输的信息，采取停止传输、消除等处置措施的；

（二）拒绝、阻碍有关部门依法实施的监督检查的；

（三）拒不向公安机关、国家安全机关提供技术支持和协助的。

第七十条 发布或者传输本法第十二条第二款和其他法律、行政法规禁止发布或者传输的信息的，依照有关法律、行政法规的规定处罚。

第七十一条 有本法规定的违法行为的，依照有关法律、行政法规的规定记入信用档案，并予以公示。

第七十二条 国家机关政务网络的运营者不履行本法规定的网络安全保护义务的，由其上级机关或者有关机关责令改正；对直接负责的主管人员和其他直接责任人员依法给予处分。

第七十三条 网信部门和有关部门违反本法第三十条规定，将在履行网络安全保护职责中获取的信息用于其他用途的，对直接负责的主管人员和其他直接责任人员依法给予处分。

网信部门和有关部门的工作人员玩忽职守、滥用职权、徇私舞弊，尚不构成犯罪的，依法给予处分。

第七十四条 违反本法规定，给他人造成损害的，依法承担民事责任。

违反本法规定，构成违反治安管理行为的，依法给予治安管理处罚；构成犯罪的，依法追究刑事责任。

第七十五条 境外的机构、组织、个人从事攻击、侵入、干扰、破坏等危害中华人民共和国的关键信息基础设施的活动，造成严重后果的，依法追究法律责任；国务院公安部门和有关部门并可以决定对该机构、组织、个人采取冻结财产或者其他必要的制裁措施。

第七章 附 则

第七十六条 本法下列用语的含义：

（一）网络，是指由计算机或者其他信息终端及相关设备组成的按照一定的规则和程序对信息进行收集、存储、传输、交换、处理的系统。

（二）网络安全，是指通过采取必要措施，防范对网络的攻击、侵入、干扰、破坏和非法使用以及意外事故，使网络处于稳定可靠运行的状态，以及保障网络数据的完整性、保密性、可用性的能力。

（三）网络运营者，是指网络的所有者、管理者和网络服务提供者。

（四）网络数据，是指通过网络收集、存储、传输、处理和产生的各种电子数据。

（五）个人信息，是指以电子或者其他方式记录的能够单独或者与其他信息结合识别自然人个人身份的各种信息，包括但不限于自然人的姓名、出生日期、身份证件号码、个人生物识别信息、住址、电话号码等。

第七十七条 存储、处理涉及国家秘密信息的网络的运行安全保护，除应当遵守本法外，还应当遵守保密法律、行政法规的规定。

第七十八条 军事网络的安全保护，由中央军事委员会另行规定。

第七十九条 本法自 2017 年 6 月 1 日起施行。

3　电力安全事故应急处置和调查处理条例

中华人民共和国国务院令

第 599 号

《电力安全事故应急处置和调查处理条例》已经 2011 年 6 月 15 日国务院第 159 次常务会议通过，现予公布，自 2011 年 9 月 1 日起施行。

总理　温家宝

2011 年 7 月 7 日

第一章　总　　则

第一条　为了加强电力安全事故的应急处置工作，规范电力安全事故的调查处理，控制、减轻和消除电力安全事故损害，制定本条例。

第二条　本条例所称电力安全事故，是指电力生产或者电网运行过程中发生的影响电力系统安全稳定运行或者影响电力正常供应的事故（包括热电厂发生的影响热力正常供应的事故）。

第三条　根据电力安全事故（以下简称事故）影响电力系统安全稳定运行或者影响电力（热力）正常供应的程度，事故分为特别重大事故、重大事故、较大事故和一般事故。事故等级划分标准由本条例附表列示。事故等级划分标准的部分项目需要调整的，由国务院电力监管机构提出方案，报国务院批准。

由独立的或者通过单一输电线路与外省连接的省级电网供电的省级人民政府所在地城市，以及由单一输电线路或者单一变电站供电的其他设区的市、县级市，其电网减供负荷或者造成供电用户停电的事故等级划分标准，由国务院电力监管机构另行制定，报国务院批准。

第四条　国务院电力监管机构应当加强电力安全监督管理，依法建立健全事故应急处置和调查处理的各项制度，组织或者参与事故的调查处理。

国务院电力监管机构、国务院能源主管部门和国务院其他有关部门、地方人民政府及有关部门按照国家规定的权限和程序，组织、协调、参与事故的应急处置工作。

第五条　电力企业、电力用户以及其他有关单位和个人，应当遵守电力安全管理规定，落实事故预防措施，防止和避免事故发生。

县级以上地方人民政府有关部门确定的重要电力用户，应当按照国务院电力监管机构的规定配置自备应急电源，并加强安全使用管理。

第六条　事故发生后，电力企业和其他有关单位应当按照规定及时、准确报告事故情况，开展应急处置工作，防止事故扩大，减轻事故损害。电力企业应当尽快恢复电力生产、电网运行和电力（热力）正常供应。

第七条 任何单位和个人不得阻挠和干涉对事故的报告、应急处置和依法调查处理。

第二章 事　故　报　告

第八条 事故发生后，事故现场有关人员应当立即向发电厂、变电站运行值班人员、电力调度机构值班人员或者本企业现场负责人报告。有关人员接到报告后，应当立即向上一级电力调度机构和本企业负责人报告。本企业负责人接到报告后，应当立即向国务院电力监管机构设在当地的派出机构（以下称事故发生地电力监管机构）、县级以上人民政府安全生产监督管理部门报告；热电厂事故影响热力正常供应的，还应当向供热管理部门报告；事故涉及水电厂（站）大坝安全的，还应当同时向有管辖权的水行政主管部门或者流域管理机构报告。

电力企业及其有关人员不得迟报、漏报或者瞒报、谎报事故情况。

第九条 事故发生地电力监管机构接到事故报告后，应当立即核实有关情况，向国务院电力监管机构报告；事故造成供电用户停电的，应当同时通报事故发生地县级以上地方人民政府。

对特别重大事故、重大事故，国务院电力监管机构接到事故报告后应当立即报告国务院，并通报国务院安全生产监督管理部门、国务院能源主管部门等有关部门。

第十条 事故报告应当包括下列内容：

（一）事故发生的时间、地点（区域）以及事故发生单位；

（二）已知的电力设备、设施损坏情况，停运的发电（供热）机组数量、电网减供负荷或者发电厂减少出力的数值、停电（停热）范围；

（三）事故原因的初步判断；

（四）事故发生后采取的措施、电网运行方式、发电机组运行状况以及事故控制情况；

（五）其他应当报告的情况。

事故报告后出现新情况的，应当及时补报。

第十一条 事故发生后，有关单位和人员应当妥善保护事故现场以及工作日志、工作票、操作票等相关材料，及时保存故障录波图、电力调度数据、发电机组运行数据和输变电设备运行数据等相关资料，并在事故调查组成立后将相关材料、资料移交事故调查组。

因抢救人员或者采取恢复电力生产、电网运行和电力供应等紧急措施，需要改变事故现场、移动电力设备的，应当作出标记、绘制现场简图，妥善保存重要痕迹、物证，并作出书面记录。

任何单位和个人不得故意破坏事故现场，不得伪造、隐匿或者毁灭相关证据。

第三章 事　故　应　急　处　置

第十二条 国务院电力监管机构依照《中华人民共和国突发事件应对法》和《国家突发公共事件总体应急预案》，组织编制国家处置电网大面积停电事件应急预案，报国务院批准。

有关地方人民政府应当依照法律、行政法规和国家处置电网大面积停电事件应急预案，组织制定本行政区域处置电网大面积停电事件应急预案。

处置电网大面积停电事件应急预案应当对应急组织指挥体系及职责，应急处置的各项措施，以及人员、资金、物资、技术等应急保障作出具体规定。

第十三条　电力企业应当按照国家有关规定，制定本企业事故应急预案。

电力监管机构应当指导电力企业加强电力应急救援队伍建设，完善应急物资储备制度。

第十四条　事故发生后，有关电力企业应当立即采取相应的紧急处置措施，控制事故范围，防止发生电网系统性崩溃和瓦解；事故危及人身和设备安全的，发电厂、变电站运行值班人员可以按照有关规定，立即采取停运发电机组和输变电设备等紧急处置措施。

事故造成电力设备、设施损坏的，有关电力企业应当立即组织抢修。

第十五条　根据事故的具体情况，电力调度机构可以发布开启或者关停发电机组、调整发电机组有功和无功负荷、调整电网运行方式、调整供电调度计划等电力调度命令，发电企业、电力用户应当执行。

事故可能导致破坏电力系统稳定和电网大面积停电的，电力调度机构有权决定采取拉限负荷、解列电网、解列发电机组等必要措施。

第十六条　事故造成电网大面积停电的，国务院电力监管机构和国务院其他有关部门、有关地方人民政府、电力企业应当按照国家有关规定，启动相应的应急预案，成立应急指挥机构，尽快恢复电网运行和电力供应，防止各种次生灾害的发生。

第十七条　事故造成电网大面积停电的，有关地方人民政府及有关部门应当立即组织开展下列应急处置工作：

（一）加强对停电地区关系国计民生、国家安全和公共安全的重点单位的安全保卫，防范破坏社会秩序的行为，维护社会稳定；

（二）及时排除因停电发生的各种险情；

（三）事故造成重大人员伤亡或者需要紧急转移、安置受困人员的，及时组织实施救治、转移、安置工作；

（四）加强停电地区道路交通指挥和疏导，做好铁路、民航运输以及通信保障工作；

（五）组织应急物资的紧急生产和调用，保证电网恢复运行所需物资和居民基本生活资料的供给。

第十八条　事故造成重要电力用户供电中断的，重要电力用户应当按照有关技术要求迅速启动自备应急电源；启动自备应急电源无效的，电网企业应当提供必要的支援。

事故造成地铁、机场、高层建筑、商场、影剧院、体育场馆等人员聚集场所停电的，应当迅速启用应急照明，组织人员有序疏散。

第十九条　恢复电网运行和电力供应，应当优先保证重要电厂厂用电源、重要输变电设备、电力主干网架的恢复，优先恢复重要电力用户、重要城市、重点地区的电力供应。

第二十条　事故应急指挥机构或者电力监管机构应当按照有关规定，统一、准确、及时发布有关事故影响范围、处置工作进度、预计恢复供电时间等信息。

第四章　事　故　调　查　处　理

第二十一条　特别重大事故由国务院或者国务院授权的部门组织事故调查组进行调查。

重大事故由国务院电力监管机构组织事故调查组进行调查。

较大事故、一般事故由事故发生地电力监管机构组织事故调查组进行调查。国务院电力监管机构认为必要的，可以组织事故调查组对较大事故进行调查。

未造成供电用户停电的一般事故，事故发生地电力监管机构也可以委托事故发生单位调查处理。

第二十二条 根据事故的具体情况，事故调查组由电力监管机构、有关地方人民政府、安全生产监督管理部门、负有安全生产监督管理职责的有关部门派人组成；有关人员涉嫌失职、渎职或者涉嫌犯罪的，应当邀请监察机关、公安机关、人民检察院派人参加。

根据事故调查工作的需要，事故调查组可以聘请有关专家协助调查。

事故调查组组长由组织事故调查组的机关指定。

第二十三条 事故调查组应当按照国家有关规定开展事故调查，并在下列期限内向组织事故调查组的机关提交事故调查报告：

（一）特别重大事故和重大事故的调查期限为 60 日；特殊情况下，经组织事故调查组的机关批准，可以适当延长，但延长的期限不得超过 60 日。

（二）较大事故和一般事故的调查期限为 45 日；特殊情况下，经组织事故调查组的机关批准，可以适当延长，但延长的期限不得超过 45 日。

事故调查期限自事故发生之日起计算。

第二十四条 事故调查报告应当包括下列内容：

（一）事故发生单位概况和事故发生经过；

（二）事故造成的直接经济损失和事故对电网运行、电力（热力）正常供应的影响情况；

（三）事故发生的原因和事故性质；

（四）事故应急处置和恢复电力生产、电网运行的情况；

（五）事故责任认定和对事故责任单位、责任人的处理建议；

（六）事故防范和整改措施。

事故调查报告应当附具有关证据材料和技术分析报告。事故调查组成员应当在事故调查报告上签字。

第二十五条 事故调查报告报经组织事故调查组的机关同意，事故调查工作即告结束；委托事故发生单位调查的一般事故，事故调查报告应当报经事故发生地电力监管机构同意。

有关机关应当依法对事故发生单位和有关人员进行处罚，对负有事故责任的国家工作人员给予处分。

事故发生单位应当对本单位负有事故责任的人员进行处理。

第二十六条 事故发生单位和有关人员应当认真吸取事故教训，落实事故防范和整改措施，防止事故再次发生。

电力监管机构、安全生产监督管理部门和负有安全生产监督管理职责的有关部门应当对事故发生单位和有关人员落实事故防范和整改措施的情况进行监督检查。

第五章 法 律 责 任

第二十七条 发生事故的电力企业主要负责人有下列行为之一的，由电力监管机构处其上一年年收入 40%至 80%的罚款；属于国家工作人员的，并依法给予处分；构成犯罪的，依法追究刑事责任：

（一）不立即组织事故抢救的；

（二）迟报或者漏报事故的；

（三）在事故调查处理期间擅离职守的。

第二十八条　发生事故的电力企业及其有关人员有下列行为之一的，由电力监管机构对电力企业处100万元以上500万元以下的罚款；对主要负责人、直接负责的主管人员和其他直接责任人员处其上一年年收入60%至100%的罚款，属于国家工作人员的，并依法给予处分；构成违反治安管理行为的，由公安机关依法给予治安管理处罚；构成犯罪的，依法追究刑事责任：

（一）谎报或者瞒报事故的；

（二）伪造或者故意破坏事故现场的；

（三）转移、隐匿资金、财产，或者销毁有关证据、资料的；

（四）拒绝接受调查或者拒绝提供有关情况和资料的；

（五）在事故调查中作伪证或者指使他人作伪证的；

（六）事故发生后逃匿的。

第二十九条　电力企业对事故发生负有责任的，由电力监管机构依照下列规定处以罚款：

（一）发生一般事故的，处10万元以上20万元以下的罚款；

（二）发生较大事故的，处20万元以上50万元以下的罚款；

（三）发生重大事故的，处50万元以上200万元以下的罚款；

（四）发生特别重大事故的，处200万元以上500万元以下的罚款。

第三十条　电力企业主要负责人未依法履行安全生产管理职责，导致事故发生的，由电力监管机构依照下列规定处以罚款；属于国家工作人员的，并依法给予处分；构成犯罪的，依法追究刑事责任：

（一）发生一般事故的，处其上一年年收入30%的罚款；

（二）发生较大事故的，处其上一年年收入40%的罚款；

（三）发生重大事故的，处其上一年年收入60%的罚款；

（四）发生特别重大事故的，处其上一年年收入80%的罚款。

第三十一条　电力企业主要负责人依照本条例第二十七条、第二十八条、第三十条规定受到撤职处分或者刑事处罚的，自受处分之日或者刑罚执行完毕之日起5年内，不得担任任何生产经营单位主要负责人。

第三十二条　电力监管机构、有关地方人民政府以及其他负有安全生产监督管理职责的有关部门有下列行为之一的，对直接负责的主管人员和其他直接责任人员依法给予处分；直接负责的主管人员和其他直接责任人员构成犯罪的，依法追究刑事责任：

（一）不立即组织事故抢救的；

（二）迟报、漏报或者瞒报、谎报事故的；

（三）阻碍、干涉事故调查工作的；

（四）在事故调查中作伪证或者指使他人作伪证的。

第三十三条　参与事故调查的人员在事故调查中有下列行为之一的，依法给予处分；构成犯罪的，依法追究刑事责任：

（一）对事故调查工作不负责任，致使事故调查工作有重大疏漏的；

（二）包庇、袒护负有事故责任的人员或者借机打击报复的。

第六章 附   则

第三十四条 发生本条例规定的事故，同时造成人员伤亡或者直接经济损失，依照本条例确定的事故等级与依照《生产安全事故报告和调查处理条例》确定的事故等级不相同的，按事故等级较高者确定事故等级，依照本条例的规定调查处理；事故造成人员伤亡，构成《生产安全事故报告和调查处理条例》规定的重大事故或者特别重大事故的，依照《生产安全事故报告和调查处理条例》的规定调查处理。

电力生产或者电网运行过程中发生发电设备或者输变电设备损坏，造成直接经济损失的事故，未影响电力系统安全稳定运行以及电力正常供应的，由电力监管机构依照《生产安全事故报告和调查处理条例》的规定组成事故调查组对重大事故、较大事故、一般事故进行调查处理。

第三十五条 本条例对事故报告和调查处理未作规定的，适用《生产安全事故报告和调查处理条例》的规定。

第三十六条 核电厂核事故的应急处置和调查处理，依照《核电厂核事故应急管理条例》的规定执行。

第三十七条 本条例自 2011 年 9 月 1 日起施行。

附件

电力安全事故等级划分标准

事故等级 / 判定项	造成电网减供负荷的比例	造成城市供电用户停电的比例	发电厂或者变电站因安全故障造成全厂（站）对外停电的影响和持续时间	发电机组因安全故障停运时间和后果	供热机组对外停止供热的时间
特别重大事故	区域性电网减供负荷30%以上 电网负荷20000兆瓦以上的省、自治区电网减供负荷30%以上 电网负荷5000兆瓦以上20000兆瓦以下省、自治区电网减供负荷40%以上 直辖市电网减供负荷50%以上 电网负荷2000兆瓦以上的省、自治区人民政府所在地城市电网减供负荷60%以上	直辖市60%以上供电用户停电 电网负荷2000兆瓦以上的省、自治区人民政府所在地城市70%以上供电用户停电			
重大事故	区域性电网减供负荷10%以上30%以下 电网负荷20000兆瓦以上的省、自治区电网减供负荷13%以上30%以下 电网负荷5000兆瓦以上20000兆瓦以下省、自治区电网减供负荷16%以上40%以下 电网负荷1000兆瓦以上5000兆瓦以下省、自治区电网减供负荷50%以上 直辖市电网减供负荷20%以上50%以下 省、自治区人民政府所在地城市电网减供负荷40%以上（电网负荷600兆瓦以上的市减供负荷40%以上60%以下） 电网负荷600兆瓦以上其他设区的市电网减供负荷60%以上	直辖市30%以上60%以下供电用户停电 省、自治区人民政府所在地城市50%以上供电用户停电（电网负荷2000兆瓦以上的50%以上70%以下） 电网负荷600兆瓦以上的市50%以上供电用户停电 其他设区的市70%以上供电用户停电			
较大事故	区域性电网减供负荷7%以上10%以下 电网负荷20000兆瓦以上的省、自治区电网减供负荷10%以上13%以下 电网负荷5000兆瓦以上20000兆瓦以下省、自治区电网减供负荷12%以上16%以下 电网负荷1000兆瓦以上5000兆瓦以下省、自治区电网减供负荷20%以上50%以下	直辖市15%以上30%以下供电用户停电 省、自治区人民政府所在地城市30%以上50%以下供电用户停电 其他设区的市50%以上供电用户停电	发电厂或者220千伏以上变电站因安全故障造成全厂（站）对外停电，导致电压监视控制点电压低于调度机构规定的电压曲线值20%并且持续时间30分钟以上，或者导致	发电机组因安全故障停运时间超过行业标准规定的大修时间两周，并导致电网减供负荷	供热热机组装机容量200兆瓦以上的热电厂，在当地人民政府规定的采暖期内同时发生2台以上供热机组因安全故障停止运行，造成

续表

判定项 事故等级	造成电网减供负荷的比例	造成城市供电用户停电的比例	发电厂或者变电站因安全故障造成全厂（站）对外停电的影响和持续时间	发电机组因安全故障停运时间和后果	供热机组对外停止供热的时间
较大事故	电网负荷1000兆瓦以下的省、自治区电网，减供负荷20%以上40%以下；直辖市电网减供负荷10%以上20%以下；省、自治区人民政府所在地城市电网减供负荷40%以上的（电网负荷600兆瓦以上）；其他设区的市电网减供负荷40%以上60%以上；电网负荷150兆瓦以上的县级市电网减供负荷60%以上	兆瓦以上，50%以上70%以下）（电网负荷150兆瓦以下）县级市电网负荷70%以上供电用户停电	周边电压监视控制点电压低于调度机构规定的电压曲线值10%并且持续时间1小时以上		全厂对外停止供热并且持续时间48小时以上
一般事故	区域性电网减供负荷4%以上7%以下；电网负荷20000兆瓦以上的省、自治区电网减供负荷5%以上10%以下；电网负荷5000兆瓦以上20000兆瓦以下的省、自治区电网，减供负荷6%以上12%以下；电网负荷1000兆瓦以上5000兆瓦以下的省、自治区电网，减供负荷10%以上20%以下；电网负荷1000兆瓦以下的省、自治区电网，减供负荷25%以上40%以下；直辖市电网减供负荷5%以上10%以下；省、自治区人民政府所在地城市电网减供负荷20%以上40%以下；其他设区的市电网减供负荷40%以上（电网负荷150兆瓦以上的，减供负荷40%以上60%以下）；县级市减供负荷40%以上（电网负荷150兆瓦以上的）	直辖市10%以上15%以下供电用户停电；省、自治区人民政府所在地城市15%以上30%以下供电用户停电；其他设区的市30%以上50%以下供电用户停电；县级市50%以上供电用户停电（电网负荷150兆瓦以上的，50%以上70%以下）	发电厂或者220千伏以上变电站因安全故障对外停电，导致全厂（站）对外停电，致周边电压监视控制点电压低于调度机构规定的电压曲线值5%以上10%以下且持续时间2小时以上	发电机组因安全故障停止运行超过行业标准规定的检修时间两周间，并导致电网减供负荷	供热机组装机容量200兆瓦以上的热电厂，在当地人民政府规定的采暖期内同时发生2台以上供热机组因安全故障停止运行，全厂对外停止供热并且持续时间24小时以上

注 1. 符合本表所列情形之一的，即构成相应等级的电力安全事故。

2. 本表中所称的"以上"包括本数，"以下"不包括本数。

3. 本表下列用语的含义：

(1) 电网负荷，是指电力调度机构统一调度的电网在事故发生起始时刻的实际负荷。

(2) 电网减供负荷，是指电力调度机构统一调度的电网在事故发生期间的实际负荷最大减少量。

(3) 全厂对外停电，是指发电厂对外有功负荷降到零（虽有发电机组运行但母线线路传送的负荷没有有功出力，仍视为全厂对外停电）；

(4) 发电机组因安全故障停止运行，是指并网运行的发电机组（包括各种类型的电站锅炉、汽轮机、水轮机、燃气轮机、发电机和主变压器等主要发电设备），在未经电力调度机构允许的情况下，因安全故障需要停止运行的状态。

4 生产安全事故应急条例

中华人民共和国国务院令

第 708 号

《生产安全事故应急条例》已经 2018 年 12 月 5 日国务院第 33 次常务会议通过，现予公布，自 2019 年 4 月 1 日起施行。

总理 李克强

2019 年 2 月 17 日

第一章 总 则

第一条 为了规范生产安全事故应急工作，保障人民群众生命和财产安全，根据《中华人民共和国安全生产法》和《中华人民共和国突发事件应对法》，制定本条例。

第二条 本条例适用于生产安全事故应急工作；法律、行政法规另有规定的，适用其规定。

第三条 国务院统一领导全国的生产安全事故应急工作，县级以上地方人民政府统一领导本行政区域内的生产安全事故应急工作。生产安全事故应急工作涉及两个以上行政区域的，由有关行政区域共同的上一级人民政府负责，或者由各有关行政区域的上一级人民政府共同负责。

县级以上人民政府应急管理部门和其他对有关行业、领域的安全生产工作实施监督管理的部门（以下统称负有安全生产监督管理职责的部门）在各自职责范围内，做好有关行业、领域的生产安全事故应急工作。

县级以上人民政府应急管理部门指导、协调本级人民政府其他负有安全生产监督管理职责的部门和下级人民政府的生产安全事故应急工作。

乡、镇人民政府以及街道办事处等地方人民政府派出机关应当协助上级人民政府有关部门依法履行生产安全事故应急工作职责。

第四条 生产经营单位应当加强生产安全事故应急工作，建立、健全生产安全事故应急工作责任制，其主要负责人对本单位的生产安全事故应急工作全面负责。

第二章 应 急 准 备

第五条 县级以上人民政府及其负有安全生产监督管理职责的部门和乡、镇人民政府以及街道办事处等地方人民政府派出机关，应当针对可能发生的生产安全事故的特点和危害，进行风险辨识和评估，制定相应的生产安全事故应急救援预案，并依法向社会公布。

生产经营单位应当针对本单位可能发生的生产安全事故的特点和危害，进行风险辨识和评估，制定相应的生产安全事故应急救援预案，并向本单位从业人员公布。

第六条 生产安全事故应急救援预案应当符合有关法律、法规、规章和标准的规定，具有科学性、针对性和可操作性，明确规定应急组织体系、职责分工以及应急救援程序和措施。

有下列情形之一的，生产安全事故应急救援预案制定单位应当及时修订相关预案：

（一）制定预案所依据的法律、法规、规章、标准发生重大变化；

（二）应急指挥机构及其职责发生调整；

（三）安全生产面临的风险发生重大变化；

（四）重要应急资源发生重大变化；

（五）在预案演练或者应急救援中发现需要修订预案的重大问题；

（六）其他应当修订的情形。

第七条 县级以上人民政府负有安全生产监督管理职责的部门应当将其制定的生产安全事故应急救援预案报送本级人民政府备案；易燃易爆物品、危险化学品等危险物品的生产、经营、储存、运输单位，矿山、金属冶炼、城市轨道交通运营、建筑施工单位，以及宾馆、商场、娱乐场所、旅游景区等人员密集场所经营单位，应当将其制定的生产安全事故应急救援预案按照国家有关规定报送县级以上人民政府负有安全生产监督管理职责的部门备案，并依法向社会公布。

第八条 县级以上地方人民政府以及县级以上人民政府负有安全生产监督管理职责的部门，乡、镇人民政府以及街道办事处等地方人民政府派出机关，应当至少每2年组织1次生产安全事故应急救援预案演练。

易燃易爆物品、危险化学品等危险物品的生产、经营、储存、运输单位，矿山、金属冶炼、城市轨道交通运营、建筑施工单位，以及宾馆、商场、娱乐场所、旅游景区等人员密集场所经营单位，应当至少每半年组织1次生产安全事故应急救援预案演练，并将演练情况报送所在地县级以上地方人民政府负有安全生产监督管理职责的部门。

县级以上地方人民政府负有安全生产监督管理职责的部门应当对本行政区域内前款规定的重点生产经营单位的生产安全事故应急救援预案演练进行抽查；发现演练不符合要求的，应当责令限期改正。

第九条 县级以上人民政府应当加强对生产安全事故应急救援队伍建设的统一规划、组织和指导。

县级以上人民政府负有安全生产监督管理职责的部门根据生产安全事故应急工作的实际需要，在重点行业、领域单独建立或者依托有条件的生产经营单位、社会组织共同建立应急救援队伍。

国家鼓励和支持生产经营单位和其他社会力量建立提供社会化应急救援服务的应急救援队伍。

第十条 易燃易爆物品、危险化学品等危险物品的生产、经营、储存、运输单位，矿山、金属冶炼、城市轨道交通运营、建筑施工单位，以及宾馆、商场、娱乐场所、旅游景区等人员密集场所经营单位，应当建立应急救援队伍；其中，小型企业或者微型企业等规模较小的生产经营单位，可以不建立应急救援队伍，但应当指定兼职的应急救援人员，并且可以与邻近的应急救援队伍签订应急救援协议。

工业园区、开发区等产业聚集区域内的生产经营单位，可以联合建立应急救援队伍。

第十一条　应急救援队伍的应急救援人员应当具备必要的专业知识、技能、身体素质和心理素质。

应急救援队伍建立单位或者兼职应急救援人员所在单位应当按照国家有关规定对应急救援人员进行培训；应急救援人员经培训合格后，方可参加应急救援工作。

应急救援队伍应当配备必要的应急救援装备和物资，并定期组织训练。

第十二条　生产经营单位应当及时将本单位应急救援队伍建立情况按照国家有关规定报送县级以上人民政府负有安全生产监督管理职责的部门，并依法向社会公布。

县级以上人民政府负有安全生产监督管理职责的部门应当定期将本行业、本领域的应急救援队伍建立情况报送本级人民政府，并依法向社会公布。

第十三条　县级以上地方人民政府应当根据本行政区域内可能发生的生产安全事故的特点和危害，储备必要的应急救援装备和物资，并及时更新和补充。

易燃易爆物品、危险化学品等危险物品的生产、经营、储存、运输单位，矿山、金属冶炼、城市轨道交通运营、建筑施工单位，以及宾馆、商场、娱乐场所、旅游景区等人员密集场所经营单位，应当根据本单位可能发生的生产安全事故的特点和危害，配备必要的灭火、排水、通风以及危险物品稀释、掩埋、收集等应急救援器材、设备和物资，并进行经常性维护、保养，保证正常运转。

第十四条　下列单位应当建立应急值班制度，配备应急值班人员：

（一）县级以上人民政府及其负有安全生产监督管理职责的部门；

（二）危险物品的生产、经营、储存、运输单位以及矿山、金属冶炼、城市轨道交通运营、建筑施工单位；

（三）应急救援队伍。

规模较大、危险性较高的易燃易爆物品、危险化学品等危险物品的生产、经营、储存、运输单位应当成立应急处置技术组，实行 24 小时应急值班。

第十五条　生产经营单位应当对从业人员进行应急教育和培训，保证从业人员具备必要的应急知识，掌握风险防范技能和事故应急措施。

第十六条　国务院负有安全生产监督管理职责的部门应当按照国家有关规定建立生产安全事故应急救援信息系统，并采取有效措施，实现数据互联互通、信息共享。

生产经营单位可以通过生产安全事故应急救援信息系统办理生产安全事故应急救援预案备案手续，报送应急救援预案演练情况和应急救援队伍建设情况；但依法需要保密的除外。

第三章　应　急　救　援

第十七条　发生生产安全事故后，生产经营单位应当立即启动生产安全事故应急救援预案，采取下列一项或者多项应急救援措施，并按照国家有关规定报告事故情况：

（一）迅速控制危险源，组织抢救遇险人员；

（二）根据事故危害程度，组织现场人员撤离或者采取可能的应急措施后撤离；

（三）及时通知可能受到事故影响的单位和人员；

（四）采取必要措施，防止事故危害扩大和次生、衍生灾害发生；

（五）根据需要请求邻近的应急救援队伍参加救援，并向参加救援的应急救援队伍提供相关技术资料、信息和处置方法；

（六）维护事故现场秩序，保护事故现场和相关证据；

（七）法律、法规规定的其他应急救援措施。

第十八条　有关地方人民政府及其部门接到生产安全事故报告后，应当按照国家有关规定上报事故情况，启动相应的生产安全事故应急救援预案，并按照应急救援预案的规定采取下列一项或者多项应急救援措施：

（一）组织抢救遇险人员，救治受伤人员，研判事故发展趋势以及可能造成的危害；

（二）通知可能受到事故影响的单位和人员，隔离事故现场，划定警戒区域，疏散受到威胁的人员，实施交通管制；

（三）采取必要措施，防止事故危害扩大和次生、衍生灾害发生，避免或者减少事故对环境造成的危害；

（四）依法发布调用和征用应急资源的决定；

（五）依法向应急救援队伍下达救援命令；

（六）维护事故现场秩序，组织安抚遇险人员和遇险遇难人员亲属；

（七）依法发布有关事故情况和应急救援工作的信息；

（八）法律、法规规定的其他应急救援措施。

有关地方人民政府不能有效控制生产安全事故的，应当及时向上级人民政府报告。上级人民政府应当及时采取措施，统一指挥应急救援。

第十九条　应急救援队伍接到有关人民政府及其部门的救援命令或者签有应急救援协议的生产经营单位的救援请求后，应当立即参加生产安全事故应急救援。

应急救援队伍根据救援命令参加生产安全事故应急救援所耗费用，由事故责任单位承担；事故责任单位无力承担的，由有关人民政府协调解决。

第二十条　发生生产安全事故后，有关人民政府认为有必要的，可以设立由本级人民政府及其有关部门负责人、应急救援专家、应急救援队伍负责人、事故发生单位负责人等人员组成的应急救援现场指挥部，并指定现场指挥部总指挥。

第二十一条　现场指挥部实行总指挥负责制，按照本级人民政府的授权组织制定并实施生产安全事故现场应急救援方案，协调、指挥有关单位和个人参加现场应急救援。

参加生产安全事故现场应急救援的单位和个人应当服从现场指挥部的统一指挥。

第二十二条　在生产安全事故应急救援过程中，发现可能直接危及应急救援人员生命安全的紧急情况时，现场指挥部或者统一指挥应急救援的人民政府应当立即采取相应措施消除隐患，降低或者化解风险，必要时可以暂时撤离应急救援人员。

第二十三条　生产安全事故发生地人民政府应当为应急救援人员提供必需的后勤保障，并组织通信、交通运输、医疗卫生、气象、水文、地质、电力、供水等单位协助应急救援。

第二十四条　现场指挥部或者统一指挥生产安全事故应急救援的人民政府及其有关部门应当完整、准确地记录应急救援的重要事项，妥善保存相关原始资料和证据。

第二十五条　生产安全事故的威胁和危害得到控制或者消除后，有关人民政府应当决定停止执行依照本条例和有关法律、法规采取的全部或者部分应急救援措施。

第二十六条　有关人民政府及其部门根据生产安全事故应急救援需要依法调用和征用

的财产，在使用完毕或者应急救援结束后，应当及时归还。财产被调用、征用或者调用、征用后毁损、灭失的，有关人民政府及其部门应当按照国家有关规定给予补偿。

第二十七条 按照国家有关规定成立的生产安全事故调查组应当对应急救援工作进行评估，并在事故调查报告中作出评估结论。

第二十八条 县级以上地方人民政府应当按照国家有关规定，对在生产安全事故应急救援中伤亡的人员及时给予救治和抚恤；符合烈士评定条件的，按照国家有关规定评定为烈士。

第四章 法 律 责 任

第二十九条 地方各级人民政府和街道办事处等地方人民政府派出机关以及县级以上人民政府有关部门违反本条例规定的，由其上级行政机关责令改正；情节严重的，对直接负责的主管人员和其他直接责任人员依法给予处分。

第三十条 生产经营单位未制定生产安全事故应急救援预案、未定期组织应急救援预案演练、未对从业人员进行应急教育和培训，生产经营单位的主要负责人在本单位发生生产安全事故时不立即组织抢救的，由县级以上人民政府负有安全生产监督管理职责的部门依照《中华人民共和国安全生产法》有关规定追究法律责任。

第三十一条 生产经营单位未对应急救援器材、设备和物资进行经常性维护、保养，导致发生严重生产安全事故或者生产安全事故危害扩大，或者在本单位发生生产安全事故后未立即采取相应的应急救援措施，造成严重后果的，由县级以上人民政府负有安全生产监督管理职责的部门依照《中华人民共和国突发事件应对法》有关规定追究法律责任。

第三十二条 生产经营单位未将生产安全事故应急救援预案报送备案、未建立应急值班制度或者配备应急值班人员的，由县级以上人民政府负有安全生产监督管理职责的部门责令限期改正；逾期未改正的，处3万元以上5万元以下的罚款，对直接负责的主管人员和其他直接责任人员处1万元以上2万元以下的罚款。

第三十三条 违反本条例规定，构成违反治安管理行为的，由公安机关依法给予处罚；构成犯罪的，依法追究刑事责任。

第五章 附 则

第三十四条 储存、使用易燃易爆物品、危险化学品等危险物品的科研机构、学校、医院等单位的安全事故应急工作，参照本条例有关规定执行。

第三十五条 本条例自2019年4月1日起施行。

5 重大活动电力安全保障工作规定

《国家能源局关于印发〈重大活动电力安全保障工作规定〉的通知》

国能发安全〔2020〕18 号

各省（自治区、直辖市）和新疆生产建设兵团能源局，有关省（自治区、直辖市）发展改革委、经信委（工信委、工信厅），北京市城管委，各派出机构，全国电力安委会企业成员单位，有关单位：

为深入贯彻落实习近平新时代中国特色社会主义思想，进一步规范重大活动电力安全保障工作，强化监督管理，确保重大活动供用电安全，国家能源局组织修订了《重大活动电力安全保障工作规定》。现印发给你们，请遵照执行。

国家能源局
2020 年 3 月 12 日

第一章 总 则

第一条 为规范重大活动电力安全保障工作，加强电力安全保障工作的监督管理，保证供用电安全，依据《安全生产法》《网络安全法》《电力监管条例》等法律法规和国家有关规定，制定本规定。

重大活动承办方、电力管理部门、派出机构、电力企业（含经营配电网的企业）、重点用户应当依照本规定做好重大活动电力安全保障工作。

第二条 本规定所称重大活动，是指由省级以上人民政府组织或认定的、具有重大影响和特定规模的政治、经济、科技、文化、体育等活动。

第三条 重大活动电力安全保障工作启动的依据包括：

（一）国务院安委会及党中央、国务院有关部门工作部署要求；

（二）重大活动主办方、承办方的正式通知；

（三）省级以上人民政府发布的社会公告；

（四）省级以上人民政府相关部门、电力企业等获取的信息，并被确认有必要开展电力安全保障工作的情形。

第四条 重大活动电力安全保障工作的总体目标是：确保重大活动期间电力系统安全稳定运行，确保重点用户供用电安全，杜绝造成严重社会影响的停电事件发生。

第五条 重大活动电力安全保障应当遵循超前部署、规范管理、各负其责、相互协作的工作原则。

第六条 重大活动电力安全保障工作分为准备、实施、总结三个阶段。

准备阶段，主要包括保障工作组织机构建立、保障工作方案制定、安全评估和隐患治理、网络安全保障、电力设施安全保卫和反恐怖防范、配套电力工程建设和用电设施改造、合理调整电力设备检修计划、应急准备，以及检查、督查等工作。

实施阶段，主要包括落实保障工作方案、人员到岗到位、重要电力设施及用电设施、关键信息基础设施的巡视检查和现场保障、突发事件应急处置、信息报告、值班值守等工作。

总结阶段，主要包括保障工作评估总结、经验交流、表彰奖励等工作。

第七条 重大活动电力安全保障工作中应当严格执行保密制度，防止涉密资料和敏感信息外泄。

第八条 重大活动承办方、电力管理部门、派出机构、电力企业、重点用户等相关单位应当相互沟通，密切配合，建立重大活动电力安全保障工作机制，共同做好电力安全保障工作。

第二章 工 作 职 责

第九条 重大活动承办方对电力安全保障工作的协作事项包括：

（一）及时向电力管理部门、派出机构、电力企业、重点用户通知重大活动时间、地点、内容等；

（二）协调电力企业和重点用户落实电力安全保障任务，做好供用电衔接，支持配套电力工程建设；

（三）支持、配合保电督查检查。

第十条 电力管理部门重大活动电力安全保障工作主要职责是：

（一）贯彻落实重大活动电力安全保障工作的决策部署；

（二）建立重大活动电力安全保障管理机制，组织、指导、监督检查电力企业、重点用户电力安全保障工作；

（三）协调重大活动期间电网调度运行管理，协调重大活动承办方、政府有关部门解决电力安全保障工作相关重大问题；

（四）制定电力安全保障工作方案。

第十一条 派出机构重大活动电力安全保障工作主要职责是：

（一）贯彻落实重大活动电力安全保障工作的决策部署；

（二）监督检查相关电力企业开展重大活动电力安全保障工作；

（三）建立重大活动电力安全保障网源协调机制；

（四）制定电力安全保障监管工作方案。

第十二条 电力企业重大活动电力安全保障工作主要职责是：

（一）贯彻落实各级政府和有关部门关于重大活动电力安全保障工作的决策部署；

（二）提出本单位重大活动电力安全保障工作的目标和要求，制定本单位保障工作方案并组织实施；

（三）开展安全评估和隐患治理、网络安全保障、电力设施安全保卫和反恐怖防范等工作；

（四）建立重大活动电力安全保障应急体系和应急机制，制定完善应急预案，开展应急培训和演练，及时处置电力突发事件；

（五）协助重点用户开展用电安全检查，指导重点用户进行隐患整改，开展重点用户供电服务工作；

（六）及时向重大活动承办方、电力管理部门、派出机构报送电力安全保障工作情况；

（七）加强涉及重点用户的发、输、变、配电设施运行维护，保障重点用户可靠供电。

第十三条 重点用户重大活动电力安全保障工作主要职责是：

（一）贯彻落实各级政府和有关部门关于重大活动电力安全保障工作的决策部署，配合开展督查检查；

（二）制定执行重大活动用电安全管理制度，制定电力安全保障工作方案并组织实施；

（三）及时开展用电安全检查和安全评估，对用电设施安全隐患进行排查治理并进行必要的用电设施改造；

（四）结合重大活动情况，确定重要负荷范围，提前配置满足重要负荷需求的不间断电源和应急发电设备，保障不间断电源完好可靠；

（五）建立重大活动电力安全保障应急机制，制定停电事件应急预案，开展应急培训和演练，及时处置涉及用电安全的突发事件；

（六）及时向重大活动承办方、电力管理部门报告电力安全保障工作中出现的重大问题。

第三章 风险评估与隐患治理

第十四条 电力企业、重点用户要建立重大活动电力供应和使用过程中的风险管控和隐患排查治理双重预防机制。重大活动前，对影响电力安全保障的重点设备、场所、环节开展评估，有针对性地做好风险识别、分级、监视、控制工作，保证风险管控和隐患排查治理所需的人力、物力、财力，对发现的问题及时处理。

第十五条 电网企业开展重大活动保障风险评估包括：电网运行评估、设备运行评估、网络安全评估、电力设施保卫和反恐怖防范风险评估、应急能力评估和用户侧安全评估等方面的情况。

第十六条 发电企业开展重大活动保障风险评估包括：设备运行评估、燃料物资保障能力评估、危险源安全状况评估、网络安全评估、电力设施保卫和反恐怖防范风险评估、应急能力评估和水电站大坝安全风险评估等方面的情况。

第十七条 重点用户开展重大活动保障风险评估包括：用电设施的运行状况、定期试验、重要负荷、电气运行人员配置，以及应急预案、应急演练、备品备件、自备应急电源配置等方面的情况。

第十八条 电力企业、重点用户是风险管控和隐患治理工作的责任主体，应当结合风险评估和隐患排查工作，严格管控安全风险，全面治理安全隐患。

电网企业发现重点用户存在安全隐患，应及时告知用户并提出整改建议。电力安全保障实施阶段前无法完成整改的，重点用户应当制定防范措施，做好应急准备。

第十九条 电力企业、重点用户应当将重大活动风险评估和隐患整改情况向有关部门报告。

第四章　网 络 安 全 保 障

第二十条　电力企业应严格落实网络安全管理制度和责任，加强关键信息基础设施保护，结合实际制定网络安全保障专项工作方案和应急预案，成立保障组织机构，明确目标任务，细化措施要求，组织预案演练，做好宣贯动员，防范网络安全重大风险，防止发生重大网络安全事件，确保重要信息系统、电力监控系统安全稳定运行。

第二十一条　电力企业应严格落实专项工作方案，全面开展网络安全隐患排查整改、风险评估和资产清查。针对已知风险隐患及时整改，对于系统薄弱环节和短期内不具备整改条件的网络安全隐患，制定专项防控措施，检查应急预案的有效性，提高应急处置能力。

（一）电力企业应严格落实"安全分区、网络专用、横向隔离、纵向认证"的总体防护原则，全面加强网络边界防护，杜绝违规外联行为，确保网络边界和入口安全防护措施可靠有效。

（二）电力企业应全面防范网络安全风险，做好系统和主机加固。清查互联网资产，防范数据被窃取，清理废弃设备，加强在运老旧系统安全监控和风险防控。

（三）电力企业应综合考虑业务需求与安全风险，采取必要措施保障网络安全。落实基础设施物理安全防护，重要保障时段，加强重要场所人员管控，防范社会工程学攻击。

（四）电力企业应严格管控重要信息系统、电力监控系统检修维护行为，合理安排检修计划，加强现场运维人员和检修工作的管理，维护过程中加强监护。

第二十二条　电力企业应加强网络安全值班和实时监测。采用自建队伍或者采购第三方服务等方式，明确应急支撑队伍以及职责任务、响应时限等要求。发现网络攻击后，及时分析研判，做好信息报告，制定具体有效的应急措施，快速进行阻断处置，确保关键业务连续稳定运行。

第二十三条　电力调度机构应切实加强对调管发电厂特别是新能源发电厂涉网部分电力监控系统安全防护的技术监督，明确保障工作要求，加强沟通协作，督促电厂加强现场人员管理，认真排查整改安全隐患，杜绝网络违规外联等行为。

第二十四条　重点用户设备系统与电力企业电力监控系统相连接的，重点用户应采取可靠的网络安全防护措施。

第五章　电 力 设 施 安 全 保 卫

第二十五条　电力企业应当建立电力设施安全保卫长效机制，综合采取人防、物防、技防措施，防止外力破坏、盗窃、恐怖袭击等因素影响重大活动电力安全保障工作。

第二十六条　电力企业应当在地方政府指导下与公安、当地群众建立联动机制，根据重大活动的时段安排和重要电力设施对重大活动可靠供电的影响程度，确定重要电力设施的保卫方式。

（一）警企联防。电力企业在发电厂、变电站、电力调度中心等相关电力设施、生产场所周边设置固定、流动岗位，由公安人员与本单位安全保卫人员联合站岗值勤；在重要输电线路沿线，由公安人员、企业专业护线人员、沿线群众按照事先制定的保卫方案进行现场值守和巡视检查。

（二）专群联防。电力企业在发电厂、变电站、电力调度中心等相关电力设施、生产场所周边设置固定、流动岗位，由本单位安全保卫人员站岗值勤；在重要输电线路沿线，由本单位专业护线人员、沿线群众按照事先制定的保卫方案进行现场值守和巡视检查。

（三）企业自防。电力企业组织本单位生产操作、安全保卫等人员，按照事先制定的保卫方案，对相关电力设施、生产场所进行现场值守和巡视检查。

第二十七条　电力企业应按照公安等有关部门的要求，开展电力设施反恐怖防范工作，在重大活动举办前向公安等有关部门报告反恐怖防范措施落实情况，遇有重大情况及时向公安等有关部门报告。

第二十八条　电力企业应当按照重大活动电力设施安全保卫工作的需要，配置、使用、维护安保器材和防暴装置。

第二十九条　电力企业应当在重要电力设施内部及周界安装视频监控等技防系统，并保证技防系统投入使用后的设备可靠性及数据准确性。

第三十条　重要电力生产场所应当实行分区管理和现场准入制度，对出入人员、车辆和物品进行安全检查。

第六章　配套电力工程建设

第三十一条　电力企业、重点用户应根据重大活动电力安全保障需求，依据产权范围，组织建设配套电力工程。重大活动承办方、电力管理部门、电力企业应为用户外电源建设等工程提供必要的支持和便利。

第三十二条　电力企业、重点用户要切实履行安全生产主体责任，采取可靠措施，确保配套电力工程质量和施工安全，保证工程按期投入使用。

第三十三条　电力企业、重点用户应当及时组织完成新投产设备的电气传动试验、大负荷试验等工作，并对新设备运行情况进行重点监测。

第七章　用 电 安 全 管 理

第三十四条　重大活动承办方选择活动主办场所、相关服务场所时，应当优先选择具备以下条件的场所：

（一）具备双回路及以上供电电源且自备应急电源容量满足重要负荷用电要求；

（二）符合重要电力用户供电电源及自备应急电源配置方面的国家、行业标准要求；

（三）用电安全制度健全，运行管理规范，设备设施维护保养完好。

对不具备上述条件的场所，重大活动承办方、电力管理部门、派出机构应当协调相关单位，采取改造用电设施、建设临时电力工程、租赁应急电源等方式，提高供电可靠性。

第三十五条　重大活动承办方、电力管理部门应组织电力企业与活动主办场所的管理单位、用电设施的运行维护单位等相关方协商一致，明确重大活动供用电安全责任。对于产权不清晰的电力设施，由电力管理部门协调明确重大活动期间的责任归属。

第三十六条　电力企业应当开展重点用户供用电服务，提出安全用电建议，做好缺陷隐患告知工作，指导重点用户进行安全隐患整改，协助重点用户制定停电事件应急预案。

第三十七条　重点用户应当掌握所属用电设施的基本情况，建立并及时更新变（配）电设备清册、电气接线图、设备定期试验报告、二次设备整定参数等技术资料，以备电力安全保障工作需要。

第三十八条 重点用户应当根据电力安全保障工作需要，制定重大活动期间用电设施运行巡检专项方案、自备应急电源运行方式优化方案、安全保卫专项措施、应急处置专项方案等，对相关人员应进行专项培训，保证用电设施安全运行。

第三十九条 重点用户应当根据重大活动保障工作需要，储备必要的用电设施备品、备件和应急物资，为应急发电装备接入提前预留设备接口。

第四十条 重点用户应当定期开展对所属用电设施专项隐患排查、试验检查，并进行大负荷试验，落实重要负荷的保障措施，及时消除安全隐患。

第四十一条 重点用户电气运行维护人员数量应当满足用电设施运行维护需要，电气运行维护人员应当按照国家和行业规定持证上岗。

第八章 电力应急处置

第四十二条 电力企业、重点用户应当根据活动需要开展联合演练，及时完善相关应急预案，提高突发事件处置能力。

第四十三条 电力企业应当配置应急队伍及装备，足额储备应急物资，并在重大活动电力安全保障实施阶段前落实到位。

第四十四条 电力企业应当开展监测预警工作，及时掌握气象信息、自然灾害情况，研判电网负荷变化趋势，适时发布电力预警信息。

第四十五条 重大活动期间，电网企业原则上安排相关电网保持全接线、全保护运行方式，不安排设备计划检修和调试。

第四十六条 电力企业、重点用户应当实时监视、监测电力系统和用电设施运行状态，严格按照电力安全保障工作方案规定开展重要电力设施、用电设施特巡检查，及时消除设备缺陷。

第四十七条 重大活动电力安全保障实施阶段，电力管理部门、派出机构、电力企业、重点用户应当严格执行 24 小时值班制度。

第四十八条 电力企业应当按照要求指定专人负责，及时、完整地报送电力安全保障工作信息，主要包括：

（一）电力系统运行情况；

（二）发电、输电、供电设备故障情况；

（三）重点用户可靠供电情况，供电服务开展情况；

（四）电力设施安全保卫和反恐怖防范工作情况；

（五）网络安全情况；

（六）自然灾害对电力系统的影响情况；

（七）需要报告的其他情况。

第四十九条 突发停电事件发生后，电力企业、重点用户应当按照预案及时启动应急响应，采取有效措施恢复供电，并将有关情况及时向电力管理部门及派出机构报告。

电力管理部门应协调相关政府部门为电力企业的突发事件应急处置和应急救援工作提供交通、通信等方面的支援。

第五十条 电力企业、重点用户发生重要电力设施破坏、恐怖袭击、网络安全等突发事件后，电力企业、重点用户应立即进行先期处置，并向电力管理部门和地方政府相关部门，以及派出机构报告。

第九章 监 督 管 理

第五十一条 国家能源局负责重大活动电力安全保障工作的指导和监督。对于常规性、延续时间较短的活动，可视情况委托有关单位监督管理。

第五十二条 电力管理部门、派出机构应当对电力企业重大活动电力安全保障工作进行监督管理，督促电力企业对存在的问题进行整改。电力管理部门应对重点用户重大活动电力安全保障工作组织开展检查并督促问题的整改。

对于未定期开展用电设备设施运行维护及检测试验、存在安全隐患的电力企业、重点用户，派出机构和电力管理部门应督促其整改。对于未按要求整改的电力企业，派出机构应依法依规进行处罚；对于拒不整改的用户，电力管理部门应依法依规进行处理，并视情况提请活动主办方取消其承办活动的资格。

第五十三条 电力管理部门和派出机构应当编制重大活动电力安全保障突发事件应急预案，主要内容包括：各部门职责、应急处置程序、应急保障措施等。

电力管理部门和派出机构应当对本单位工作人员开展应急管理培训。

第五十四条 电力管理部门应当与举办地政府有关部门沟通协调，通报电力安全保障工作情况，协调解决电力设施安全保卫和反恐怖防范、发电燃料供应、重点用户用电安全等方面遇到的问题。

第十章 附 则

第五十五条 本规定下列用词的含义：

（一）"重点用户"，是指重大活动主办场所、服务场所相关用户，以及可能对重大活动造成严重影响的其他用电单位。

（二）"重要电力设施"，是指与重大活动电力安全保障相关的发电厂、变电站（换流站）、输（配）电线路、配电室、电力调度中心、电力应急指挥中心等电力设施或场所。

（三）"配套电力工程"，是指与重大活动电力安全保障工作相关的永久性或临时性新建、改建、扩建电力工程。

第五十六条 省级人民政府电力管理部门可会同派出机构依据本规定，制定辖区重大活动电力安全保障实施办法。

第五十七条 本规定自印发之日起施行，有效期五年。原电监会《关于印发〈重大活动电力安全保障工作规定（试行）〉的通知》（办安全〔2010〕88号）同时废止。

6 国家电网有限公司安全事故调查规程

国家电网有限公司关于印发
《国家电网有限公司安全事故调查规程》的通知

国家电网安监〔2020〕820号

总部各部门，各机构，各分部，公司各单位：

为认真贯彻国家安全生产法规制度，进一步强化公司安全管理，公司修订了《国家电网有限公司安全事故调查规程》，已经公司2020年第52次党组会议审议通过，现予印发，自2021年4月1日起施行。

国家电网有限公司（印）

2020年12月31日

1 总 则

1.1 为规范国家电网有限公司（简称公司）系统生产安全事故事件的报告和调查工作，通过对事故的调查、统计和分析，总结经验教训，研究事故规律，采取预防措施，防止和减少安全事故，根据《中华人民共和国安全生产法》《中华人民共和国网络安全法》《生产安全事故报告和调查处理条例》（国务院令 第493号）和《电力安全事故应急处置和调查处理条例》（国务院令 第599号）等安全生产法律法规，制定本规程。

1.2 公司安全事故类别分为人身、电网、设备和信息系统四类，等级分为一至八级共八级事件，其中一至四级事件对应国家相关法规定义的特别重大事故、重大事故、较大事故和一般事故。

1.3 发生特别重大事故、重大事故、较大事故和一般事故，需严格按照国家法规、行业规定及有关程序，向有关政府部门、相关机构报告、接受并配合其调查、落实其对责任单位和人员的处理意见，同时还应按照本规程开展内部报告和调查。

1.4 交通事故、网络安全事故等级划分和调查按照国家和行业有关规定执行。

1.5 安全事故报告应及时、准确、完整，任何单位和个人不得迟报、漏报、谎报、瞒报。

1.6 安全事故调查应坚持科学严谨、依法依规、实事求是、注重实效的原则，及时、准确地查清事故经过、原因和损失，查明事故性质，认定事故责任，总结事故教训，提出整改措施。做到事故原因未查清不放过、责任人员未处理不放过、整改措施未落实不放过、有关人员未受到教育不放过（简称"四不放过"）。

1.7 任何单位和个人不得阻挠和干涉对事故的报告和调查工作。任何单位和个人对违反本规程规定、隐瞒事故或阻碍事故调查的行为有权向公司系统各级单位反映。

1.8 本规程适用于公司总部（分部）和所属各级全资、控股、管理（包括省管产业）的单位。公司系统承包和管理的境外工程项目及公司所属其他相关单位参照执行。

1.9 本规程仅用于公司系统内部安全管理，有关事故的责任和等级认定、调查程序、统计结果、考核项目等不作为处理和判定行政、民事及法律责任的依据。

2 规范性引用文件

下列文件对于本文件的应用是必不可少的。凡是注日期的引用文件，仅注日期的版本适用于本文件。凡是不注日期的引用文件，其最新版本（包括所有的修改单）适用于本文件。

《中华人民共和国安全生产法》

《中华人民共和国网络安全法》

《生产安全事故报告和调查处理条例》（中华人民共和国国务院令 第 493 号）

《电力安全事故应急处置和调查处理条例》（中华人民共和国国务院令 第 599 号）

《国务院关于修改〈特种设备安全监察条例〉的决定》（中华人民共和国国务院令 第 549 号）

《电力系统安全稳定导则》（GB 38755—2019）

《重要电力用户供电电源及自备应急电源配置技术规范》（GB/T 29328—2018）

《信息安全技术 信息安全事件分类分级指南》（GB/Z 20986—2007）

《人体损伤程度鉴定标准》[最高人民法院、最高检察院、公安部、国家安全部、司法部（2013 年 8 月 30 日发布，2014 年 1 月 1 日起施行）]

《国家能源局关于印发〈单一供电城市电力安全事故等级划分标准〉的通知》（国能电安〔2013〕255 号）

《国家能源局关于印发〈电力安全事件监督管理规定〉的通知》（国能安全〔2014〕205 号）

《电力监控系统安全防护规定》（发改委令 第 14 号）

《电力监控系统安全防护总体方案》（国能安全〔2015〕36 号）

《中央企业安全生产考核实施细则》（国资委 2014 年 8 月 5 日印发）

3 术 语 定 义

下列术语和定义适用于本规程。

3.1 电网负荷

电力调度机构统一调度的电网在事故发生起始时刻的实际负荷。

区域性电网负荷以区域性电网调度机构调度范围内的电网总负荷计取；省（自治区）电网和城市电网负荷应包括省（自治区）、城市行政区划供电范围内全口径统计的电网负荷。

3.2 电网减供负荷

电力调度控制中心统一调度的电网在事故发生期间的实际负荷最大减少量。事故发生期间，是指从事故发生起始时刻至电网恢复电力正常供应截止。

实际负荷最大减少量，即电网负荷侧实际减少的最大负荷量，主要指电网接线破坏而直接损失的负荷，包括：继电保护和电网安全自动装置动作切除的负荷；事故处理过程中切除

（或限制）的负荷；相关人员误动、误碰、误操作损失的负荷等。

因备自投或重合闸成功后恢复的负荷量、用户侧低压释放装置动作等用户自身原因脱离电网对应的实际负荷减少量不计入电网减供负荷。电网减供负荷和电网负荷统计口径相同。

3.3　供电用户

依法与供电企业建立供用电关系的电能消费者。在统计供电用户数量时，将一个收费计量单位定义为一个用户。

城市供电用户总数是指城市行政区划内的所有电网供电用户，包括公司系统各单位和社会其他单位供电的所有用户。停电用户数和供电用户总数统计口径相同。

3.4　单一供电城市

由独立的或者通过单一输电线路与外省连接的省级电网供电的省级人民政府所在地城市，以及由单一输电线路或者单一变电站供电的其他设区的市、县级市。

独立的省级电网，是指与其他省级电网没有交流输电线路联系的电网。

单一输电线路供电，是指由与省级主电网连接的一回三相交流输电线路或者一回正负双极运行的直流输电线路供电的供电方式。同杆架设的双回输电线路因一次故障同时跳开的情形，视为单一输电线路供电。

单一变电站供电，是指由与省级主电网连接的一座变电站且一台变压器供电的供电方式。由一回路或者多回路输电线路串联供电的多座变电站的供电方式，视同于单一变电站供电。

3.5　变电站全停

变电站（含开关站、换流站、变频站）各级电压母线转供负荷（不包括站用电）均降到零。

3.6　全厂（场）对外停电

发电厂对外有功负荷降到零。虽电网经发电厂母线转送的负荷没有停止，仍视为全厂（场）对外停电。

3.7　直接经济损失

因事故事件造成的人身伤亡、善后处理、事故事件救援、事故事件处理所支出费用和财产损失价值等的合计。

3.8　恶性电气误操作

带负荷误拉（合）隔离开关、带电挂（合）接地线（接地开关）、带接地线（接地开关）合断路器（隔离开关）。

4　类　型　等　级

4.1　人身事故（事件）

【释义】 以下除专指特定等级的事故或事件外，事故（事件）统称为事故。

4.1.1 发生以下情况之一者统计为人身事故。

4.1.1.1 在公司系统各单位工作场所或承包、承租、承借的工作场所发生的人身伤亡。

【释义1】 公司系统各单位指公司总部（分部）、省电力公司级单位、地市供电公司级单位、县供电公司级单位和县供电公司级以下的单位。

省电力公司级单位包括国家电力调度控制中心、省（自治区、直辖市，下同）电力公司、国家电网有限公司直属公司。

地市供电公司级单位包括国家电网调控分中心，省电力调度控制中心（含电力调度通信中心，下同），以及省电力公司或国家电网有限公司直属公司直接管理的地市供电公司（局）、检修（分）公司、建设（分）公司、信息通信（分）公司、电力科学研究院、修试单位、建设单位、施工单位、监理单位、发电公司（厂）、设备制造厂以及省管产业单位等。

县供电公司级单位包括地市供电公司级单位电力调度控制中心、县（区、县级市）供电（分）公司（局）、地市供电公司级单位下属和管理的运行公司、检修公司、建设公司、信通公司、发电厂、设备制造厂以及省管产业单位等。

县供电公司级以下的单位包括县供电公司级单位下属和管理的所有单位。

【释义2】（1）本规程人身事故统计口径涵盖电力生产、建设、交通、因公外出工作过程中及在多种产业生产经营场所、非生产性办公经营场所等发生的，本单位各种用工形式的人员和其他相关人员，与生产经营活动有关的人身事故。

（2）工作场所是指公司系统各单位在中华人民共和国境内办公、经营、服务、运行、检修、施工、安装、试验、修配、业扩、制造、开采加工场所，生产仓库，汽车库，线路和电力通信设施的走廊（线路和电力通信设施的走廊仅限于在工作过程中发生的人身伤亡）。

（3）凡变电站、厂（矿）区内，由于机动车辆（含汽车类、电瓶车类、拖拉机类、施工车辆类及有轨车辆类等）或船只等在行驶中发生挤压、坠落、撞车（船）、倾覆、沉没，人员上下车（船），车辆（船只）跑车（移位）等造成的人身伤亡，应作为车辆（船只）伤害造成的非交通安全事故统计上报。

（4）在工作过程中，经公安部门认定的自杀，或因病导致伤亡的事件，经县级以上医院诊断和政府安全生产监督管理部门调查，确系本人原因或疾病造成的，不纳入人身事故统计。

4.1.1.2 被单位派出到用户工程工作过程中发生的人身伤亡。

4.1.1.3 乘坐单位组织的交通工具发生的人身伤亡。

【释义】 单位组织的交通工具指单位所有、租借或发包委托其他单位承运的交通工具。本条主要指交警或其他交通管理部门处理的道路交通、水上交通等事故，不包括员工个人驾驶非本单位车辆上下班以及乘坐公交、火车、飞机等公共交通工具发生的人身伤亡和4.1.1.1 [释义2]中（3）所列情形。

4.1.1.4 单位组织的集体外出活动过程中发生的人身伤亡。

【释义】 集体外出活动是指单位组织的外出疗养、参观、学习、培训等。

本条不包括4.1.1.3所列情形。

4.1.1.5 员工因公外出工作过程中发生的人身伤亡。

【释义】 员工，是指单位各种用工形式的人员，包括固定职工、合同制职工、临时工（临时聘用、雇用、借用的人员），以及劳务派遣工、代训工、实习生和其他社会化用工等。

本条不包括4.1.1.3和4.1.1.4所列情形。

4.1.2 人身事故等级

4.1.2.1 特别重大人身事故（一级人身事件）

一次事故造成30人以上死亡，或者100人以上重伤（包括生产性急性中毒，下同）者。

【释义】 死亡：负伤后，在30日内死亡的（因医疗事故而死亡的除外，但必须得到医疗事故鉴定部门的确认），均按死亡统计；超过30日后死亡的，不再进行死亡补报和统计。

轻伤转为重伤也按此原则补报和统计。

自事故发生之日起 30 日内，事故造成的伤亡人数发生变化的，应当及时补报。道路交通事故、火灾事故自发生之日起 7 日内，事故造成的伤亡人数发生变化的，应当及时补报。

重伤、轻伤按《人体损伤程度鉴定标准》(最高人民法院、最高检察院、公安部、国家安全部、司法部 2013 年 8 月 30 日发布) 执行。

本规程所称的"以上"包括本数，所称的"以下"不包本数，下同。

4.1.2.2　重大人身事故（二级人身事件）

一次事故造成 10 人以上 30 人以下死亡，或者 50 人以上 100 人以下重伤者。

4.1.2.3　较大人身事故（三级人身事件）

一次事故造成 3 人以上 10 人以下死亡，或者 10 人以上 50 人以下重伤者。

4.1.2.4　一般人身事故（四级人身事件）

一次事故造成 3 人以下死亡，或者 10 人以下重伤者。

4.1.2.5　五级人身事件

无人员死亡和重伤，但造成 10 人以上轻伤者。

4.1.2.6　六级人身事件

无人员死亡和重伤，但造成 5 人以上 10 人以下轻伤者。

4.1.2.7　七级人身事件

无人员死亡和重伤，但造成 3 人以上 5 人以下轻伤者。

4.1.2.8　八级人身事件

无人员死亡和重伤，但造成 1～2 人轻伤者。

4.2　电网事故

4.2.1　特别重大电网事故（一级电网事件）

有下列情形之一者，为特别重大电网事故（一级电网事件）：

（1）造成区域性电网减供负荷 30%以上者。

（2）造成电网负荷 20000 兆瓦以上的省（自治区）电网减供负荷 30%以上者。

（3）造成电网负荷 5000 兆瓦以上 20000 兆瓦以下的省（自治区）电网减供负荷 40%以上者。

（4）造成直辖市电网减供负荷 50%以上，或者 60%以上供电用户停电者。

（5）造成电网负荷 2000 兆瓦以上的省（自治区）人民政府所在地城市电网减供负荷 60%以上，或者 70%以上供电用户停电者。

4.2.2　重大电网事故（二级电网事件）

有下列情形之一者，为重大电网事故（二级电网事件）：

（1）造成区域性电网减供负荷 10%以上 30%以下者。

（2）造成电网负荷 20000 兆瓦以上的省（自治区）电网减供负荷 13%以上 30%以下者。

（3）造成电网负荷 5000 兆瓦以上 20000 兆瓦以下的省（自治区）电网减供负荷 16%以上 40%以下者。

（4）造成电网负荷 1000 兆瓦以上 5000 兆瓦以下的省（自治区）电网减供负荷 50%以上者。

（5）造成直辖市电网减供负荷 20%以上 50%以下，或者 30%以上 60%以下的供电用户停电者。

（6）造成电网负荷 2000 兆瓦以上的省（自治区）人民政府所在地城市电网减供负荷 40%以上 60%以下，或者 50%以上 70%以下供电用户停电者。

（7）造成电网负荷 2000 兆瓦以下的省（自治区）人民政府所在地城市电网减供负荷 40%以上，或者 50%以上供电用户停电者。

（8）造成电网负荷 600 兆瓦以上的其他设区的市电网减供负荷 60%以上，或者 70%以上供电用户停电者。

4.2.3　较大电网事故（三级电网事件）

有下列情形之一者，为较大电网事故（三级电网事件）：

（1）造成区域性电网减供负荷 7%以上 10%以下者。

（2）造成电网负荷 20000 兆瓦以上的省（自治区）电网减供负荷 10%以上 13%以下者。

（3）造成电网负荷 5000 兆瓦以上 20000 兆瓦以下的省（自治区）电网减供负荷 12%以上 16%以下者。

（4）造成电网负荷 1000 兆瓦以上 5000 兆瓦以下的省（自治区）电网减供负荷 20%以上 50%以下者。

（5）造成电网负荷 1000 兆瓦以下的省（自治区）电网减供负荷 40%以上者。

（6）造成直辖市电网减供负荷 10%以上 20%以下，或者 15%以上 30%以下供电用户停电者。

（7）造成省（自治区）人民政府所在地城市电网减供负荷 20%以上 40%以下，或者 30%以上 50%以下供电用户停电者。

（8）造成电网负荷 600 兆瓦以上的其他设区的市电网减供负荷 40%以上 60%以下，或者 50%以上 70%以下供电用户停电者。

（9）造成电网负荷 600 兆瓦以下的其他设区的市电网减供负荷 40%以上，或者 50%以上供电用户停电者。

（10）造成电网负荷 150 兆瓦以上的县级市电网减供负荷 60%以上，或者 70%以上供电用户停电者。

（11）发电厂或者 220 千伏以上变电站因安全故障造成全厂（站）对外停电，导致周边电压监视控制点电压低于调度机构规定的电压曲线值 20%并且持续时间 30 分钟以上，或者导致周边电压监视控制点电压低于调度机构规定的电压曲线值 10%并且持续时间 1 小时以上者。

【释义】　周边电压监视控制点，是指故障点周边由电力调度控制中心按照管辖范围统一设定同一电压等级的任一电压监视和控制点，下同。

调度机构规定的电压曲线，是指由电力调度控制中心根据电网运行控制要求下达的电压监控点的电压合格范围，下同。

（12）发电机组因安全故障停止运行超过行业标准规定的大修时间两周，并导致电网减供负荷者。

【释义】　发电机组因安全故障停止运行，是指并网运行的发电机组（包括各种类型的电站锅炉、汽轮机、燃气轮机、水轮机、发电机和主变压器等主要发电设备），在未经电力调度控制中心允许的情况下，因安全故障需要停止运行的状态。

本规程中大修时间以各类发电厂设备检修导则中所称的 A 级检修时限的最高限计取。

4.2.4 一般电网事故（四级电网事件）

有下列情形之一者，为一般电网事故（四级电网事件）：

（1）造成区域性电网减供负荷 4%以上 7%以下者。

（2）造成电网负荷 20000 兆瓦以上的省（自治区）电网减供负荷 5%以上 10%以下者。

（3）造成电网负荷 5000 兆瓦以上 20000 兆瓦以下的省（自治区）电网减供负荷 6%以上 12%以下者。

（4）造成电网负荷 1000 兆瓦以上 5000 兆瓦以下的省（自治区）电网减供负荷 10%以上 20%以下者。

（5）造成电网负荷 1000 兆瓦以下的省（自治区）电网减供负荷 25%以上 40%以下者。

（6）造成直辖市电网减供负荷 5%以上 10%以下，或者 10%以上 15%以下供电用户停电者。

（7）造成省（自治区）人民政府所在地城市电网减供负荷 10%以上 20%以下，或者 15%以上 30%以下供电用户停电者。

（8）造成其他设区的市电网减供负荷 20%以上 40%以下，或者 30%以上 50%以下供电用户停电者。

（9）造成电网负荷 150 兆瓦以上的县级市电网减供负荷 40%以上 60%以下，或者 50%以上 70%以下供电用户停电者。

（10）造成电网负荷 150 兆瓦以下的县级市电网减供负荷 40%以上，或者 50%以上供电用户停电者。

（11）发电厂或者 220 千伏以上变电站因安全故障造成全厂（站）对外停电，导致周边电压监视控制点电压低于调度机构规定的电压曲线值 5%以上 10%以下并且持续时间 2 小时以上者。

（12）发电机组因安全故障停止运行超过行业标准规定的小修时间两周，并导致电网减供负荷者。

【释义】 本规程中小修时间以各类发电厂设备检修导则中所称的 C 级检修时限的最高限计取。

4.2.5 五级电网事件

未构成一般以上电网事故，符合下列条件之一者定为五级电网事件：

4.2.5.1 电网减供负荷，有下列情形之一者：

（1）城市电网（含直辖市、省级人民政府所在地城市、其他设区的市、县级市电网）减供负荷比例或者城市供电用户停电比例超过一般电网事故数值 60%以上者。

（2）造成电网减供负荷 100 兆瓦以上者。

4.2.5.2 电网稳定破坏，有下列情形之一者：

（1）220 千伏以上系统中，并列运行的两个或几个电源间的局部电网或全网引起振荡，且振荡超过一个周期（功角超过 360 度），不论时间长短，或是否拉入同步。

（2）220 千伏以上电网非正常解列成三片以上，其中至少有三片每片内解列前发电出力和供电负荷超过 100 兆瓦。

【释义】 非正常解列包括自动解列、继电保护及安全自动装置动作解列，运行方式安排下的电网解列或提前安排联络线零功率交换方式下的解列除外，下同。

（3）省（自治区、直辖市）级电网与所在区域电网解列运行。

4.2.5.3 电网电能质量降低，有下列情形之一者：

（1）在装机容量3000兆瓦以上电网，频率偏差超出（50±0.2）赫兹，延续时间30分钟以上。

（2）在装机容量3000兆瓦以下电网，频率偏差超出（50±0.5）赫兹，延续时间30分钟以上。

（3）500千伏以上电压监视控制点电压偏差超出±5%，延续时间超过1小时。

4.2.5.4 交流系统故障，有下列情形之一者：

（1）变电站内220千伏以上任一电压等级运行母线跳闸全停。

【释义】 本条任一电压等级运行母线，是指同一变电站内220千伏以上任一电压等级所有运行中的母线，下同。

跳闸包含一次事件造成的设备同时跳闸和相继跳闸，下同。

本条不适用于线路变压器组、直接连接（中间无母线）系统，下同。

（2）三座以上110千伏（含66千伏）变电站全停。

（3）220千伏以上系统中，一次事件造成两台以上主变压器跳闸停运。

（4）500千伏以上系统中，一次事件造成同一输电断面两回以上线路跳闸停运。

【释义】 同一输电断面指同一输电通道或者送受端相同的输电线路，两回以上线路包括同杆双回和同杆多回线路，下同。

（5）故障时，500千伏以上断路器拒动。

4.2.5.5 直流系统故障，有下列情形之一者：

（1）±400千伏以上直流双极闭锁（不含柔性直流）。

【释义】 双极闭锁包含一次事件造成的双极同时闭锁和相继闭锁，下同。

（2）两回以上±400千伏以上直流单极闭锁。

（3）±400千伏以上柔性直流输电系统全停。

（4）具有两个以上换流单元的背靠背直流输电系统换流单元全部闭锁。

4.2.5.6 二次系统故障，有下列情形之一者：

（1）500千伏以上安全自动装置不正确动作。

【释义】 安全自动装置包括安全稳定控制、失步解列、低频低压减载等装置或系统。

（2）500千伏以上继电保护不正确动作致使越级跳闸。

4.2.5.7 发电厂故障，有下列情形之一者：

（1）因电网侧故障造成发电厂一次减少出力2000兆瓦以上。

【释义】 本条所指发电厂包括公司系统内各电力调度控制中心管辖范围的所有类型发电厂（包括常规电厂、新能源场站等）。对于不属于公司资产或运维管理的发电厂，因其自身故障造成全厂对外停电的，不按照本条款定级，按照其故障对电网造成影响的情形进行定级，下同。

（2）具有黑启动功能的机组在黑启动时未满足调度指令需求。

4.2.5.8 县级以上地方人民政府有关部门确定的特级或一级重要电力用户，以及高速铁路、机场、城市轨道交通等电网侧供电全部中断。

【释义】 重要电力用户的等级划分依据《重要电力用户供电电源及自备应急电源配置技术规范》（GB/T 29328—2018）执行，下同。

4.2.6 六级电网事件

未构成五级以上电网事件，符合下列条件之一者定为六级电网事件。

4.2.6.1 造成电网减供负荷 40 兆瓦以上者。

4.2.6.2 电网稳定破坏，有以下情形之一者：

（1）220 千伏以上电网发生振荡，导致机组跳闸或安全自动装置动作。

（2）110 千伏（含 66 千伏）以上局部电网与主网解列运行。

4.2.6.3 电网电能质量降低，有下列情形之一者：

（1）在装机容量 3000 兆瓦以上电网，频率偏差超出（50±0.2）赫兹。

（2）在装机容量 3000 兆瓦以下电网，频率偏差超出（50±0.5）赫兹。

（3）220 千伏以上电压监视控制点电压偏差超出±5%，延续时间超过 30 分钟。

4.2.6.4 电网安全水平降低，有下列情形之一者：

（1）电网输电断面超稳定限额，连续运行时间超过 1 小时。

（2）区域电网、省（自治区、直辖市）电网实时运行中的备用有功功率不能满足调度规定的备用要求。

【释义】 备用有功功率是指接于母线且立即可以带负荷的旋转备用功率（含能立即启动的水电机组及燃气机组），用以平衡瞬间负荷波动与预计误差。本条只针对电网实时正常运行非事故状态。

4.2.6.5 交流系统故障，有下列情形之一者：

（1）变电站内 110 千伏（含 66 千伏）运行母线跳闸全停。

（2）变电站内两条以上 220 千伏以上母线跳闸停运。

（3）三座以上 35 千伏变电站全停。

（4）110 千伏（含 66 千伏）以上系统中，一次事件造成两台以上主变压器跳闸停运。

（5）220 千伏以上系统中，一次事件造成同一输电断面两回以上线路跳闸停运。

（6）故障时，220 千伏（含 330 千伏）断路器拒动。

4.2.6.6 直流系统故障，有下列情形之一者：

（1）±400 千伏以下直流双极闭锁（不含柔性直流）。

（2）±400 千伏以上直流单极或单换流器闭锁，并造成功率损失。

（3）±400 千伏以下柔性直流输电系统全停。

（4）具有两个以上换流单元的背靠背直流输电系统换流单元闭锁，并造成功率损失。

（5）直流中性点接地极线路故障，造成直流运行方式改变。

（6）±400 千伏以上直流输电系统功率速降超过 2000 兆瓦或额定功率的 50%。

【释义】"功率速降"指直流控制保护系统在外部条件启动、程序自动发出并执行的直流功率快速降低指令，非运行人员手动操作。

4.2.6.7 二次系统故障，有以下情形之一者：

（1）220 千伏（含 330 千伏）安全自动装置不正确动作。

（2）220 千伏（含 330 千伏）继电保护不正确动作致使越级跳闸。

（3）220 千伏以上线路、母线或变压器失去主保护。

【释义】 线路、母线主保护是指能瞬时切除全线路、母线故障的保护装置，下同。由于检修、线路接入等原因安排母线保护正常退出除外。

4.2.6.8 因电网侧故障造成发电厂一次减少出力 1000 兆瓦以上。

4.2.6.9 县级以上地方人民政府有关部门确定的二级重要电力用户及电气化铁路等电网侧供电全部中断。

4.2.7 七级电网事件

未构成六级以上电网事件，符合下列条件之一者定为七级电网事件：

4.2.7.1 造成电网减供负荷 10 兆瓦以上者。

4.2.7.2 35 千伏以上输变电设备异常运行或被迫停止运行，并造成减供负荷者。

4.2.7.3 电网发生振荡，导致电网异常波动；或因电网侧原因造成电厂出现扭振保护（TSR）动作导致机组跳闸。

4.2.7.4 交流系统故障，有下列情形之一者：

（1）变电站内两条以上 110 千伏（含 66 千伏）以上母线跳闸停运。

（2）变电站内 220 千伏以上任一条母线跳闸停运。

（3）110 千伏（含 66 千伏）以上系统中，一次事件造成同一输电断面两回以上线路跳闸停运。

（4）故障时，110 千伏（含 66 千伏）及以下断路器拒动。

4.2.7.5 直流系统故障，有下列情形之一者：

（1）直流输电系统单极闭锁。

（2）特高压直流单换流器闭锁。

（3）柔性直流输电系统单站（单极、单单元）停运。

（4）背靠背直流输电系统单换流单元闭锁。

（5）一次事件造成单一直流连续 3 次以上换相失败。

4.2.7.6 二次系统故障，有以下情形之一者：

（1）110 千伏（含 66 千伏）及以下安全自动装置不正确动作。

（2）110 千伏（含 66 千伏）及以下继电保护不正确动作致使越级跳闸。

（3）110 千伏（含 66 千伏）线路、母线或变压器失去主保护。

4.2.7.7 因电网侧故障造成发电厂一次减少出力 500 兆瓦以上。

4.2.7.8 县级以上地方人民政府有关部门确定的临时性重要电力用户电网侧供电全部中断。

4.2.8 八级电网事件

未构成七级以上电网事件，符合下列条件之一者定为八级电网事件。

4.2.8.1 10 千伏（含 20 千伏、6 千伏）供电设备（包括母线、直配线等）异常运行或被迫停止运行，并造成减供负荷者。

4.2.8.2 直流输电系统发生换相失败。

4.2.8.3 发电机组（含调相机组）不能按调度要求运行。

4.3 设备事故

4.3.1 特别重大设备事故（一级设备事件）

有下列情形之一者，为特别重大设备事故（一级设备事件）：

（1）造成 1 亿元以上直接经济损失者。

【释义】 直接经济损失具体统计范围包括以下几项：① 人员伤亡后所支出的费用，如医疗费用（含护理费用）、丧葬及抚恤费用、补助及救济费用、歇工工资等。根据最新版《工伤保险条例》的规定，对因生产安全事故造成的职工死亡，其一次性工亡补助金标准为按全国上一年度城镇居民人均可支配收入的 20 倍计算。② 事故造成的财产损失费用，如固定资产损失价值、流动资产损失价值等。包括更换的备品配件、材料、人工和运输所发生的费用。如设备损坏不能再修复，则按此设备资产残余价值计算损失费用。③ 事故善后处理费用，如处理事故的事务性费用、现场抢救费用、现场清理费用等。

（2）600 兆瓦以上锅炉爆炸者。

（3）压力容器、压力管道有毒介质泄漏，造成 15 万人以上转移者。

4.3.2 重大设备事故（二级设备事件）

有下列情形之一者，为重大设备事故（二级设备事件）：

（1）造成 5000 万元以上 1 亿元以下直接经济损失者。

（2）600 兆瓦以上锅炉因安全故障中断运行 240 小时以上者。

（3）压力容器、压力管道有毒介质泄漏，造成 5 万人以上 15 万人以下转移者。

4.3.3 较大设备事故（三级设备事件）

有下列情形之一者，为较大设备事故（三级设备事件）：

（1）造成 1000 万元以上 5000 万元以下直接经济损失者。

（2）锅炉、压力容器、压力管道爆炸者。

（3）压力容器、压力管道有毒介质泄漏，造成 1 万人以上 5 万人以下转移者。

（4）起重机械整体倾覆者。

（5）客运索道高空滞留人员 12 小时以上者。

（6）供热机组装机容量 200 兆瓦以上的热电厂，在当地人民政府规定的采暖期内同时发生 2 台以上供热机组因安全故障停止运行，造成全厂对外停止供热并且持续时间 48 小时以上者。

4.3.4 一般设备事故（四级设备事件）

有下列情形之一者，为一般设备事故（四级设备事件）：

（1）造成 100 万元以上 1000 万元以下直接经济损失者。

（2）特种设备事故造成 1 万元以上 1000 万元以下直接经济损失者。

【释义】 本条特种设备是指根据《国务院关于修改〈特种设备安全监察条例〉的决定》（国务院令 第 549 号）确定的公司系统内涉及生命安全、危险性较大的锅炉、压力容器（含气瓶）、压力管道、电梯、起重机械和场（厂）内专用机动车辆。

（3）压力容器、压力管道有毒介质泄漏，造成 500 人以上 1 万人以下转移者。

（4）电梯轿厢滞留人员 2 小时以上者。

（5）起重机械主要受力结构件折断或者起升机构坠落者。

（6）客运索道高空滞留人员 3.5 小时以上 12 小时以下者。

（7）供热机组装机容量 200 兆瓦以上的热电厂，在当地人民政府规定的采暖期内同时发生 2 台以上供热机组因安全故障停止运行，造成全厂对外停止供热并且持续时间 24 小时以上者。

4.3.5 五级设备事件

未构成一般以上设备事故，符合下列条件之一者定为五级设备事件：

4.3.5.1 造成 50 万元以上 100 万元以下直接经济损失者。

【释义】 本条不包括特种设备事故，下同。

4.3.5.2 输变电主设备损坏，有下列情形之一者：

（1）220 千伏以上输变电主设备损坏，14 天（750 千伏变压器、高压电抗器损坏，20 天；1000 千伏变压器、高压电抗器损坏，25 天）内不能修复或修复后不能达到原铭牌出力；或虽然在 14 天（750 千伏 20 天，1000 千伏 25 天）内恢复运行，但自事故发生日起 3 个月内该设备非计划停运累计时间达 14 天（750 千伏 20 天，1000 千伏 25 天）以上。

【释义】 输变电主设备是指：主变压器（含高压厂用变压器）、换流变压器、高压母线、高压电抗器、平波电抗器、换流器（换流阀本体及阀控设备，下同）、交流滤波器、直流滤波器、接地极、组合电器（GIS、HGIS）、断路器、隔离开关（刀闸）、直流转换开关、统一潮流控制器（UPFC）、线路（含电力电缆、GIL 线路）、杆塔等。

未完成启动试运行的新设备除外。

设备损坏的"修复时间"是指设备损坏停止运行开始至设备重新投入运行或转为备用为止，下同。为尽快恢复正常运行，使用备品备件在规定时间内恢复运行，且损坏设备本身的实际修复时间未超过规定时间的也可视为按期恢复运行，下同。

非计划停运是指设备因故障或异常，从可用状态改变到不可用状态，或设备损坏修复后未达到额定容量（参数）、额定运行工况的状态。包括经申请调度批准的紧急拉停和故障跳闸停运。

设备非计划停运时间是指从设备不可用状态或故障停止运行开始，至按规定立即投入运行或达到额定容量或参数、额定运行工况的可用状态为止的时间。

（2）特高压换流站直流穿墙套管故障损坏。

【释义】 故障损坏是指需要停运更换本体或主要部件（包括线圈、套管等），下同。

（3）220 千伏以上主变压器、高压电抗器，±400 千伏以上或背靠背直流换流站的换流变压器、平波电抗器等本体故障损坏或主绝缘击穿。

（4）±400 千伏以上或背靠背直流换流站的转换开关，500 千伏以上断路器的套管、灭弧室或支柱瓷套故障损坏。

（5）500 千伏以上电力电缆主绝缘击穿或电缆头故障损坏。

（6）500 千伏以上交流输电线路或±400 千伏以上直流输电线路倒塔。

4.3.5.3 主要发电设备和 35 千伏以上输变电主设备异常运行，已达到现场规程规定的紧急停运条件而未停止运行。

4.3.5.4 220 千伏以上系统中，安全自动装置非计划全停，且持续时间超过 24 小时。

4.3.5.5 装机容量 600 兆瓦以上发电厂或 500 千伏以上变电站的厂（站）用直流全部失电。

4.3.5.6 发电厂设备损坏，有下列情形之一者：

（1）100 兆瓦以上机组的锅炉、汽轮机、水轮机、发电机等主要发电设备损坏，14 天内不能修复或修复后不能达到原铭牌出力；或虽然在 14 天内恢复运行，但自事故发生日起 3 个月内该设备非计划停运累计时间达 14 天以上。

【释义】　主要发电设备包括：锅炉、汽轮机、燃气轮机、水轮机、抽水蓄能水泵水轮机、发电机（包括励磁系统）、抽水蓄能发电电动机、调相机（静止补偿装置）、变频机、风电机组、光伏发电设备；主要水工设施和建筑物（包括水坝、闸门、压力水管道、隧道、调压井、蓄水池、水渠等）。

（2）水电机组飞逸。

（3）水电厂（含抽水蓄能电站）大坝漫坝、水淹厂房或由于水工设备、水工建筑损坏等其他原因，造成水库不能正常蓄水、泄洪。

（4）水电厂在泄洪过程中发生消能防冲设施破坏、下游近坝堤岸垮塌。

（5）水库库盆、输水道等出现较大缺陷，并导致非计划放空处理；或由于单位自身原因引起水库异常超汛限水位运行。

（6）供热机组装机容量200兆瓦以上的热电厂，在当地人民政府规定的采暖期内同时发生2台以上供热机组因安全故障停止运行并持续12小时。

4.3.5.7　施工机械损坏，有下列情形之一者：

（1）大型起重机械主要受力结构件或起升机构严重变形或失效。

（2）飞行器（不含中小型无人机）坠落（不涉及人员）。

（3）运输机械、牵张机械、大型基础施工机械主要受力结构件断裂。

4.3.5.8　特高压线路张力放线发生跑线、断线。

4.3.5.9　500千伏以上系统，新设备充电过程中发生三相短路。

4.3.5.10　因下列原因造成高速铁路、高速公路被阻断（受阻）或城市轨道交通停运。

（1）电力线路倒塔、断线、掉线，或者线路弧垂过低等。

（2）施工跨越架、脚手架倒塌，高空坠物等。

4.3.5.11　直升机飞行作业，发生下列情形之一者：

（1）飞行中进入急盘旋下降、飘摆、失速状态（特定训练科目除外）。

（2）迷航，或飞行中未经批准进入禁区、危险区、限制区、炮射区或误出国境。

（3）飞行中航空器操纵面、发动机整流罩、外部舱门或风挡玻璃脱落、蒙皮揭起或张线断裂，造成航空器操纵困难。

（4）飞行中航空器的任一主操纵系统完全失效，或失去全部电源，或发动机停车（特定训练科目除外）。

4.3.5.12　生产经营场所发生火灾，对公司造成重大影响的。

【释义】　火灾是指在时间和空间上失去控制，对人身、财产造成损害的燃烧现象。

4.3.5.13　火工品、剧毒化学品、放射品丢失；或因泄漏导致环境污染造成重大影响者。

4.3.5.14　主要建筑物垮塌。

【释义】　主要建筑物包括仓库、厂房、加工车间、办公大楼、控制室、保护室、集控室等。

4.3.5.15　电力监控系统出现下列情形之一者：

（1）安全保护等级为四级的电力监控系统的主调系统和备调系统的SCADA功能全部失效。

【释义】　根据《电力监控系统安全防护规定》（发改委令〔2014〕第14号）电力监控系统是指用于监视和控制电力生产及供应过程的、基于计算机及网络技术的业务系统及智能设备，以及作为基础支撑的通信及数据网络等。

电力监控系统的安全保护等级依据能源局《电力监控系统安全防护总体方案》（国能安全〔2015〕36号）中的定级标准确定，不在该文件所列清单中的电力监控系统的安全保护等级由系统建设单位在系统建设时根据相关要求自主定级。

SCADA 功能全部失效是指电力监控系统的遥测、遥信数据不更新，遥调、遥控功能不能下达到现场设备。

（2）安全保护等级为四级的电力监控系统被有害程序或网络攻击操控。

【释义】 电力监控系统被有害程序或网络攻击操控是指电力监控系统功能被有害程序或网络攻击恶意使用或闭锁，极端情况下系统恶意发送遥调、遥控指令或遥测、遥信、告警等信号，值班调控人员、运行人员、业务管理人员无法正常使用系统功能。

（3）数据泄露、丢失或被窃取、篡改，对公司安全生产产生特别重大影响。

（4）安全保护等级为四级的电力监控系统所在机房的不间断电源系统或空气调节系统故障，造成机房内安全保护等级为四级的电力监控系统的设备停运。

4.3.5.16 通信系统出现下列情形之一者：

（1）省电力公司级以上单位本部通信站通信业务全部中断。

【释义】 通信站通信业务全部中断是指电网自有的通信站对外通信全部中断，不包括应急通信及其他公网运营商提供的生产用通信方式，下同。

（2）承载省际骨干通信网业务的厂站或独立通信站的通信业务全部中断。

（3）承载国家电力调度控制中心直接调度保护、安控业务的厂站或独立通信站的通信业务全部中断。

（4）国家电力调度控制中心、国家电网调控分中心或省电力调度控制中心与直接调度范围内 10%以上厂站的调度电话业务、调度数据网业务全部中断。

（5）国家电力调度控制中心、国家电网调控分中心或省电力调度控制中心与直接调度范围内 30%以上厂站的调度数据网业务中断。

（6）国家电力调度控制中心、国家电网调控分中心或省电力调度控制中心与直接调度范围内 30%以上厂站的调度电话业务中断，且持续时间 1 小时以上。

（7）承载省际骨干通信网业务的厂站或独立通信站的直流通信电源系统或空气调节系统故障，造成机房内承载省际骨干通信网业务的通信设备（设施）停运。

4.3.5.17 10 千伏以上电气设备发生恶性电气误操作。

4.3.6 六级设备事件

未构成五级以上设备事件，符合下列条件之一者定为六级设备事件：

4.3.6.1 造成 20 万元以上 50 万元以下直接经济损失者。

4.3.6.2 输变电设备损坏，有下列情形之一者：

（1）220 千伏以上输变电主设备损坏，7 天内不能修复或修复后不能达到原铭牌出力；或虽然在 7 天内恢复运行，但自事故发生日起 3 个月内该设备非计划停运累计时间达 7 天以上 14 天以下。

（2）110 千伏（含 66 千伏）以上 220 千伏以下输变电主设备损坏，14 天内不能修复或修复后不能达到原铭牌出力；或虽然在 14 天内恢复运行，但自事故发生日起 3 个月内该设备非计划停运累计时间达 14 天以上。

（3）±400 千伏以上±800 千伏以下换流站直流穿墙套管故障损坏。

（4）110 千伏（含 66 千伏）以上主变压器，±400 千伏以下直流换流站的换流变压器、平波电抗器等本体故障损坏或主绝缘击穿。

（5）220 千伏以上断路器的套管、灭弧室或支柱瓷套故障损坏。

（6）220 千伏以上电力电缆主绝缘击穿或电缆头故障损坏。

（7）220 千伏以上 500 千伏以下交流输电线路或±400 千伏以下直流输电线路倒塔。

（8）500 千伏以上交流或±400 千伏以上直流输电线路（含地线）断线、掉线、掉串；或塔身、基础受损影响线路运行。

（9）直流中性点接地极线路发生倒塔、断线、掉串等故障。

4.3.6.3 220 千伏以下系统中，安全自动装置非计划全停，且持续时间超过 24 小时。

4.3.6.4 系统中发电机组 AGC 装置非计划停用，且持续时间超过 72 小时。

4.3.6.5 厂（站）用电故障，有下列情形之一者：

（1）装机容量 600 兆瓦以下发电厂或 220 千伏以上 500 千伏以下变电站的厂（站）用直流全部失电。

（2）装机容量 600 兆瓦以上发电厂或 500 千伏以上变电站的厂（站）用交流全部失电。

4.3.6.6 发电设备故障，有下列情形之一者：

（1）发电机组（含调相机组）非计划停止运行或停止备用 7 天以上 14 天以下。

（2）发电机组（含调相机组）烧损轴瓦；或水电机组过速停机。

（3）水电厂（含抽水蓄能电站）泄洪闸门等重要防洪设施不能按调度要求启闭。

（4）风电机组塔筒或塔架倒塌；机舱着火、坠落；桨叶折断、脱落；机组飞车。

4.3.6.7 施工机械损坏，有下列情形之一者：

（1）小型基础施工机械主要受力结构件断裂。

（2）起重机械、运输机械、牵张机械操作系统失灵或安全保护装置失效。

4.3.6.8 施工作业过程中，有下列情形之一者：

（1）土建施工脚手架、线路施工跨越架整体倒塌。

（2）500 千伏以上线路张力放线发生跑线、断线。

4.3.6.9 启动调试过程中，有下列情形之一者：

（1）220 千伏以上系统，新设备充电过程中发生三相短路。

（2）特高压直流控制保护、500 千伏以上系统安全自动装置、区域性系统保护等策略、定值错误。

（3）因 220 千伏以上继电保护极性错误，影响设备安全运行。

【释义】 本条所指启动调试过程是指设备转入试运行阶段前的最后一次充电期间。

4.3.6.10 由于下列原因，造成电气化铁路等重要交通线路被阻断（受阻）。

（1）电力线路倒塔、断线、掉线，或者线路弧垂过低等。

（2）施工跨越架、脚手架倒塌，高空坠物等。

4.3.6.11 直升机飞行作业，有下列情形之一者：

（1）飞行中，单驾驶员或多人制机组中机长在飞行操作岗位丧失工作能力。

（2）空中遭雷击、电击、冰击、鸟击或其他外来物撞击，严重影响飞行操作性能。

（3）迫降，或落错机场、跑道（包括着陆方向）。

（4）外载荷飞行中载荷物挂撞障碍物；或装载严重偏离重心、不按规定固定，造成空中操纵困难。

（5）未按规定取下直升机堵盖、销子、空速管套等附件，或加注规格不合要求的燃油、液压油、滑油后，直升机起飞。

4.3.6.12 生产经营场所发生火灾，对公司造成较大影响的。

4.3.6.13 220千伏以上变电站（换流站）以及发电厂的火灾自动报警系统、固定自动灭火系统［如水（泡沫）喷雾灭火系统、排油注氮灭火系统等］、消防给水系统等，在发生火灾火警时无法正常使用。

【释义】 无法正常使用包括：因故障不能使用，或未按相关规程（规定）配置，下同。

4.3.6.14 主要建（构）筑物缺陷导致50兆瓦以上的机组非计划停机处理，或导致220千伏以上输变电主设备非计划停运。

4.3.6.15 电力监控系统出现下列情形之一者：

（1）安全保护等级为四级的电力监控系统的主调系统SCADA功能全部失效。

（2）主、备调配置的安全保护等级为三级的电力监控系统的主调系统和备调系统的主要功能全部失效。

【释义】 电力监控系统的主要功能是指：

1）能量管理系统、变电站自动化系统、火电厂（含燃气电厂）监控系统、水电厂监控系统、水电厂梯级调度监控系统、水调自动化系统、核电站监控系统、风电场监控系统、光伏电站监控系统、配电监控系统、电能量计量系统、广域相量测量系统、雷电监测系统、负荷控制系统等的SCADA（DCS）功能；

2）电网动态预警系统、电能量计量系统、故障录波信息管理系统的全部功能；

3）调度管理系统的调度员日志、操作票管理、检修单管理、发输电计划管理、设备停役计划管理、安全校核等功能；

4）电力调度数据网、综合数据通信网的信息传输功能。

系统功能失效是指值班调控人员、运行人员、业务管理人员无法正常使用该功能开展日常工作。

（3）安全保护等级为三级的电力监控系统被有害程序或网络攻击操控。

（4）数据泄露、丢失或被窃取、篡改，对公司安全生产产生重大影响。

（5）安全保护等级为三级的电力监控系统所在机房的不间断电源系统或空气调节系统故障，造成机房内安全保护等级为三级的电力监控系统的设备停运。

4.3.6.16 通信系统出现下列情形之一者：

（1）地市供电公司级单位本部通信站通信业务全部中断。

（2）承载省级骨干通信网业务的厂站或独立通信站的通信业务全部中断。

（3）承载国家电网调控分中心或省电力调度控制中心直接调度保护、安控业务的厂站或独立通信站的通信业务全部中断。

（4）地市电力调度控制中心与直接调度范围内10%以上厂站的调度电话业务、调度数据网业务全部中断。

（5）地市电力调度控制中心与直接调度范围内30%以上厂站的调度数据网业务中断。

（6）地市电力调度控制中心与直接调度范围内30%以上厂站的调度电话业务中断，且持续时间1小时以上。

（7）500千伏或±400千伏以上系统中，一个厂站的调度电话业务、调度数据网业务全部中断。

（8）220千伏以上系统中，一条通信光缆或同一厂站通信设备（设施）故障，导致8条以上线路出现一套主保护的通信通道全部不可用。

【释义】　通信通道不可用指通道非计划中断或通道误码率、时延、倒换时差等性能指标无法满足业务要求。一套主保护的通信通道全部不可用是指该套主保护的多个通信通道都不可用，下同。

统计应包括所有受影响的220千伏及以上电压等级线路。

（9）承载省级骨干通信网业务的厂站或独立通信站的直流通信电源系统或空气调节系统故障，造成机房内承载省级骨干通信网业务的通信设备（设施）停运。

4.3.6.17　3千伏以上10千伏以下电气设备发生恶性电气误操作。

4.3.6.18　3千伏以上电气设备，发生下列一般电气误操作，使主设备异常运行或被迫停运：

（1）误（漏）拉合断路器（开关）、误（漏）投或停继电保护及安全自动装置（包括连接片）、误设置继电保护及安全自动装置定值。

（2）错误下达调度命令、错误安排运行方式、错误下达继电保护及安全自动装置定值或错误下达其投、停命令。

4.3.6.19　3千伏以上电气设备，因下列工作失误使主设备异常运行或被迫停运：

（1）继电保护及安全自动装置人员误动、误碰、误（漏）接线。

（2）继电保护及安全自动装置（包括热工保护、自动保护）的定值计算、调试错误。

（3）热机误操作：误停机组、误（漏）开（关）阀门（挡板）、误（漏）投（停）辅机等。

（4）监控过失：人员未认真监视、控制、调整等。

（5）二次系统标识错误，软件版本错误或设置错误。

4.3.7　七级设备事件

未构成六级以上设备事件，符合下列条件之一者定为七级设备事件：

4.3.7.1　造成10万元以上20万元以下直接经济损失者。

4.3.7.2　输变电设备损坏，有下列情形之一者：

（1）35千伏以上输变电主设备非计划停运，时间超过24小时。

（2）35千伏以上主变压器、电抗器等本体故障损坏或主绝缘击穿。

（3）500千伏以上电流互感器、电压互感器故障损坏。

（4）35千伏以上电力电容器整组故障损坏。

【释义】　分散框架式结构的电力电容器，当损坏数量占该组20%以上时，即视为整组故障损坏。

（5）110千伏（含66千伏）或±120千伏以上电力电缆主绝缘击穿或电缆头损坏。

（6）35千伏以上220千伏以下输电线路倒塔。

（7）220千伏以上500千伏以下交流或±400千伏以下直流输电线路（含地线）断线、掉线、掉串；或塔身、基础受损影响线路运行。

（8）500千伏以上线路跳闸，重合不成功。

4.3.7.3 安全自动装置非计划全停。

4.3.7.4 厂（站）用电故障，有下列情形之一者：

（1）110千伏（含66千伏）变电站站用直流全部失电。

（2）装机容量600兆瓦以下发电厂或220千伏以上500千伏以下变电站的厂（站）用交流全部失电。

4.3.7.5 发电机组（含调相机组）非计划停止运行或停止备用24小时以上。

4.3.7.6 施工机械损坏，有下列情形之一者：

（1）起重机械、运输机械、牵张机械、大型基础施工机械严重故障。

（2）轻小型重要受力工器具或机具（滑车、卡线器、连接器等）严重变形。

4.3.7.7 施工作业过程中，有下列情形之一者：

（1）220千伏以上线路张力放线发生跑线、断线。

（2）线路施工跨越架的防护网脱落。

4.3.7.8 启动调试过程中，有下列情形之一者：

（1）35千伏以上系统，新设备充电过程中发生三相短路。

（2）因220千伏以下继电保护极性错误，影响设备安全运行。

4.3.7.9 由于下列原因，造成铁路、公路等交通线路被阻断（受阻）：

（1）电力线路倒塔、断线、掉线，或者线路弧垂过低等。

（2）施工跨越架、脚手架倒塌，高空坠物等。

4.3.7.10 直升机飞行作业，有下列情形之一者：

（1）未经允许开车，进入跑道起飞。

（2）启动中，试车时发生直升机偏转、移动，危及人机安全。

（3）将工具或外来物遗忘在直升机、发动机的任何部位上。

（4）因未按规定挡轮挡或使用刹车等维修责任，导致地面试车时航空器发生移动，但未造成其他后果。

（5）加错燃油、液压油、滑油，但未造成后果。

（6）发动机未加滑油开车，但未造成严重后果。

4.3.7.11 生产经营场所发生火灾，对公司造成一定影响的。

4.3.7.12 220千伏以下变电站（换流站）以及发电厂的火灾自动报警系统、固定自动灭火系统［如水（泡沫）喷雾灭火系统、排油注氮灭火系统等］、消防给水系统等，在发生火灾火警时无法正常使用。

4.3.7.13 酸、碱、氨水等液体大量向外泄漏，造成环境污染。

4.3.7.14 主要建（构）筑物缺陷危及结构安全或设备运行。

4.3.7.15 电力监控系统出现下列情形之一者：

（1）主、备调配置的安全保护等级为三级的电力监控系统的主调系统的主要功能全部失效，或其他安全保护等级为三级的电力监控系统的主要功能全部失效。

（2）主、备调配置的安全保护等级为二级的电力监控系统的主调系统和备调系统的主要功能全部失效。

（3）安全保护等级为二级的电力监控系统被有害程序或网络攻击操控。

（4）数据泄露、丢失或被窃取、篡改，对公司安全生产产生较大影响。

（5）安全保护等级为二级的电力监控系统所在机房的不间断电源系统或空气调节系统故障，造成机房内安全保护等级为二级的电力监控系统的设备停运。

4.3.7.16 通信系统出现下列情形之一者：

（1）县供电公司级单位本部通信站通信业务全部中断。

（2）承载地市骨干通信网业务的厂站或独立通信站的通信业务全部中断。

（3）承载地市电力调度控制中心直接调度保护业务的厂站或独立通信站的通信业务全部中断。

（4）县电力调控分中心调度数据网业务全部中断。

（5）220 千伏（含 330 千伏）系统中，一个厂站的调度电话业务、调度数据网业务全部中断。

（6）220 千伏以上系统中，线路一套主保护的通信通道全部不可用，且持续时间 2 小时以上。

（7）承载 220 千伏以上线路保护、安全自动装置或省级以上电力调度控制中心调度电话业务、调度数据网业务的通信光缆故障，且持续时间 8 小时以上。

【释义】 通信光缆故障是指光缆、光缆芯线因断裂、物理损伤、性能劣化等原因，使其承载的通信通道不可用。

（8）国家电力调度控制中心、国家电网调控分中心或省电力调度控制中心通信中心站的调度台全停。

（9）国家电力调度控制中心、国家电网调控分中心或省电力调度控制中心通信中心站的调度交换录音系统故障，造成 7 天以上数据丢失或影响电网事故调查处理。

（10）省电力公司级以上单位电视电话会议，发生 10%的参会单位音、视频中断。

（11）省电力公司级以上单位行政电话网故障，中断用户数量 30%以上，且持续时间 1 小时以上。

（12）承载地市骨干通信网业务的厂站或独立通信站的直流通信电源系统或空气调节系统故障，造成机房内承载地市骨干通信网业务的通信设备（设施）停运。

4.3.8 八级设备事件

未构成七级以上设备事件，符合下列条件之一者定为八级设备事件：

4.3.8.1 造成 5 万元以上 10 万元以下直接经济损失者。

4.3.8.2 10 千伏以上输变电设备跳闸（10 千伏线路跳闸重合成功不计）、被迫停止运行、非计划检修或停止备用。

【释义】 非计划检修是指计划大修、计划小修、计划节日检修以外的一切检修（不包括由于断路器多次切断故障电流后，进行的内部检查）。

4.3.8.3 220 千伏以上电流互感器、电压互感器故障损坏。

4.3.8.4 交直流设备异常造成限负荷、降功率或降压运行。

4.3.8.5 双套配置的母线、线路、变压器和发电机（发变组）保护，因故障造成主保护单套运行，时间超过 24 小时。

4.3.8.6 单套安全自动装置故障停用，时间超过 24 小时。

4.3.8.7 站用电故障，有下列情形之一者：

（1）35 千伏变电站站用直流全部失电。

（2）110 千伏（含 66 千伏）变电站站用交流全部失电。

4.3.8.8 发电设备故障，有下列情形之一者：

（1）发电机组（含调相机组、风电机组、光伏发电单元）跳闸、被迫停止运行或停止备用。

（2）发电机组因故不能启动（不影响调度出力要求），超过 8 小时不能修复。

（3）水库库盆、输水道等出现缺陷需要处理。

（4）主要辅机和公用系统被迫停止运行或停止备用。

（5）因电网侧故障造成供热电厂全停。

4.3.8.9 设备加工机械及其他一般（中小型）施工机械严重故障或损坏。

4.3.8.10 110 千伏及以下线路张力放线发生跑线、断线。

4.3.8.11 直升机飞行作业，有下列情形之一者：

（1）进离场程序未得到允许就自行实施，或进离场程序与指挥意图不符，但未造成后果。

（2）飞行器各种盖板、检查窗未盖好，开车。

（3）看错机场，或未经允许偏出航路中心线 5 千米，但未造成后果。

（4）未按规定系留或挡轮挡致使航空器移动，但未造成后果。

（5）航空器停留或过夜，未按规定装上堵塞、管套、销子，或未按规定进行系留或使用保护套等。

（6）因未接好接地线，造成直升机加放燃油或进行维修活动时，引起静电跳火，未造成损失。

4.3.8.12 生产经营场所发生火灾。

4.3.8.13 10 千伏以上变电站（换流站、配电房等）以及发电厂的消防设施、器材，在发生火灾火警时无法正常使用。

【释义】 消防设施、器材包括但不仅限于：消火栓、灭火器、防火（卷帘）门、防火百叶、感温探测器、感烟探测器、消防手报按钮、消防声光报警器、消防警铃、应急照明设备、高空自救逃生装置等。

4.3.8.14 电力监控系统出现下列情形之一者：

（1）主、备调配置的安全保护等级为二级的电力监控系统的主调系统的主要功能全部失效，或其他安全保护等级为二级的电力监控系统的主要功能全部失效。

（2）电力监控系统运行异常，影响事故处理或延误送（发）电。

（3）数据泄露、丢失或被窃取、篡改，对公司安全生产产生一定影响。

（4）生产控制大区或安全Ⅲ区与互联网直连，或生产控制大区的纵向认证、横向隔离被突破。

【释义】 纵向认证被突破是指网络的纵向边界未配置纵向加密认证装置、纵向加密认证装置因故障而直通或纵向加密认证装置被短接。

横向隔离被突破是指网络的横向边界未配置横向单向安全隔离装置、横向单向安全隔离装置因故障而直通、横向单向安全隔离装置被短接。

（5）电力监控系统感染有害程序或被网络攻击侵入。

4.3.8.15 通信系统出现下列情形之一者：

（1）承载 10 千伏通信接入网业务的厂站或独立通信站的通信业务全部中断。

（2）承载 220 千伏以上线路保护、安全自动装置或省级以上电力调度控制中心调度电话业务、调度数据网业务的通信光缆故障。

（3）110 千伏（含 66 千伏）线路一套主保护的通信通道全部不可用，且持续时间 2 小时以上。

（4）调度电话业务、调度数据网业务、配电网自动化业务、线路保护的通信通道或安全自动装置的通信通道中断。

（5）地市电力调度控制中心通信中心站的调度台全停；或各级调度交换网汇接中心单台调度交换机故障全停，且持续时间 30 分钟以上。

（6）地市电力调度控制中心通信中心站的调度交换录音系统故障，造成 7 天以上数据丢失或影响电网事故调查处理。

（7）地市供电公司级以上单位所辖通信站点单台传输设备、数据网设备，因故障全停，且持续时间 8 小时以上。

（8）省电力公司级以上单位电视电话会议，发生参会单位音、视频中断。

（9）地市供电公司级以上单位行政电话网故障，中断用户数量 30%以上，且持续时间 1 小时以上。

（10）承载 10 千伏通信接入网业务的厂站或独立通信站的直流通信电源系统或通信机房的空气调节系统故障，造成机房内承载 10 千伏通信接入网业务的通信设备（设施）停运。

4.4 信息系统事件

4.4.1 五级信息系统事件

4.4.1.1 信息系统出现下列情况之一，对公司安全生产、经营活动或社会形象造成特别重大影响者：

（1）10 万以上用户的电费、保险、交易、资金账户等涉及用户经济利益的数据错误。

（2）1000 万条业务数据或用户信息泄露、丢失或被窃取、篡改。

（3）公司重要商密数据泄露、丢失或被窃取、篡改。

（4）公司网站被篡改。

4.4.1.2 信息网络出现下列情况之一者：

（1）省电力公司级以上单位本地信息网络不可用，且持续时间 8 小时以上。

（2）地市供电公司级单位本地信息网络不可用，且持续时间 16 小时以上。

（3）县供电公司级单位本地信息网络不可用，且持续时间 32 小时以上。

【释义】 网络不可用是指网络中断或网络原因造成业务中断，下同。

4.4.1.3 上下级单位间的网络不可用出现下列情况之一者：

（1）省电力公司级以上单位与各下属单位间的网络不可用，影响范围达 80%，且持续时间 8 小时以上。

（2）省电力公司级以上单位与各下属单位间的网络不可用，影响范围达 40%，且持续时间 16 小时以上。

（3）省电力公司级以上单位与公司数据中心间的网络不可用，且持续时间 8 小时以上。

（4）地市供电公司级单位与全部下属单位间的网络不可用，且持续时间 16 小时以上。

【释义】 影响范围是指网络中断的下一级单位数量与考核单位信息网络覆盖的所有下一级单位数量的比例，下同。

4.4.1.4 信息系统业务中断出现下列情况之一者：

（1）一类信息系统业务中断，且持续时间 8 小时以上。

【释义 1】 一类信息系统是指受政府严格监管的信息系统；纳入国家关键信息基础设施的信息系统；对公司生产经营活动有重大影响的信息系统。如营销业务系统、95598 呼叫平台、95598 核心业务、证券业务管理系统、国网电子商城、车联网系统、网上国网系统等，下同。

【释义 2】 信息系统业务中断是指系统管理员、数据库管理员之外的信息系统授权用户无法使用该系统处理业务，下同。

（2）二类信息系统业务中断，且持续时间 16 小时以上。

【释义】 二类信息系统是指受到政府一般监管的信息系统；服务于公司特定用户、对公司生产经营活动有一定影响的信息系统；服务公司全体员工、直接影响公司业务运作的信息系统。如公司总部和省电力公司级单位内外网门户网站、安全生产管理、电子商务平台、全国统一电力市场技术支撑、协同办公、ERP、资金结算、保险业务管理、易充电服务平台、内外网邮件、统一目录、统一权限、国网商旅等，下同。

（3）三类信息系统业务中断，且持续时间 32 小时以上。

【释义】 三类信息系统是指除一、二类信息系统以外的其他信息系统，下同。

4.4.1.5 信息系统纵向贯通出现下列情况之一者：

（1）一类信息系统纵向贯通全部中断，且持续时间 8 小时以上。

（2）二类信息系统纵向贯通全部中断，且持续时间 24 小时以上。

【释义】 纵向贯通是指信息系统配置信息、业务数据或监控数据从省级单位到公司总部的双向传输，下同。

4.4.1.6 信息机房的不间断电源系统或空气调节系统故障，造成一类信息系统停运。

4.4.2 六级信息系统事件

未构成五级信息系统事件，符合下列条件之一者定为六级信息系统事件：

4.4.2.1 信息系统出现下列情况之一，对公司安全生产、经营活动或社会形象造成重大影响者：

（1）1 万以上 10 万以下用户的电费、保险、交易、资金账户等涉及用户经济利益的数据错误。

（2）500 万条业务数据或用户信息泄露、丢失或被窃取、篡改。

（3）公司商密数据泄露、丢失或被窃取、篡改。

（4）公司网站被篡改。

4.4.2.2 信息网络出现下列情况之一者：

（1）省电力公司级以上单位本地信息网络不可用，且持续时间 4 小时以上。

（2）地市供电公司级单位本地信息网络不可用，且持续时间 8 小时以上。

（3）县供电公司级单位本地信息网络不可用，且持续时间 16 小时以上。

4.4.2.3 上下级单位间的网络不可用出现下列情况之一者：

（1）省电力公司级以上单位与各下属单位间的网络不可用，影响范围达 80%，且持续时间 4 小时以上。

（2）省电力公司级以上单位与各下属单位间的网络不可用，影响范围达 40%，且持续时间 8 小时以上。

（3）省电力公司级以上单位与各下属单位间的网络不可用，影响范围达 20%，且持续时间 16 小时以上。

（4）省电力公司级以上单位与公司数据中心间的网络不可用，且持续时间 4 小时以上。

（5）地市供电公司级单位与全部下属单位间的网络不可用，且持续时间 8 小时以上。

4.4.2.4 信息系统业务中断出现下列情况之一者：

（1）一类信息系统业务中断，且持续时间 4 小时以上。

（2）二类信息系统业务中断，且持续时间 8 小时以上。

【释义】 面向公众服务的二类信息系统是指电子商务平台、全国统一电力市场技术支撑、保险业务管理、易充电服务平台等为社会提供服务的二类信息系统。

信息系统被有害程序或网络攻击操控是指信息系统功能被有害程序或网络攻击恶意使用或闭锁，极端情况下系统值班调控人员、运行人员、业务管理人员无法正常使用系统功能。

（3）三类信息系统业务中断，且持续时间 16 小时以上。

4.4.2.5 信息系统纵向贯通出现下列情况之一者：

（1）一类信息系统纵向贯通全部中断，且持续时间 4 小时以上。

（2）二类信息系统纵向贯通全部中断，且持续时间 12 小时以上。

4.4.2.6 信息机房的不间断电源系统或空气调节系统故障，造成二类信息系统停运。

4.4.3 七级信息系统事件

未构成六级以上信息系统事件，符合下列条件之一者定为七级信息系统事件：

4.4.3.1 信息系统出现下列情况之一，对公司安全生产、经营活动或社会形象造成较大影响者：

（1）100 万条业务数据或用户信息泄露、丢失或被窃取、篡改。

（2）公司网站被篡改。

4.4.3.2 信息网络出现下列情况之一者：

（1）省电力公司级以上单位本地信息网络不可用，且持续时间 1 小时以上。

（2）地市供电公司级单位本地信息网络不可用，且持续时间 2 小时以上。

（3）县供电公司级单位本地信息网络不可用，且持续时间 4 小时以上。

4.4.3.3 上下级单位间的网络不可用出现下列情况之一者：

（1）省电力公司级以上单位与各下属单位间的网络不可用，影响范围达 80%，且持续时间 2 小时以上。

（2）省电力公司级以上单位与各下属单位间的网络不可用，影响范围达 40%，且持续时间 4 小时以上。

（3）省电力公司级以上单位与各下属单位间的网络不可用，影响范围达 20%，且持续时间 8 小时以上。

（4）省电力公司级以上单位与公司数据中心间的网络不可用，且持续时间 2 小时以上。

（5）地市供电公司级单位与全部下属单位间的网络不可用，且持续时间 4 小时以上。

4.4.3.4 信息系统业务中断出现下列情况之一者：

（1）一类信息系统业务中断，且持续时间 2 小时以上。

（2）二类信息系统业务中断，且持续时间 4 小时以上。

（3）三类信息系统业务中断，且持续时间 8 小时以上。

4.4.3.5 信息系统纵向贯通出现下列情况之一者：

（1）一类信息系统纵向贯通全部中断，且持续时间 2 小时以上。

（2）二类信息系统纵向贯通全部中断，且持续时间 6 小时以上。

（3）三类信息系统纵向贯通全部中断，且持续时间 24 小时以上。

4.4.3.6 信息机房的不间断电源系统或空气调节系统故障，造成三类信息系统停运。

4.4.4 八级信息系统事件

未构成七级以上信息系统事件，符合下列条件之一者定为八级信息系统事件：

4.4.4.1 信息系统出现下列情况之一，对公司安全生产、经营活动或社会形象造成一定影响者：

（1）10 万条业务数据或用户信息泄露、丢失或被窃取、篡改。

（2）公司网站被篡改。

4.4.4.2 信息网络出现下列情况之一者：

（1）地市供电公司级单位本地信息网络不可用，且持续时间 1 小时以上。

（2）县供电公司级单位本地信息网络不可用，且持续时间 2 小时以上。

（3）管理信息大区与互联网直连。

4.4.4.3 上下级单位间的网络不可用出现下列情况之一者：

（1）省电力公司级以上单位与各下属单位间的网络不可用，持续时间 1 小时以上或影响范围达 10%。

（2）省电力公司级以上单位与公司数据中心间的网络不可用，且持续时间 1 小时以上。

（3）地市供电公司级单位与全部下属单位间的网络不可用，且持续时间 2 小时以上。

4.4.4.4 信息系统业务中断出现下列情况之一者：

（1）一类信息系统业务中断，且持续时间 1 小时以上。

（2）二类信息系统业务中断，且持续时间 2 小时以上。

（3）三类信息系统业务中断，且持续时间 4 小时以上。

4.4.4.5 信息系统纵向贯通出现下列情况之一者：

（1）一类信息系统纵向贯通全部中断，且持续时间 1 小时以上。

（2）二类信息系统纵向贯通全部中断，且持续时间 3 小时以上。

（3）三类信息系统纵向贯通全部中断，且持续时间 12 小时以上。

4.4.4.6 信息系统感染有害程序或被网络攻击侵入。

【释义】 攻防演习、渗透测试等日常工作中发生的信息篡改、模拟入侵等不在本规程统计范围内。

4.4.4.7 信息机房的不间断电源系统或空气调节系统故障，造成机房内设备停运。

5 归 类 统 计

5.1 事故责任划分

5.1.1 主要责任，是指直接导致事故发生，对事故承担主体责任者。

【释义】 主体包括引发事故的单位和个人。

5.1.2 同等责任，是指事故发生或扩大由多个主体共同承担责任者。

【释义】同等责任包括共同责任和重要责任。

5.1.3 次要责任，是指间接导致事故发生，承担事故发生或扩大次要原因的责任者，包括一定责任和连带责任等。

【释义】（1）一定责任，指由事故调查组确定的有关主体应承担的同等以下责任。

（2）连带责任，指由业主、建设（运行）管理、监理和有关承、发包方负有连带性质的责任。

5.2 不同性质事故的统计

5.2.1 与电力生产有关工作过程中发生的事故统计为电力生产安全事故。

【释义】与电力生产有关的工作，是指输变电、供电、发电、试验、电力建设、调度等生产性工作，如设备设施的运维、检修、施工、安装、试验、生产性管理工作（领导和管理部门人员到生产现场检查、巡视、调研属生产性管理工作）以及业扩、用户电力设备的安装、检修和试验等。

5.2.2 与公司直属产业生产有关工作过程中发生的事故统计为产业生产安全事故。

【释义】产业单位承担电力生产有关工作发生事故时，归类统计为电力生产安全事故。

5.2.3 在非生产性办公经营场所发生的事故统计为非生产性安全事故。

5.2.4 由各级政府相关机构调查处理的道路交通、水上交通等事故统计为交通事故。

5.2.5 由火灾引起的事故统计为火灾事故。

【释义】电气设备发生电弧起火引燃绝缘（包括绝缘油）、油系统（不包括油罐）、制粉系统损坏起火等事件统计为设备事故。如果失火殃及其他设备、物资、建（构）筑物，则统计为火灾事故。

5.2.6 发生信息系统损坏或信息系统泄密的事件统计为信息系统事件。

5.2.7 公司系统外单位承包系统内工作，发生由系统内单位负同等以下责任的人身事故统计为外包事故。

5.3 人身事故统计

5.3.1 发生人身事故，公司系统内各有责单位均统计一次事故，统计应包括一次事故中所有的人身伤亡。

【释义】有责，指根据调查结果，认定在事故中负次要责任以上者，下同。

5.3.2 发生交通事故由交通工具使用单位统计。

5.3.3 发生其余人身事故由伤亡人员所在单位统计。

【释义】本条仅适用于5.3.1和5.3.2以外的人身事故统计。

5.4 不同管理层次下的事故统计

5.4.1 县供电公司级单位下属和管理的所有单位发生的事故，统计汇总为该县供电公司级单位的事故。

地市供电公司级单位下属和管理的所有单位发生的事故，统计汇总为该地市供电公司级单位的事故。

省电力公司和国家电网有限公司直属公司下属和管理的所有单位发生的事故，统计汇总为上述公司的事故。

5.4.2 公司系统内产权与建设运行管理相分离的（仅指国家电网有限公司委托给省电力公司或国家电网有限公司直属公司的业务），事故由受委托进行建设运行管理的单位统计。

5.4.3 任何单位在承包公司系统内产权单位或运维管理单位的工作中，造成其电网、设备或信息系统安全事故的，均由该产权单位或运维管理单位统计。

【释义】 本条所指任何单位包括公司系统内和系统外的所有单位。

5.4.4 施工阶段、新投产设备有关事故的统计。

（1）公司系统内基建工程或技改项目，正式投运前发生的设备事故，均由建设单位统计。施工单位施工设备事故由其自行统计。

【释义】 本条建设单位指负责基建工程或技改项目全面建设管理的单位，非施工单位。

设备投运前启动调试过程中发生恶性误操作、启动送电过程中发生三相短路、因试验接线未拆除而跳闸或发生一般电气误操作、一般工作失误造成运行系统损失（跳闸）的应由项目建设单位统计。如果误操作人员是运维单位人员则由运维单位统计。

（2）新投产设备一年以内发生的电网、设备事件，项目建设单位、设备运维单位应各统计一次。

5.5 由于同一原因而引起多次事故的统计

5.5.1 同一单位的同一场所、设备、线路等，由于同一原因，在 24 小时内发生多次故障构成事故时，可统计为一次事故。

5.5.2 同一单位的多条线路或多座变电站等，由于同一次自然灾害（如地震、洪水、泥石流、台风、龙卷风、飑线风、雨雪冰冻、森林火灾、雷击等）原因，发生多条线路、多座变电站跳闸停运时，可统计为一次事故。

由于同一次自然灾害引发多个单位多条线路、多座变电站跳闸停运时，可由管辖这些单位的上级单位统计为一次事故。

5.5.3 由于同一个原因导致信息系统不可用、应用系统数据丢失、网络瘫痪等信息系统安全事件时，可按最高等级统计为一次事件。

5.6 不同类型不同级别事故的统计

5.6.1 一次事故既构成电网事故条件，也构成设备事故条件时，公司系统内各相关单位均应遵循"不同等级，等级优先；相同等级，电网优先"的原则统计报告。

5.6.2 一次事故既构成人身事故条件，也构成电网（设备）事故条件时，人身和电网（设备）事故应各统计一次。

5.6.3 一次事故既构成电网事故，又构成信息系统事件的，电网事故和信息系统事件各统计一次。

5.7 一次事故涉及多个单位时的事故统计

5.7.1 电网事故涉及一个省（自治区、直辖市）内多行政区域的，事故等级不同的按最高等级统计一次；事故等级相同的统计为管辖这些行政区域电网的上级单位的电网事故。

5.7.2 输电线路发生瞬时故障，由于继电保护或断路器失灵，在断路器跳闸后拒绝重合构成事故时，统计为管辖该继电保护或断路器单位的事故；如果输电线路发生永久性故障，无论继电保护或断路器是否失灵，均应统计为管辖该线路单位的事故。由于输电线路两侧变电站内设备故障原因，导致输电线路发生跳闸，应统计为管辖该变电站设备单位的事故。

5.7.3 一条线路由两个以上单位负责运维管理，该线路故障跳闸构成事故时，如果各单位经过检查均未发现故障点，应各统计一次。

【释义】 一条线路由两个以上单位负责运维管理，该线路跳闸后，若一方提供了故障录波图（或故障测距仪记录，下同），计算出的故障点在对方，而对方未能提供故障录波图时，双方经现场检查虽未发现故障点，则未录波的一方统计一次事故。

5.7.4 直流系统故障构成事故时，故障点在线路上或通道内，则由故障点线路段运维单位统计一次事故，其他直流事故应由直流运维管理单位统计上报。

【释义】 其他线路运维属地化管理模式可参照执行。

5.8 由于电力调度控制中心过失，如调度命令下达错误、保护定值整定计算错误等，造成输变电或发电设备异常运行并构成事故者，电力调度控制中心应统计为一次事故。

5.9 单一供电城市发生的安全事故，等级划分按照《国家能源局关于印发单一供电城市电力安全事故等级划分标准》（国能电安〔2013〕255号）执行，并统计为相应电网事件。

6　即　时　报　告

6.1 公司系统各单位发生事故后，事故现场有关人员应当立即向本单位现场负责人或者电力调度机构值班人员报告。有关人员接到报告后，应当立即向本单位负责人、相关部门和安全监督部门即时报告。

情况紧急时可越级报告。

6.2 与安全事故（事件）相关的单位均是即时报告责任主体。

6.2.1 发生人身事故，安排作业的单位、伤亡人员所在单位、事故场所运维单位等的有关人员及其单位负责人均有责任即时报告；发生基建人身事故，建设管理单位、监理单位、施工单位等的有关人员及其单位负责人均有责任即时报告。

6.2.2 发生电网、设备事故，其对应的调度机构、运维单位等均有责任即时报告；涉及跨区、跨省的电网、设备事故，各有关调度机构、运维单位等均有责任即时报告。发生信息系统事故，其业务相关单位均有责任即时报告。

【释义】 跨区输电线路故障引起电网事故的，故障原因查明之前，应由管理相关变电站、换流站的上级运维管理单位或管辖其的调度机构即时汇报。

6.3 各有关单位接到事故报告后，应当依照下列规定立即上报事故情况。

6.3.1 发生一般以上事故、电力监管机构或安全生产监督管理部门要求报送的安全事件，或其他法律法规等要求报送的事故信息，应按国家、政府部门相关规定执行，及时如实向所在地县级以上人民政府相关部门、相应电力监管机构报送有关情况。

对外报送情况、报出的信息等，应随即时报告一并上报。

6.3.2 发生下列事件，应立即按资产关系或管理关系逐级上报至公司总部。

（1）六级以上人身、电网、设备和信息系统事件；

（2）主网主设备故障，重点包括：500千伏以上输变电主设备非计划停运；

（3）影响重要电力用户，重点包括：因电网侧或因施工、倒塔、断线等原因，造成高铁、机场、城市轨道交通、医院、电铁、化工厂等重要电力用户停电或供电中断；

（4）直流系统故障，重点包括：±400千伏以上直流输电系统或背靠背直流输电系统运行异常事件，如功率突降（升）、被迫降压（降功率）运行、被迫停运、换相失败、闭锁等，以及换流变压器等主设备故障停运；

（5）造成不良影响，重点包括：省级以上政府作出批示或提出要求，已经或可能造成较大社会影响或舆论关注的涉电安全事件；

（6）重点地区事件，重点包括：发生在直辖市、省会城市、重要城市城区等重点区域，或者发生在敏感时段、敏感地区，容易引起国家、社会和舆论关注的涉电安全事件。

6.3.3 发生七级人身、电网、设备和信息系统事件，应立即按资产关系或管理关系逐级上报至省电力公司级单位。

6.3.4 发生八级人身、电网、设备和信息系统事件，应按资产关系或管理关系上报至上一级管理单位。

6.3.5 每级上报的时间不得超过 1 小时。

6.4 即时报告应采取电话、邮件、短信等方式第一时间上报简要情况，并向接收方进行确认。同时应在迅速了解有关情况后，填报《即时报告表》（见表 1）。

6.5 即时报告内容应简明清楚，严禁隐瞒、遗漏关键信息。

6.6 即时报告后事故出现新情况的，应当及时补报。

6.7 自事故发生之日起 30 日内（道路交通、火灾事故自发生之日起 7 日内），事故造成的伤亡人数发生变化的，应于当日续报。

6.8 事故后的 24 小时内，应以书面形式将初步调查分析情况上报。

6.9 公司系统各省电力公司级单位，应于每周（月）最后一个工作日将本周（月）（上次至本次报送期间）发生的八级以上事件（35 千伏及以下设备引起的八级电网和设备事件除外）简要情况，汇总报送至公司总部。

6.10 任何单位和个人不得擅自发布事故信息。

7 事 故 调 查

7.1 调查组织

7.1.1 发生事故（事件）后，公司系统各单位应根据事故（事件）等级成立相应的调查组，组织开展调查。事故调查组按要求填写事故调查报告书，对调查结论和调查报告负责，履行相应的责任。上级管理单位可根据情况派员督查。

7.1.2 一般以上事故，五级人身、电网、设备以及信息系统事件由公司总部（分部）组织调查。

7.1.3 六级人身、电网、设备以及信息系统事件由省电力公司级单位组织调查；涉及多个省级单位的线路（包括直流）跳闸事件，由该线路调度机构的上级单位组织调查。国家电网有限公司认为有必要时可以组织、派员参加或授权有关单位调查。

7.1.4 七级人身、电网、设备以及信息系统事件由地市供电公司级单位组织调查。上级管理单位认为有必要时可以组织、派员参加或授权有关单位调查。

7.1.5 八级人身、电网、设备以及信息系统事件由事件发生单位组织调查。上级管理单位认为有必要时可以组织、派员参加或授权有关单位调查。

7.1.6 人身事故调查组由相应调查组织单位的领导或其指定人员主持，安监、设备、基建、营销、产业、后勤、网络、调控、纪检监察、人资、工会等有关部门派员参加。

7.1.7 其他事故调查组由相应调查组织单位的领导或其指定人员主持，按事故的不同等级和性质，安监、设备、基建、营销、网络、调控等有关部门人员和车间（工区、项目部）负责人参加。调查组可根据事故的具体情况，指定其他有关单位参加。

产权与运维管理相分离的，由运维管理单位组织调查，也可由资产所有单位组织调查。性质严重或涉及两个以上单位的事故，上级管理单位应指派安监人员和有关专业人员参加调查或组织调查。

7.1.8　公司系统各单位应有调查经费的保障，配置保障交通、拍照、录像、录音、勘查、检测、办公等必要的调查设备装备。

7.2　调查程序

7.2.1　保护事故现场。

7.2.1.1　事故发生后，事故发生单位必须迅速抢救伤员并派专人严格保护事故现场。未经调查和记录的事故现场，不得任意变动。

7.2.1.2　事故发生后，事故发生单位安监部门或其指定的部门应立即对事故现场和损坏的设备进行照相、录像、绘制草图、收集资料。

7.2.1.3　因紧急抢修、防止事故扩大以及疏导交通等，需要变动现场，必须经单位有关领导和安监部门同意，并做出标志、绘制现场简图、写出书面记录，保存必要的痕迹、物证。

【释义】本条现场简图是指：事故现场示意图，电气和热力系统事故时实时方式状态图，受害者位置图等，并标明尺寸。

7.2.2　收集原始资料。

7.2.2.1　事故发生后，事故发生单位安监部门或其指定的部门应立即组织当值值班人员、现场作业人员和其他有关人员在离开事故现场前，分别如实提供现场情况并写出事故的原始材料。

应收集的原始资料包括：有关运行、操作、检修、试验、验收的记录文件，系统配置和日志文件，以及事故发生时的录音、故障录波图、计算机打印记录、现场影像资料、处理过程记录等。

安监部门或指定的部门要及时收集有关资料，并妥善保管。

7.2.2.2　事故调查组成立后，安监部门或指定的部门应及时将有关材料移交事故调查组。

7.2.2.3　事故调查组在收集原始资料时应对事故现场搜集到的所有物件（如破损部件、碎片、残留物等）保持原样，并贴上标签，注明地点、时间、物件管理人。

7.2.2.4　事故调查组要及时整理出说明事故情况的图表和分析事故所必需的各种资料和数据。

7.2.2.5　事故调查组有权向事故发生单位、有关部门及有关人员了解事故的有关情况并索取有关资料，任何单位和个人不得拒绝。

7.2.3　调查事故应查明的情况。

7.2.3.1　人身事故应：

（1）查明伤亡人员和有关人员的单位、姓名、性别、年龄、文化程度、工种、技术等级、工龄、本工种工龄等。

（2）查明事故发生前伤亡人员和相关人员的技术水平、安全教育记录、特殊工种持证情况和健康状况，过去的事故记录、违章违纪情况等。

（3）查明事故发生前工作内容、开始时间、许可情况、作业程序、作业时的行为及位置、事故发生的经过、现场救护情况等。

（4）查明事故场所周围的环境情况（包括照明、湿度、温度、通风、声响、色彩度、道路、工作面状况以及工作环境中有毒、有害物质和易燃、易爆物取样分析记录）、安全防护设施和个人防护用品的使用情况（了解其有效性、质量及使用时是否符合规定）。

7.2.3.2 电网、设备事故应：

（1）查明事故发生的时间、地点、气象情况，以及事故发生前系统和设备的运行情况。

（2）查明事故发生经过、扩大及处理情况。

（3）查明与事故有关的仪表、自动装置、断路器、保护、故障录波器、调整装置、遥测、遥信、遥控、录音装置和计算机等记录和动作情况。

（4）查明事故造成的损失，包括波及范围、减供负荷、损失电量、停电用户性质，以及事故造成的设备损坏程度、经济损失等。

（5）调查设备资料（包括订货合同、大小修记录等）情况以及规划、设计、选型、制造、加工、采购、施工安装、调试、运维、检修等质量方面存在的问题。

7.2.3.3 信息系统事件应：

（1）查明事件发生前系统的运行情况。

（2）查明事件发生经过、扩大及处理情况。

（3）调查系统和设备资料（包括订货合同、维护记录等）情况以及规划、设计、建设、实施、运维等方面存在的问题。

（4）查明事件造成的损失，包括影响时间、影响范围、影响严重程度等。

7.2.3.4 事故调查还应了解现场规章制度是否健全，规章制度本身及其执行中暴露的问题；了解各单位管理、安全生产责任制和技术培训等方面存在的问题；了解全过程管理是否存在漏洞；事故涉及两个以上单位时，应了解相关合同或协议。

7.2.4 分析原因责任。

7.2.4.1 事故调查组在事故调查的基础上，分析并明确事故发生、扩大的直接原因和间接原因，管理原因和技术原因。必要时，事故调查组可委托专业技术部门进行相关计算、试验、分析。

7.2.4.2 事故调查组在确认事实的基础上，分析是否人员违章、过失、违反劳动纪律、失职、渎职；安全措施是否得当；事故处理是否正确等。

7.2.4.3 根据事故调查所确认的事实，通过对直接原因和间接原因的分析，确定事故中的直接责任者和领导责任者；根据其在事故发生过程中的作用，确定事故发生的主要责任者、同等责任者、次要责任者、事故扩大的责任者；根据事故调查结果，确定相关单位承担全部责任、主要责任、同等责任、次要责任或无责任。

7.2.4.4 发生以下事项之一造成事故的，确认为本单位负同等以上责任：

（1）本单位和本单位承包、承租、承借的工作场所，由于本单位原因，致使劳动条件或作业环境不良，管理不善，设备或设施不安全，发生触电、高处坠落、设备爆炸、火灾、生产建（构）筑物倒塌等造成事故。

（2）发包工程项目，发生以下情形之一者：

a）资质审查不严，承包方不符合要求；

【释义】 资质审查包括审查有关部门核发的营业执照、资质证书、法人代表资格证书、安全生产许可证、施工简历和近三年安全施工记录等是否齐全；施工负责人、工程技术人员和工人的技术素质是否符合工程要求；特殊工种是否持证上岗；施工机械、工器具及安全防护设施、安全用具是否满足施工需要；是否按照有关法律法规要求设置安全管理机构，配备专、兼职安全员；以及安全文明生产施工管理制度是否健全等。

　　b）开工前未对承包方负责人、工程技术人员和安监人员进行应由发包方交代的安全技术交底，且没有完整的记录；

　　c）对危险性生产区域（指容易发生触电、高处坠落、爆炸、中毒、窒息、机械伤害、火灾、烧烫伤等引起人身和设备事故的场所及爆破、起吊作业现场）内作业未事先进行专门的安全技术交底，未按安全施工要求配合做好相关的安全措施（含有关设施、设备上设置明确的安全警告标志等）；

　　d）未签订安全生产管理协议，或协议中未明确各自的安全生产职责。

　　（3）事故调查组认定的本单位负同等以上责任的其他情形。

7.2.4.5　凡事故原因分析中存在下列与事故有关的问题，确定为领导责任：

　　（1）安全生产责任制不健全、不落实。

　　（2）规章制度和操作规程不健全。

　　（3）未组织制定并实施本单位安全生产教育和培训计划。

　　（4）本单位安全生产投入不足。

　　（5）现场安全防护装置、个人防护用品、安全工器具不全或不合格。

　　（6）反事故措施、安全技术劳动保护措施计划和应急预案不制定、不落实。

　　（7）未督促、检查本单位的安全生产工作，未及时消除生产安全事故隐患，同类事故重复发生。

　　（8）违章指挥或决策不当。

　　（9）政府相关部门规定的工程项目有关安全施工证件不全。

　　（10）事故调查组确定的应为领导责任的其他情形。

7.2.5　提出防范措施。

　　事故调查组应根据事故发生、扩大的原因和责任分析，提出防止同类事故发生、扩大的组织（管理）措施和技术措施。

7.2.6　提出人员处理意见。

7.2.6.1　事故调查组在事故责任确定后，要根据有关规定提出对事故责任人员的处理意见，由有关单位和部门按照人事管理权限进行处理。

7.2.6.2　对下列情况应从严处理：

　　（1）违章指挥、违章作业、违反劳动纪律造成事故发生的。

　　（2）事故发生后迟报、漏报、瞒报、谎报或在调查中弄虚作假、隐瞒真相的。

　　（3）阻挠或无正当理由拒绝事故调查或提供有关情况和资料的。

7.2.6.3　在事故处理中积极抢救、安置伤员和恢复设备、系统运行的，在事故调查中主动反映事故真相，使事故调查顺利进行的有关事故责任人员，可酌情从宽处理。

7.3　**事故调查报告**

7.3.1　由政府部门组织的事故调查，调查完成后，调查报告书应由事故发生单位留档保存，并逐级上报至公司总部。

7.3.2　事故调查报告书。

7.3.2.1 下列事故应由事故调查组填写事故调查报告书：

（1）六级以上人身事件，填写《人身事故调查报告书》（见表2）。

（2）六级以上电网事件，填写《电网事故调查报告书》（见表3）。

（3）六级以上设备事件，填写《设备事故调查报告书》（见表4）。

（4）六级以上信息系统事件，填写《信息系统事件调查报告书》（见表5）。

（5）其他由国家电网有限公司、省电力公司级单位根据事故性质及影响程度指定填写的。

7.3.2.2 一般以上事故应在事故发生后的30日内完成调查，五级和六级事件应在事故发生后的15日内完成调查，形成事故调查报告书。

特殊情况下，经上级管理单位同意的，可适当延期。

7.3.2.3 公司总部根据事故情况，适时组织召开事故分析会，有关专业部门、专家和事故调查单位、发生单位参加，分析事故原因、暴露问题、整改措施等，研究提出防范同类事故再次发生的措施意见，审定事故调查报告，对事故进行定性、定责、定措施。

7.3.2.4 六级以上事件形成事故调查报告书后，应在7日内以公文形式上报至公司总部。

7.3.2.5 符合7.3.2.1条所列事故，应随事故调查报告书上报事故影像资料。

7.3.3 事故调查结案后，事故调查的组织单位应将有关资料归档，资料必须完整，根据情况应有：

（1）人身、电网、设备、信息系统事故报告。

（2）事故调查报告书、事故处理报告书及批复文件。

（3）现场调查笔录、图纸、仪器表计打印记录、资料、照片、录像（视频）、操作记录、配置文件、日志等。

（4）技术鉴定和试验报告。

（5）物证、人证材料。

（6）直接和间接经济损失材料。

（7）事故责任者的自述材料。

（8）医疗部门对伤亡人员的诊断书。

（9）发生事故时的工艺条件、操作情况和设计资料。

（10）处分决定和受处分人的检查材料。

（11）有关事故的通报、简报及成立调查组的有关文件。

（12）事故调查组的人员名单，内容包括姓名、职务、职称、单位等。

8 统 计 报 告

8.1 月度报告（表）

8.1.1 所有事故事件均应填写事故报告。

8.1.2 人身事故报告中，各统计单位应按一次事故填报所有人身伤亡，分别写出事故报告，由上级管理部门综合后写出报告。

电网、设备、信息系统事故报告中，一次事故涉及两个以上的单位，应分别写出事故报告，由上级管理部门综合后写出报告。

事故报告经填报单位分管领导或授权人员审核后上报。

8.1.3 事故报告应全口径统计。省电力公司、国家电网有限公司直属公司应于每月最后一个工作日前将所属各级单位本月度的事故报告，全部统计录入至事故报告数据库。

8.1.4 已到规定报送日期，但事故尚未调查结案的，事故发生单位应先将简要情况填写事故报告，并按规定日期报出，待事故调查结案做出结论后 7 日内，再将原报告做出修正并报出。其他原因需要补报或对原报告做出修正的，随下月报告同时报出。

8.1.5 非公司系统所属的并网电厂和地方电网公司发生与国家电网有限公司所属单位有关联的事故时，国家电网有限公司所属单位应将其与本单位事故同等对待，并与本单位事故报告（表）一并上报。

8.2 季度报告（表）

省电力公司、国家电网有限公司直属公司应在每个季度第一个月的 10 日前向国家电网有限公司上报上个季度下属所有地市供电公司级单位的年内安全记录、连续安全记录和安全周期个数。

地市供电公司级单位和省电力公司直管的县供电公司级单位应在每个季度第一个月的 6 日前向省电力公司、国家电网有限公司直属公司上报上个季度下属所有县供电公司级单位的年内安全记录、连续安全记录和安全周期个数。

8.3 年度报告

各级单位应对照事故报告审核管理职责，分级梳理本单位统计、管理的年度事故情况，从发生时间、地域、设备类型，以及事故原因、影响、责任等各个方面，分析事件规律特点，查找问题短板和薄弱环节，研究制定针对性措施对策，编制形成年度事故分析报告，并在次年 1 月 15 日前报送至上级管理单位。

8.4 填报及审批

8.4.1 省电力公司级单位、地市供电公司级单位、县供电公司级单位等为填报单位。

8.4.2 省电力公司、国家电网有限公司直属公司为其下属和管理的地市供电公司级单位、直属县供电公司级单位各类报告（表）的审批汇总单位。

地市供电公司级单位为其下属和管理的县供电公司级单位各类报告（表）的审批汇总单位。

9 安 全 记 录

9.1 安全周期。

安全天数达到 100 天为一个安全周期。

9.2 发生负同等以上责任的交通事故中断事故发生单位的安全记录。

9.3 发生六级以上安全事件，中断事故责任单位的安全记录。发生七级事件，中断有事故责任的县供电公司级单位或地市供电公司级单位所属车间（工区、分部、分厂）的安全记录。以下免责条款情况可免予中断安全记录。

【释义】 事故责任单位指负有次要以上责任的单位。

9.3.1 因地震、洪水、泥石流、台风、龙卷风、飑线风、雨雪冰冻等自然灾害超过设计标准承受能力，不可预见或人力不可抗拒等非人为责任引发的电网、设备和信息系统事故。若由于处置不当等人为过失造成事故扩大或处理延误等的，仍应中断安全记录。

9.3.2 为了抢救人员生命而紧急停止设备运行构成的事故。

9.3.3 首台（套）设备、示范试验项目以及事先经过上级管理部门批准进行的科学技术实验项目，由于非人员过失所造成的事故。

【释义】 国家部委、各级政府、电力监管机构或公司认定的首台（套）设备、重大电力科研、重大电力新技术项目，项目实施单位应将试验或试运期限、存在的安全风险、有关防范和应急措施等情况，按规定向上级主管单位、政府部门报告。

9.3.4 新投产设备（包括成套性继电保护及安全自动装置）一年以内发生由于设计、制造、施工、安装、调试、集中检修等单位负主要责任造成的五级及以下电网、设备事件，免予中断运维单位安全记录。

9.3.5 恶劣天气或地形复杂地区夜间无法巡线的 35 千伏以上输电线路或不能及时得到批准开挖检修的城网地下电缆，停运后未引起对用户少送电或电网限电，停运时间不超过 72 小时者。

9.3.6 发电机组因电网安全运行需要设置的安全自动切机装置，由于电网原因造成的自动切机装置动作，使机组被迫停机构成事故者，不中断发电厂安全记录。若切机后由于人员处理不当或设备本身故障构成事故条件的，仍应中断其安全记录。

9.3.7 电网因安全自动装置正确动作或调度运行人员按事故处理预案进行处理的非人员责任的事故，不中断调度机构的安全记录。若由于人员处理不当或设备本身故障构成事故者，仍应中断安全记录。

9.3.8 确定为家族性缺陷的设备，且难以采取有效措施进行防范的，发生故障造成的六级及以下事件。

9.3.9 由于上级电网事故造成本地区电网负荷被切除，减供负荷达到地区电网考核标准，构成五级及以下事件，经事故调查无本地区电网运行管理单位责任者。

9.3.10 不可预见或无法事先防止的外力破坏事故。

【释义】 不可预见指器材被盗、车辆碰撞电力设施及他人在电力设施附近射击、狩猎、砍树、开挖、爆破、起吊作业、盖房等。

但对于电力器材被偷盗、电力线路杆塔（包括拉线）附近被开挖，以及砍伐树木等引起线路故障，若系运行维护工作不到位而未及时发现并加以处理；或电杆位置不当，该迁移而未迁移；或在电杆周围应该采取防护措施而未采取措施，发生车辆撞电杆事故；或运行中的电力设施未按电气设备运行规程要求设置警告标志或采取其他必要的安全防护措施，导致他人误登、误碰电气设备构成事故等，都应视作本单位有责任而中断安全记录。

9.3.11 无法采取预防措施的户外小动物引起的事故。

9.3.12 公司系统内产权与运维管理相分离，发生五级及以下电网、设备事件且运维管理单位没有责任者。经确认为设计缺陷、制造质量、安装工艺等非运维原因造成的五级及以下事件，且运维管理单位没有责任者。

9.3.13 发生公司系统内其他单位负同等以上责任的七级电网、设备和信息系统安全事件，运维管理单位负同等以下责任者。

9.4 发电厂、用户等外部因素引起的涉网事故，不中断输变电、供电单位和电力调度控制中心的安全记录。

【释义】 本条包括公司系统内、外的所有发电厂和用户。

9.5 县供电公司级单位发生六级以上中断安全记录的电网、设备和信息系统事件时，同时中断管理该单位的地市供电公司级单位的安全记录。

10 整 改 评 估

10.1   事故整改评估按照"实事求是、系统评估、注重实效"原则，对照事故调查报告书（或事故报告，下同），核查评估事故单位和相关责任单位的整改措施落实情况。

10.2   检查评估工作在事故调查结案后的一年内开展：

（1）一般以上事故由公司总部组织。

（2）五、六级安全事件由公司分部组织。

（3）七级安全事件由省电力公司级单位组织。

（4）八级安全事件由地市供电公司级单位按季度组织，对上一季度事件整改措施落实情况进行检查评估。

（5）同一单位、同一类型、同一设备的事件可合并开展。

（6）上级管理单位认为有必要时可以组织、派员参加或授权有关单位组织。

10.3   检查评估工作对照事故调查报告书，重点核实核查以下内容：

（1）核查对事故责任单位和责任人员的处理意见落实情况。

（2）核查事故报告确定的整改措施落实情况。

（3）抽查同类单位对事故教训吸取和技术、管理措施制订落实情况。

10.4   检查评估工作完成后应形成检查评估报告，主要包括以下内容：

（1）评估工作组织情况。

（2）责任追究落实情况。

（3）整改措施落实情况。

（4）存在的问题及建议。

10.5   检查评估报告及有关资料应留档，与事故报告一并保存、管理。

11 附   则

11.1   凡发生本规程未涉及的公司系统相关的其他事故，各相关单位应及时上报，由国家电网有限公司进行事故等级、责任认定和调查处理。

11.2   本规程由国家电网有限公司安全监察部负责解释并监督执行。

11.3   本规程自 2021 年 4 月 1 日起施行。原《国家电网公司电力生产事故调查规程》（国家电网安监〔2011〕2024 号）及《国家电网公司安全事故调查规程（2017 修正版）》同时废止。

附表

表1　　　　　　　　　　即 时 报 告 表

事故简题：				
事故单位：		事故时间：		
事故地点（变电站、线路）：		事故等级初判：		
伤亡、损失、影响的初步情况：	伤亡人数：		受伤程度：	
	事故前负荷（万千瓦）：		事故后负荷（万千瓦）：	
	总用户数（户）：		停电用户（户）：	
	对电网影响情况：		影响区域级别：	
	设备损坏情况：		损坏设备厂家：	
	损坏设备型号：		损坏设备投产日期：	
	火情火警情况：		其他情况：	
原因初步判断：				
事故简要经过：				
应急处置情况：				
外部舆情情况：		对外报告情况：		
上报单位：		上报部门：		
上报人员：		上报时间：		
联系方式：		上报次数：		

表2　　　　　　　　　　人身事故调查报告书

1. 事故名称（简题）：＿＿＿＿＿＿＿＿＿　　事故编号：＿＿＿＿＿＿＿＿＿

2. 事故单位全称：＿＿＿＿＿＿＿＿＿　　地址：＿＿＿＿＿＿＿＿＿

3. 业别：＿＿＿＿＿＿＿＿＿　　省电力公司（直属公司）：＿＿＿＿＿

　　上级主管单位：＿＿＿＿＿＿＿＿＿

4. 事故发生时间：＿＿年＿＿月＿＿日＿＿时＿＿分

5. 事故类别：＿＿＿＿＿＿＿＿＿；主要原因分析：＿＿＿＿＿＿＿

6. 事故伤亡情况：死亡＿＿＿人　　重伤＿＿＿人　　轻伤＿＿＿人

姓名	伤害情况（死、重、轻）	工种及级别	性别	年龄	本工种工龄	受过何种安全教育	所属单位

7. 事故经过、原因、直接经济损失：

（1）事故经过。

（2）原因分析（包括技术和管理原因）。

（3）直接经济损失等情况。

续表

8. 防止事故重复发生的对策（措施）、执行人、完成期限以及执行检查人：

9. 事故责任分析和对责任者的处理意见：

10. 事故调查组人员名单：

姓名	性别	单位	职务	事故调查组中的职别	签名

11. 附件清单（包括图纸、资料、原始记录、笔录、试验和分析计算资料、事故照片、录像、录音等）：

事故单位负责人：＿＿＿＿＿＿＿＿

主持事故调查单位负责人：＿＿＿＿＿

主持事故调查单位盖章：＿＿＿＿＿

日期：＿＿＿＿＿年＿＿＿月＿＿＿日

表3　　　　　　　　　　　**电网事故调查报告书**

1. 事故名称（简题）：＿＿＿＿＿＿＿＿＿＿　　　　事故编号：＿＿＿＿＿＿＿＿＿＿＿＿

2. 事故单位全称：＿＿＿＿＿＿＿＿＿＿＿＿＿＿＿＿＿＿＿＿＿＿＿＿＿＿＿＿＿＿

3. 事故等级：＿＿＿＿＿＿＿＿＿＿＿＿＿；事故类别：＿＿＿＿＿＿＿＿＿＿＿＿＿＿

4. 事故起止时间：＿＿＿＿＿年＿＿月＿＿日＿＿时＿＿分至

　　　　　　　　　＿＿＿＿＿年＿＿月＿＿日＿＿时＿＿分

5. 事故前电网运行工况（事故前电网实时运行方式，电网功率、电压、频率，气象条件等）：

6. 事故发生、扩大和处置情况：

7. 事故原因及扩大原因：

8. 事故损失及影响情况（少发电量、减供负荷及比例、停电用户数及比例、损坏设备、直接经济损失、对重要用户影响情况等）：

9. 事故暴露问题：

（1）技术问题。

（2）管理问题。

10. 防止事故重复发生的对策（措施）、执行人、完成期限以及执行检查人：

11. 事故责任分析和对责任者的处理意见：

12. 事故调查组人员名单：

姓名	性别	单位	职务	事故调查组中的职别	签名

13. 附件清单（包括图纸、资料、原始记录、笔录、试验和分析计算资料、事故照片、录像、录音等）：

事故单位负责人：＿＿＿＿＿＿＿＿

主持事故调查单位负责人：＿＿＿＿＿

主持事故调查单位盖章：＿＿＿＿＿

日期：＿＿＿＿＿年＿＿＿月＿＿＿日

表4 设备事故调查报告书

1. 事故名称（简题）：_____ 事故编号：_____

2. 事故单位全称：_____

3. 事故等级：_____ 事故类别：_____

4. 事故起止时间：_____年___月___日___时___分至

　　　　　　　　_____年___月___日___时___分

5. 故障设备情况（设备规范/型号/参数、制造厂、投产日期、最近一次检修日期等）：

6. 事故前运行工况：

7. 事故发生、扩大和处置情况：

8. 事故原因及扩大原因：

9. 事故损失情况（少发电量、少送电量、设备损坏情况、直接经济损失、损坏设备修复时间等）：

10. 事故暴露问题：

（1）技术问题。

（2）管理问题。

11. 防止事故重复发生的对策（措施）、执行人、完成期限以及执行检查人：

12. 事故责任分析和对责任者的处理意见：

13. 事故调查组人员名单：

姓名	性别	单位	职务	事故调查组中的职别	签名

14. 附件清单（包括图纸、资料、原始记录、笔录、试验和分析计算资料、事故照片、录像、录音等）：

事故单位负责人：_____

主持事故调查单位负责人：_____

主持事故调查单位盖章：_____

日期：_____年_____月_____日

表5 信息系统事件调查报告书

1. 事件名称（简题）：_____ 事件编号：_____

2. 事件单位全称：_____

3. 事件等级：_____

4. 事件主体类别：_____；事件客体类别：_____

5. 事件起止时间：_____年___月___日___时___分至

　　　　　　　　_____年___月___日___时___分

6. 事件发生、扩大和处置情况：

7. 事件发生原因及扩大原因：

8. 事件的影响范围、损失、后果情况：

9. 事件暴露问题：

（1）技术问题。

（2）管理问题。

10. 防止事件重复发生的对策（措施）、执行人、完成期限以及执行检查人：

11. 事件责任分析和对责任者的处理意见：

12. 事件调查组人员名单：

姓名	性别	单位	职务	事件调查组中的职别	签名

13. 附件清单（包括运行记录、系统配置、系统日志文件、机房值班记录、操作单记录、操作票记录、安全设备日志、处理过程记录、调查记录等）：

事故单位负责人：＿＿＿＿＿＿＿＿

主持事件调查单位负责人：＿＿＿＿＿

主持事件调查单位盖章：＿＿＿＿＿

日期：＿＿＿＿＿年＿＿＿月＿＿＿日

表6　　　　　　　　　　　　人身事件（五～八级）检索简表

事件类型	五级事件	六级事件	七级事件	八级事件
一次事件造成的人员轻伤	10人以上轻伤	5～9人轻伤	3～4人轻伤	1～2人轻伤

表7　　　　　　　　　　　　电网事件（五～八级）检索简表

事件类型		五级事件	六级事件	七级事件	八级事件
电网减供负荷	减供负荷、停电用户比例	一般电网事故数值的60%			
	减供负荷数值	100兆瓦以上	40兆瓦以上	10兆瓦以上	
	设备故障造成减供负荷			35千伏以上输变电设备异常运行或被迫停止运行，并造成减供负荷者	10千伏（含20千伏、6千伏）供电设备（包括母线、直配线等）异常运行或被迫停止运行，并造成减供负荷者
电网稳定破坏	振荡	220千伏以上系统中，并列运行的两个或几个电源间的局部电网或全网引起振荡，且振荡超过一个周期（功角超过360度），不论时间长短，或是否拉入同步	220千伏以上电网发生振荡，导致机组跳闸或安全自动装置动作	电网发生振荡，导致电网异常波动；或因电网侧原因造成电厂出现扭振保护（TSR）动作导致机组跳闸	

续表

事件类型		五级事件	六级事件	七级事件	八级事件
电网稳定破坏	解列	（1）220 千伏以上电网非正常解列成三片以上，其中至少有三片每片内解列前发电出力和供电负荷超过 100 兆瓦。（2）省（自治区、直辖市）级电网与所在区域电网解列运行	110 千伏（含 66 千伏）以上局部电网与主网解列运行		
电能质量降低	频率偏差	（1）装机容量 3000 兆瓦以上电网，频率偏差超出（50±0.2）赫兹，延续时间 30 分钟以上。（2）装机容量 3000 兆瓦以下电网，频率偏差超出（50±0.5）赫兹，延续时间 30 分钟以上	（1）装机容量 3000 兆瓦以上电网，频率偏差超出（50±0.2）赫兹。（2）装机容量 3000 兆瓦以下电网，频率偏差超出（50±0.5）赫兹		
	电压偏差	500 千伏以上电压监视控制点电压偏差超出±5%，延续时间超过 1 小时	220 千伏以上电压监视控制点电压偏差超出±5%，延续时间超过 30 分钟		
电网安全水平降低	限额		电网输电断面超稳定限额，连续运行时间超过 1 小时		
	备用不足		区域电网、省（自治区、直辖市）电网实时运行中的备用有功功率不能满足调度规定的备用要求		
交流系统故障	任一电压等级母线全部停运	变电站内 220 千伏以上任一电压等级运行母线跳闸全停	变电站内 110 千伏（含 66 千伏）运行母线跳闸全停		
	两条以上母线跳闸停运		变电站内两条以上 220 千伏以上母线跳闸停运	变电站内两条以上 110 千伏（含 66 千伏）以上母线跳闸停运	
	一条母线跳闸停运			变电站内 220 千伏以上任一条母线跳闸停运	
	变电站全停	三座以上 110 千伏（含 66 千伏）变电站全停	三座以上 35 千伏变电站全停		
	主变压器跳闸停运	220 千伏以上系统中，一次事件造成两台以上主变压器跳闸停运	110 千伏（含 66 千伏）以上系统中，一次事件造成两台以上主变压器跳闸停运		
	同一输电断面两回以上线路跳闸停运	500 千伏以上系统中，一次事件造成同一输电断面两回以上线路跳闸停运	220 千伏以上系统中，一次事件造成同一输电断面两回以上线路跳闸停运	110 千伏（含 66 千伏）以上系统中，一次事件造成同一输电断面两回以上线路跳闸停运	
	断路器拒动	故障时，500 千伏以上断路器拒动	故障时，220 千伏（含 330 千伏）断路器拒动	故障时，110 千伏（含 66 千伏）及以下断路器拒动	
直流系统故障	双极闭锁	±400 千伏以上直流双极闭锁（不含柔性直流）	±400 千伏以下直流双极闭锁（不含柔性直流）		

续表

事件类型		五级事件	六级事件	七级事件	八级事件
直流系统故障	单极闭锁	两回以上±400千伏以上直流单极闭锁	±400千伏以上直流单极或单换流器闭锁，并造成功率损失	直流输电系统单极闭锁	
	换流器闭锁			特高压直流单换流器闭锁	
	柔性直流	±400千伏以上柔性直流输电系统全停	±400千伏以下柔性直流输电系统全停	柔性直流输电系统单站（单极、单元）停运	
	背靠背直流	具有两个以上换流单元的背靠背直流输电系统换流单元全部闭锁	具有两个以上换流单元的背靠背直流输电系统换流单元闭锁，并造成功率损失	背靠背直流输电系统单换流单元闭锁	
	换相失败			一次事件造成单一直流连续3次以上换相失败	直流输电系统发生换相失败
	直流接地极		直流中性点接地极线路故障，造成直流运行方式改变		
	降功率		±400千伏以上直流输电系统功率速降超过2000兆瓦或额定功率的50%		
二次系统故障	安全自动装置不正确动作	500千伏以上安全自动装置不正确动作	220千伏（含330千伏）安全自动装置不正确动作	110千伏（含66千伏）及以下安全自动装置不正确动作	
	继电保护不正确动作导致越级跳闸	500千伏以上继电保护不正确动作致使越级跳闸	220千伏（含330千伏）继电保护不正确动作致使越级跳闸	110千伏（含66千伏）及以下继电保护不正确动作致使越级跳闸	
	失去（主）保护		220千伏以上线路、母线或变压器失去主保护	110千伏（含66千伏）线路、母线或变压器失去主保护	
电源故障	发电厂减出力	因电网侧故障造成发电厂一次减少出力2000兆瓦以上	因电网侧故障造成发电厂一次减少出力1000兆瓦以上	因电网侧故障造成发电厂一次减少出力500兆瓦以上	
	机组响应不良	具有黑启动功能的机组在黑启动时未满足调度指令需求			发电机组（含调相机组）不能按调度要求运行
重要用户停电	电网侧供电中断	县级以上地方人民政府有关部门确定的特级或一级重要电力用户电网侧供电全部中断	县级以上地方人民政府有关部门确定的二级重要电力用户电网侧供电全部中断	县级以上地方人民政府有关部门确定的临时性重要电力用户电网侧供电全部中断	
	特定重要用户	高速铁路、机场、城市轨道交通等电网侧供电全部中断	电气化铁路等电网侧供电全部中断		

表 8　　　　　　　　　　　设备事件（五～八级）检索简表

事件类型		五级事件	六级事件	七级事件	八级事件
一次事件造成的直接经济损失		50 万元以上 100 万元以下	20 万元以上 50 万元以下	10 万元以上 20 万元以下	5 万元以上 10 万元以下
电气一次设备故障或损坏	停运（修复）时间	750 千伏变压器、高压电抗器损坏，20 天内不能修复；1000 千伏变压器、高压电抗器损坏，25 天内不能修复；220 千伏以上其他输变电主设备损坏，14 天内不能修复	（1）220 千伏以上输变电主设备损坏，7 天不能修复。（2）110 千伏（含 66 千伏）以上 220 千伏以下输变电主设备损坏，14 天不能修复	35 千伏以上输变电主设备非计划停运超过 24 小时	10 千伏以上输变电设备跳闸（10 千伏线路跳闸重合成功不计）、被迫停止运行或停止备用
	套管	特高压换流站直流穿墙套管故障损坏	±400 千伏以上换流站直流穿墙套管故障损坏		
	主变压器（线圈类设备）	220 千伏以上主变压器、高压电抗器，±400 千伏以上或背靠背直流换流站的换流变压器、平波电抗器等本体故障损坏或主绝缘击穿	110 千伏(含 66 千伏)以上主变压器，±400 千伏以下换流站的换流变压器、平波电抗器等本体故障损坏或主绝缘击穿	35 千伏以上主变压器、电抗器等本体故障损坏或主绝缘击穿	
	互感器			500 千伏以上电流互感器、电压互感器故障损坏	220 千伏以上电流互感器、电压互感器故障损坏
	电容器			35 千伏以上电力电容器整组故障损坏	
	断路器	±400 千伏以上或背靠背直流换流站的转换开关、500 千伏以上断路器的套管、灭弧室或支柱瓷套故障损坏	220 千伏以上断路器的套管、灭弧室或支柱瓷套故障损坏		
	电力电缆	500 千伏以上电力电缆主绝缘击穿或电缆头故障损坏	220 千伏以上电力电缆主绝缘击穿或电缆头故障损坏	110 千伏（含 66 千伏）或±120 千伏以上电力电缆主绝缘击穿或电缆头故障损坏	
	输电线路	500 千伏以上交流输电线路或±400 千伏以上直流输电线路倒塔	220 千伏以上 500 千伏以下交流输电线路或±400 千伏以下直流输电线路倒塔	35 千伏以上 220 千伏以下输电线路倒塔	
			（1）500 千伏以上交流或±400 千伏以上直流输电线路（含地线）断线、掉线、掉串；或塔身、基础受损影响线路运行。（2）直流中性点接地极线路发生倒塔、断线、掉串等故障	220 千伏以上 500 千伏以下交流或±400 千伏以下直流输电线路（含地线）断线、掉线、掉串；或塔身、基础受损影响线路运行	
				500 千伏以上线路跳闸，重合不成功	

续表

事件类型		五级事件	六级事件	七级事件	八级事件
主设备及安自、保护等异常运行		（1）主要发电设备和35千伏以上输变电主设备异常运行，已达到现场规程规定的紧急停运条件而未停止运行。（2）220千伏以上系统中，安全自动装置非计划全停，且持续时间超过24小时	（1）220千伏以下系统中，安全自动装置非计划全停，且持续时间超过24小时。（2）系统中发电机组AGC装置故障停用，且持续时间超过72小时	安全自动装置非计划全停	（1）交直流设备异常造成限负荷、降功率或降压运行。（2）双套配置的母线、线路、变压器和发电机（发变组）保护，因故障造成主保护单套运行，时间超过24小时。（3）单套安全自动装置故障停用，时间超过24小时
厂（站）用电失电	站用直流全部失电	装机容量600兆瓦以上发电厂或500千伏以上变电站的厂（站）用直流全部失电	装机容量600兆瓦以下发电厂或220千伏以上500千伏以下变电站的厂（站）用直流全部失电	110千伏（含66千伏）变电站站用直流全部失电	35千伏变电站站用直流全部失电
			装机容量600兆瓦以上发电厂或500千伏以上变电站的厂（站）用交流全部失电	装机容量600兆瓦以下发电厂或220千伏以上500千伏以下变电站的厂（站）用交流全部失电	110千伏（含66千伏）变电站站用交流全部失电
发电厂设备损坏	供热电厂	供热机组装机容量200兆瓦以上的热电厂，在当地人民政府规定的采暖期内同时发生2台以上供热机组因安全故障停止运行并持续12小时			因电网侧故障造成供热电厂全停
	发电机组（含调相机组）停运（修复）时间	100兆瓦以上机组主设备故障，14天内不能修复	发电机组（含调相机组）非计划停止运行（停止备用）7~14天	发电机组（含调相机组）非计划停止运行（停止备用）24小时以上	（1）发电机组（含调相机组）跳闸、被迫停止运行或停止备用。（2）发电机组因故不能启动（不影响调度出力要求），超过8小时不能修复
	常规机组异常	水电机组飞逸	发电机组（含调相机组）烧损轴瓦，或水电机组过速停机		主要辅机和公用系统被迫停止运行或停止备用
	风电光伏机组异常		风电机组塔筒或塔架倒塌；机舱着火、坠落；浆叶折断、脱落；机组飞车		风电机组、光伏发电单元跳闸停运
	大坝及水工设施损坏	（1）水电厂（含抽水蓄能电站）大坝漫坝、水淹厂房或由于水工设备、水工建筑损坏等其他原因，造成水库不能正常蓄水、泄洪。（2）水电厂在泄洪过程中发生消能防冲设施破坏、下游近坝堤岸垮塌。	水电厂（含抽水蓄能电站）泄洪闸门等重要防洪设施不能按调度要求启闭		水库库盆、输水道等出现缺陷需要处理

事件类型		五级事件	六级事件	七级事件	八级事件
发电厂设备损坏	大坝及水工设施损坏	（3）水库库盆、输水道等出现较大缺陷，并导致非计划放空处理；或由于单位自身原因引起水库异常超汛限水位运行	水电厂（含抽水蓄能电站）泄洪闸门等重要防洪设施不能按调度要求启闭		水库库盆、输水道等出现缺陷需要处理
施工作业	施工器械	（1）大型起重机械主要受力结构件或起升机构严重变形或失效。（2）飞行器（不含中小型无人机）坠落（不涉及人员）。（3）运输机械、牵张机械、大型基础施工机械主要受力结构件断裂	（1）小型基础施工机械主要受力结构件断裂。（2）起重机械、运输机械、牵张机械操作系统失灵或安全保护装置失效	（1）起重机械、运输机械、牵张机械、大型基础施工机械严重故障。（2）轻小型重要受力工器具或机具（滑车、卡线器、连接器等）严重变形	设备加工机械及其他一般（中小型）施工机械严重故障或损坏
	作业过程	特高压线路张力放线发生跑线、断线	（1）土建施工脚手架、线路施工跨越架整体倒塌。（2）500千伏以上线路张力放线发生跑线、断线	（1）220千伏以上线路张力放线发生跑线、断线。（2）线路施工跨越架的防护网脱落	110千伏及以下线路张力放线发生跑线、断线
	调试过程	500千伏以上系统充电过程中发生三相短路	（1）220千伏以上系统充电过程中发生三相短路。（2）特高压直流控制保护、500千伏以上安全自动装置、区域性系统保护策略、定值错误。（3）因220千伏以上继电保护极性错误，影响设备安全运行	（1）35千伏以上系统充电过程中发生三相短路。（2）因220千伏以下继电保护极性错误，影响设备安全运行	
高速高铁轨道电气化铁路等阻断（受阻）		（1）因电力线路倒塔、断线、掉线，或者线路弧垂过低等，造成高速铁路、高速公路被阻断（受阻）或城市轨道交通停运。（2）因施工跨越架、脚手架倒塌、高空坠物等，造成高速铁路、高速公路被阻断（受阻）或城市轨道交通停运	（1）因电力线路倒塔、断线、掉线，或者线路弧垂过低等，造成电气化铁路等重要交通线路被阻断（受阻）。（2）因施工跨越架、脚手架倒塌、高空坠物等，造成电气化铁路等重要交通线路被阻断（受阻）	（1）因电力线路倒塔、断线、掉线，或者线路弧垂过低等，造成铁路、公路等交通线路被阻断（受阻）。（2）因施工跨越架、脚手架倒塌、高空坠物等，造成铁路、公路等交通线路被阻断（受阻）	
直升机飞行作业		（1）飞行中进入急盘旋下降、飘摆、失速状态（特定训练科目除外）。	（1）飞行中，单驾驶员或多人制机组中机长在飞行操作岗位丧失工作能力。	（1）未经允许开车，进入跑道起飞。（2）起动中，试车时发生直升机偏转、移动，危及人机安全。	（1）进离场程序未得到允许就自行实施，或进离场程序与指挥意图不符，但未造成后果。

续表

事件类型			五级事件	六级事件	七级事件	八级事件
直升机飞行作业			（2）迷航，或飞行中未经批准进入禁区、危险区、限制区、炮射区或误出国境。 （3）飞行中航空器操纵面、发动机整流罩、外部舱门或风挡玻璃脱落、蒙皮揭起或张线断裂，造成航空器操纵困难。 （4）飞行中航空器的任一主操纵系统完全失效，或失去全部电源，或发动机停车（特定训练科目除外）	（2）空中遭雷击、电击、冰击、鸟击或其他外来物撞击，严重影响飞行操作性能。 （3）迫降，或落错机场、跑道（包括着陆方向）。 （4）外载荷飞行中载荷物挂撞障碍物；或装载严重偏离重心、不按规定固定，造成空中操纵困难。 （5）未按规定取下直升机堵盖、销子、空速管套等附件，或加注规格不合要求的燃油、液压油、滑油后，直升机起飞	（3）将工具或外来物遗忘在直升机、发动机的任何部位上。 （4）因未按规定挡轮挡或使用刹车等维修责任，导致地面试车时航空器发生移动，但未造成其他后果。 （5）加错燃油、液压油、滑油，但未造成后果。 （6）发动机未加滑油开车，但未造成严重后果	（2）飞行器各种盖板、检查窗未盖好，开车。 （3）看错机场，或未经允许偏出航路中心线5千米，但未造成后果。 （4）未按规定系留或挡轮挡致使航空器移动，但未造成后果。 （5）航空器停留或过夜，未按规定装上堵塞、管套、销子，或未按规定进行系留或使用保护套等。 （6）因未接好接地线，造成直升机加放燃油或进行维修活动时，引起静电跳火，未造成损失
发生火灾及消防设施损坏	火灾		生产经营场所发生火灾，对公司造成重大影响的	生产经营场所发生火灾，对公司造成较大影响的	生产经营场所发生火灾，对公司造成一定影响的	生产经营场所发生火灾
	消防设施			220千伏以上变电站（换流站）以及发电厂的火灾自动报警系统、固定自动灭火系统［如水（泡沫）喷雾灭火系统、排油注氮灭火系统等］、消防给水系统等，在发生火灾火警时无法正常使用	220千伏以下变电站（换流站）以及发电厂的火灾自动报警系统、固定自动灭火系统［如水（泡沫）喷雾灭火系统、排油注氮灭火系统等］、消防给水系统等，在发生火灾火警时无法正常使用	10千伏以上变电站（换流站、配电房等）以及发电厂的消防设施、器材，在发生火灾火警时无法正常使用
危化品			火工品、剧毒化学品、放射品丢失；或因泄漏导致环境污染造成重大影响者		酸、碱、氨水等液体大量向外泄漏，构成环境污染	
建（构）筑物			主要建筑物垮塌	主要建（构）筑物缺陷导致50兆瓦以上机组非计划停机处理，或导致220千伏以上输变电主设备非计划停运	主要建（构）筑物缺陷危及结构安全或设备运行	
二次系统设备故障或损坏	电力监控	SCADA功能失效	安全保护等级为四级的电力监控系统的主调系统和备调系统的SCADA功能全部失效	主、备调配置的安全保护等级为三级的电力监控系统的主调系统和备调系统的主要功能全部失效	主、备调配置的安全保护等级为二级的电力监控系统的主调系统和备调系统的主要功能全部失效	电力监控系统运行异常，影响事故处理或延误送（发）电
				安全保护等级为四级的电力监控系统的主调系统SCADA功能全部失效	主、备调配置的安全保护等级为三级的电力监控系统的主调系统的主要功能全部失效，或其他安全保护等级为三级的电力监控系统的主要功能全部失效	主、备调配置的安全保护等级为二级的电力监控系统的主调系统的主要功能全部失效，或其他安全保护等级为二级的电力监控系统的主要功能全部失效

事件类型		五级事件	六级事件	七级事件	八级事件
二次系统设备故障或损坏	电力监控	有害程序或网络攻击操控	安全保护等级为四级的电力监控系统被有害程序或网络攻击操控	安全保护等级为三级的电力监控系统被有害程序或网络攻击操控	安全保护等级为二级的电力监控系统被有害程序或网络攻击操控	电力监控系统感染有害程序或被网络攻击侵入
		数据不安全造成影响	数据泄露、丢失或被窃取、篡改，对公司安全生产产生特别重大影响	数据泄露、丢失或被窃取、篡改，对公司安全生产产生重大影响	数据泄露、丢失或被窃取、篡改，对公司安全生产产生较大影响	数据泄露、丢失或被窃取、篡改，对公司安全生产产生一定影响
		网络边界被突破				生产控制大区或安全Ⅲ区与互联网直连，或生产控制大区的纵向认证、横向隔离被突破
		不间断电源或空调故障导致电力监控设备停运	安全保护等级为四级的电力监控系统所在机房的不间断电源系统或空气调节系统故障，造成机房内安全保护等级为四级的电力监控系统的设备停运	安全保护等级为三级的电力监控系统所在机房的不间断电源系统或空气调节系统故障，造成机房内安全保护等级为三级的电力监控系统的设备停运	安全保护等级为二级的电力监控系统所在机房的不间断电源系统或空气调节系统故障，造成机房内安全保护等级为二级的电力监控系统的设备停运	
	电力通信	本部通信站全停	省电力公司级以上单位本部通信站通信业务全部中断	地市供电公司级单位本部通信站通信业务全部中断	县供电公司级单位本部通信站通信业务全部中断	
		厂站通信全停	（1）承载省际骨干通信网业务的厂站或独立通信站的通信业务全部中断。（2）承载国家电力调度控制中心直接调度保护、安控业务的厂站或独立通信站的通信业务全部中断	（1）承载省级骨干通信网业务的厂站或独立通信站的通信业务全部中断。（2）承载国家电网调控分中心或省电力调度控制中心直接调度保护、安控业务的厂站或独立通信站的通信业务全部中断	（1）承载地市骨干通信网业务的厂站或独立通信站的通信业务全部中断。（2）承载地市电力调度控制中心直接调度保护业务的厂站或独立通信站的通信业务全部中断	承载10千伏通信接入网业务的厂站或独立通信站的通信业务全部中断
		调度通信业务中断	国家电力调度控制中心、国家电网调控分中心或省电力调度控制中心与直接调度范围内10%以上厂站的调度电话业务、调度数据网业务全部中断	地市电力调度控制中心与直接调度范围内10%以上厂站的调度电话业务、调度数据网业务全部中断		
			国家电力调度控制中心、国家电网调控分中心或省电力调度控制中心与直接调度范围内30%以上厂站的调度数据网业务中断	地市电力调度控制中心与直接调度范围内30%以上厂站的调度数据网业务中断	县电力调控分中心调度数据网业务全部中断	
			国家电力调度控制中心、国家电网调控分中心或省电力调度控制中心与直接调度范围内30%以上厂站的调度电话业务中断，且持续时间1小时以上	地市电力调度控制中心与直接调度范围内30%以上厂站的调度电话业务中断，且持续时间1小时以上		

续表

事件类型			五级事件	六级事件	七级事件	八级事件
二次系统设备故障或损坏	电力通信	调度通信业务中断			500 千伏或±400 千伏以上系统中，一个厂站的调度电话业务、调度数据网业务全部中断	220 千伏（含 330 千伏）系统中，一个厂站的调度电话业务、调度数据网业务全部中断	
				220 千伏以上系统中，一条通信光缆或同一厂站通信设备（设施）故障，导致 8 条以上线路出现一套主保护的通信通道全部不可用	承载 220 千伏以上线路保护、安全自动装置或省级以上电力调度控制中心调度电话业务、调度数据网业务的通信光缆故障，且持续时间 8 小时以上	（1）承载 220 千伏以上线路保护、安全自动装置或省级以上电力调度控制中心调度电话业务、调度数据网业务的通信光缆故障。（2）调度电话业务、调度数据网业务、配电网自动化业务、线路保护的通信通道或安全自动装置的通信通道中断
					220 千伏以上系统中，线路一套主保护的通信通道全部不可用，且持续时间 2 小时以上	110 千伏（含 66 千伏）线路一套主保护的通信通道全部不可用，且持续时间 2 小时以上
		其他通信设备故障			国家电力调度控制中心、国家电网调控分中心或省电力调度控制中心通信中心站的调度台全停	地市电力调度控制中心通信中心站的调度台全停；或各级调度交换网汇接中心单台调度交换机故障全停，且持续时间 30 分钟以上
					国家电力调度控制中心、国家电网调控分中心或省电力调度控制中心通信中心站的调度交换录音系统故障，造成 7 天以上数据丢失或影响电网事故调查处理	地市电力调度控制中心通信中心站的调度交换录音系统故障，造成 7 天以上数据丢失或影响电网事故调查处理
		其他通信设备故障				地市供电公司级以上单位所辖通信站点单台传输设备、数据网设备，因故障全停，且持续时间 8 小时以上
					省电力公司级以上单位电视电话会议，发生 10%的参会单位音、视频中断	省电力公司级以上单位电视电话会议，发生参会单位音、视频中断
					省电力公司级以上单位行政电话网故障，中断用户数量 30%以上，且持续时间 1 小时以上	地市供电公司级以上单位行政电话网故障，中断用户数量 30%以上，且持续时间 1 小时以上

续表

事件类型			五级事件	六级事件	七级事件	八级事件
二次系统设备故障或损坏	电力通信	电源或空调故障	承载省际骨干通信网业务的厂站或独立通信站的直流通信电源系统或空气调节系统故障，造成机房内承载省际骨干通信网业务的通信设备（设施）停运	承载省级骨干通信网业务的厂站或独立通信站的直流通信电源系统或空气调节系统故障，造成机房内承载省级骨干通信网业务的通信设备（设施）停运	承载地市骨干通信网业务的厂站或独立通信站的直流通信电源系统或空气调节系统故障，造成机房内承载地市骨干通信网业务的通信设备（设施）停运	承载 10 千伏通信接入网业务的厂站或独立通信站的直流通信电源系统或通信机房的空气调节系统故障，造成机房内承载 10 千伏通信接入网业务的通信设备（设施）停运
误操作	恶性电气误操作		10 千伏以上电气设备发生恶性电气误操作	3 千伏以上 10 千伏以下电气设备发生恶性电气误操作		
	一般电气误操作			（1）误（漏）拉合断路器（开关）、误（漏）投或停继电保护及安全自动装置（包括连接片）、误设置继电保护及安全自动装置定值。 （2）错误下达调度命令、错误安排运行方式、错误下达继电保护及安全自动装置定值或错误下达其投、停命令		
	二次工作失误			（1）继电保护及安全自动装置人员误动、误碰、误（漏）接线。 （2）继电保护及安全自动装置（包括热工保护、自动保护）的定值计算、调试错误。 （3）热机误操作：误停机组、误（漏）开（关）阀门（挡板）、误（漏）投（停）辅机等。 （4）监控过失：人员未认真监视、控制、调整等。 （5）二次系统标识错误，软件版本错误或设置错误		

表 9　　信息系统事件（五～八级）检索简表

事件类型	五级事件	六级事件	七级事件	八级事件
数据遭篡改、泄露、窃取等造成影响	信息系统出现下列情况之一，对公司安全生产、经营活动或社会形象造成特别重大影响者： 10 万以上用户的电费、保险、交易、资金账户等涉及用户经济利益的数据错误	信息系统出现下列情况之一，对公司安全生产、经营活动或社会形象造成重大影响者： 1 万以上 10 万以下用户的电费、保险、交易、资金账户等涉及用户经济利益的数据错误	信息系统出现下列情况之一，对公司安全生产、经营活动或社会形象造成较大影响者：	信息系统出现下列情况之一，对公司安全生产、经营活动或社会形象造成一定影响者：

续表

事件类型	五级事件	六级事件	七级事件	八级事件
数据遭篡改、泄露、窃取等造成影响	1000万条业务数据或用户信息泄露、丢失或被窃取、篡改	500万条业务数据或用户信息泄露、丢失或被窃取、篡改	100万条业务数据或用户信息泄露、丢失或被窃取、篡改	10万条业务数据或用户信息泄露、丢失或被窃取、篡改
	公司重要商密数据泄露、丢失或被窃取、篡改	公司商密数据泄露、丢失或被窃取、篡改		
	公司网站被篡改，造成特别重大影响	公司网站被篡改，造成重大影响	公司网站被篡改，造成较大影响	公司网站被篡改，造成一定影响
单位本地网络不可用	省电力公司级以上单位本地信息网络不可用，且持续时间8小时以上	省电力公司级以上单位本地信息网络不可用，且持续时间4小时以上	省电力公司级以上单位本地信息网络不可用，且持续时间1小时以上	
	地市供电公司级单位本地信息网络不可用，且持续时间16小时以上	地市供电公司级单位本地信息网络不可用，且持续时间8小时以上	地市供电公司级单位本地信息网络不可用，且持续时间2小时以上	地市供电公司级单位本地信息网络不可用，且持续时间1小时以上
	县供电公司级单位本地信息网络不可用，且持续时间32小时以上	县供电公司级单位本地信息网络不可用，且持续时间16小时以上	县供电公司级单位本地信息网络不可用，且持续时间4小时以上	县供电公司级单位本地信息网络不可用，且持续时间2小时以上
上下单位间网络不可用	省电力公司级以上单位与各下属单位间的网络不可用，影响范围达80%，且持续时间8小时以上	省电力公司级以上单位与各下属单位间的网络不可用，影响范围达80%，且持续时间4小时以上	省电力公司级以上单位与各下属单位间的网络不可用，影响范围达80%，且持续时间2小时以上	
	省电力公司级以上单位与各下属单位间的网络不可用，影响范围达40%，且持续时间16小时以上	省电力公司级以上单位与各下属单位间的网络不可用，影响范围达40%，且持续时间8小时以上	省电力公司级以上单位与各下属单位间的网络不可用，影响范围达40%，且持续时间4小时以上	
		省电力公司级以上单位与各下属单位间的网络不可用，影响范围达20%，且持续时间16小时以上	省电力公司级以上单位与各下属单位间的网络不可用，影响范围达20%，且持续时间8小时以上	省电力公司级以上单位与各下属单位间的网络不可用，持续时间1小时以上或影响范围达10%
	省电力公司级以上单位与公司数据中心间的网络不可用，且持续时间8小时以上	省电力公司级以上单位与公司数据中心间的网络不可用，且持续时间4小时以上	省电力公司级以上单位与公司数据中心间的网络不可用，且持续时间2小时以上	省电力公司级以上单位与公司数据中心间的网络不可用，且持续时间1小时以上
	地市供电公司级单位与全部下属单位间的网络不可用，且持续时间16小时以上	地市供电公司级单位与全部下属单位间的网络不可用，且持续时间8小时以上	地市供电公司级单位与全部下属单位间的网络不可用，且持续时间4小时以上	地市供电公司级单位与全部下属单位间的网络不可用，且持续时间2小时以上
边界防护被突破				管理信息大区与互联网直连
系统业务中断	一类信息系统业务中断，且持续时间8小时以上	一类信息系统业务中断，且持续时间4小时以上	一类信息系统业务中断，且持续时间2小时以上	一类信息系统业务中断，且持续时间1小时以上
	二类信息系统业务中断，且持续时间16小时以上	二类信息系统业务中断，且持续时间8小时以上	二类信息系统业务中断，且持续时间4小时以上	二类信息系统业务中断，且持续时间2小时以上
	三类信息系统业务中断，且持续时间32小时以上	三类信息系统业务中断，且持续时间16小时以上	三类信息系统业务中断，且持续时间8小时以上	三类信息系统业务中断，且持续时间4小时以上
纵向贯通故障	一类信息系统纵向贯通全部中断，且持续时间8小时以上	一类信息系统纵向贯通全部中断，且持续时间4小时以上	一类信息系统纵向贯通全部中断，且持续时间2小时以上	一类信息系统纵向贯通全部中断，且持续时间1小时以上

事件类型	五级事件	六级事件	七级事件	八级事件
纵向贯通故障	二类信息系统纵向贯通全部中断，且持续时间 24 小时以上	二类信息系统纵向贯通全部中断，且持续时间 12 小时以上	二类信息系统纵向贯通全部中断，且持续时间 6 小时以上	二类信息系统纵向贯通全部中断，且持续时间 3 小时以上
			三类信息系统纵向贯通全部中断，且持续时间 24 小时以上	三类信息系统纵向贯通全部中断，且持续时间 12 小时以上
系统感染有害程序或被网络攻击侵入				信息系统感染有害程序或被网络攻击侵入
机房不间断电源或空调故障	信息机房的不间断电源系统或空气调节系统故障，造成一类信息系统停运	信息机房的不间断电源系统或空气调节系统故障，造成二类信息系统停运	信息机房的不间断电源系统或空气调节系统故障，造成三类信息系统停运	信息机房的不间断电源系统或空气调节系统故障，造成机房内设备停运

附加说明：

本规程由国家电网有限公司安全监察部组织制定。

本规程主要由国家电网有限公司华东分部负责起草。

主要起草人　聂宇本　费正明　王大玮　王　凯

　　　　　　尹　凡　周　坚　方圆圻　刘亨铭

　　　　　　葛乃成　陈利飞　王军亮　苏　峰

　　　　　　杨鹏云　刘　超　张　洋

主要审定人　张智刚　周安春　刘润生　李　龙

　　　　　　陈　刚　房岭锋　王　东　刘宝升

　　　　　　王理金　王学军　余国太

7 国家电网有限公司安全工作奖惩规定

国家电网有限公司关于印发《国家电网有限公司安全工作奖惩规定》的通知

国家电网企管〔2020〕40 号

总部各部门，各分部，公司各单位：

公司组织修订了《国家电网有限公司安全工作奖惩规定》，经公司 2020 年第 2 次党组会议和公司三届五次职代会审议通过，现予印发，请认真贯彻落实。

国家电网有限公司（印）

2020 年 2 月 20 日

第一章 总 则

第一条 为规范和加强国家电网有限公司（以下简称"公司"）安全管理工作，建立健全安全激励约束机制，落实各级安全责任，严格事故责任追究和考核，在安全工作中做到奖惩分明，依据《中华人民共和国安全生产法》《中华人民共和国监察法》《生产安全事故报告和调查处理条例》《电力安全事故应急处置和调查处理条例》等法律法规，《中国共产党问责条例》《中国共产党纪律处分条例》等党纪党规，以及公司相关规章制度，制定本规定。

第二条 公司按照精神鼓励与物质奖励相结合、思想教育与处罚相结合的原则，实行安全目标管理、过程管控和以责论处的安全奖惩制度。

第三条 公司所属各级单位应建立健全本单位安全奖惩工作机制，坚持依法合规、奖罚分明，制定安全奖惩实施办法，细化奖惩项目、标准，规范实施流程、职责，明确兑现方式、周期，及时开展安全奖惩并做好记录。

第四条 本规定适用于公司总部、分部及所属各级单位。

第二章 职 责 分 工

第五条 公司各级安全监察部门负责牵头安全奖惩工作，提出、审核相关安全奖惩意见并督促落实，根据事故调查结论提出、汇总、审核、呈报对事故责任单位和人员的处罚意见。

公司各级职能部门或专业，负责提出涉及专业相关人员的奖惩意见。

公司各级组织和人力资源部门，负责审核、落实相关安全奖惩。

在事故调查结论基础上，进行党纪处分的，移交纪检监察机构，由各级纪检监察机构按照管理权限提出党纪处分建议。

第三章 奖　　励

第六条　各级单位应建立健全安全奖励机制，及时对实现安全目标、作出突出贡献、安全生产业绩优秀等的单位（集体）和个人予以奖励。

第七条　省级公司应设立安全生产专项奖，专款专用。其中，安全生产一类和二类单位每年安全生产专项奖额度不得低于年度工资总额的 1.5%。

第八条　安全奖励应重点向基层一线人员倾斜，一线人员奖励范围所占比例不少于 50%，奖励额度所占比例不少于 70%，奖励最高水平不低于平均水平的 2 倍。

第九条　安全目标奖励。

（一）实现安全目标表扬。公司对实现安全目标的生产经营单位进行通报表扬，对实现安全目标单位中作出突出贡献的安全生产先进个人进行通报表扬。

（二）安全周期奖励。省级公司对连续一个安全周期（年度、百日等）未发生中断安全记录事件的单位进行奖励。

第十条　安全贡献奖励。

各单位应对作出如下贡献的单位（集体）、个人进行奖励。

（一）及时发现、消除重大事故隐患，避免事故发生。

（二）有效管控重大安全风险，防止风险失控。

（三）正确处置电网设备故障，有效防止事故扩大。

（四）圆满完成重大保电任务，全面实现保电工作目标。

（五）科学高效抢险救灾，及时恢复供电。

（六）解决安全生产重大管理或技术问题，提升本质安全水平。

第十一条　各单位应结合实际，合理设置奖励项目，明确具体奖励标准，及时对安全生产过程中业绩优秀的单位（集体）、个人进行奖励，用足用好安全生产专项奖。

第十二条　安全相关表彰项目设置、奖励标准等按公司评比表彰相关规定执行。

第十三条　公司按照企业负责人业绩考核有关规定，每年对省级公司及其领导班子成员安全工作情况进行考核。

第四章 处　　罚

第十四条　公司所属各级单位应建立健全安全处罚机制，按照职责管理范围和安全责任，对安全工作情况进行考核，对发生事故的单位及责任人员进行处罚。

第十五条　发生责任性或造成不良影响事件、未有效履行安全生产职责、未有效落实安全生产工作部署、未有效执行安全生产制度规程等情形的，上级单位应约谈有关单位负责人和相关人员，并责令限期改正。

第十六条　发生一般及以上人身事故、五级及以上责任性电网和设备事件、六级及以上责任性信息系统事件，或发生造成重大影响事件后，相关单位应在发生之日起的两周内到总部"说清楚"。

第十七条　发生公司《安全事故调查规程》规定的中断安全记录事件的，应中断责任单位安全记录，并进行通报。

第十八条　事故处罚依据事故调查结论，对照安全责任，按照管理权限，对有关责任人员进行纪律处分、组织处理、经济处罚（具体处罚标准见附件）。

　　第十九条　公司按照《企业负责人业绩考核管理办法》《关于加强安全生产奖惩管理的意见》等规定，对发生事故且负有责任的省级公司，核减其当年工资总额，扣减其企业负责人绩效年薪。

　　第二十条　公司所属各单位一年内重复发生事故或性质恶劣事件，对有关单位和人员按照相关条款上限或提高一个等级进行处罚。

　　第二十一条　公司所属各级单位有下列情况之一的，根据事故类别和级别，对有关单位和人员按照相关条款至少提高一个事故等级进行处罚，对主要策划者和决策人按事故主要责任者给予处罚。

　　（一）谎报、瞒报、迟报事故的。

　　（二）伪造或故意破坏事故现场的。

　　（三）销毁有关证据、资料的。

　　（四）干扰、躲避、阻碍、拒绝事故调查的或拒绝提供有关情况和资料的。

　　（五）在事故调查中作伪证或指使他人作伪证的。

　　（六）事故发生后逃匿的。

　　（七）事故发生后不立即组织抢救或事故调查处理期间擅离职守的。

　　（八）打击、报复、陷害检举人、证人及其他相关人员的。

　　（九）采取不正当行为，拉拢、收买调查处理人员的。

　　第二十二条　政府部门依法依规对事故相关责任人员进行处罚的，公司不再重复处罚。

　　第二十三条　事故责任人员为中共党员的，除执行本规定外，还应按照《中国共产党问责条例》《中国共产党纪律处分条例》等党纪党规和公司纪律审查有关规定，给予相应的组织处理或党纪处分。

　　第二十四条　本规定所涉及的事故处罚中，未明确的其他有关责任人员参照本规定给予相应处罚。

　　第二十五条　同一事故（事件）中，对同一责任单位、人员的处罚，根据公司相关制度规定，按照就高原则执行。

　　第二十六条　对未实现安全目标的单位（集体）、负有事故责任的个人，在评先、评优等方面实行"一票否决"。

　　第二十七条　发生事故各级单位的主要领导、分管领导依照本规定受到撤职处分的，自受处分之日起，五年内不得担任公司所属生产经营单位的主要领导。

第五章　附　　则

　　第二十八条　本规定考核事故不包括因雨雪冰冻、暴风雪、洪水、地震、泥石流等自然灾害超过设计标准承受能力和因不可抗力发生的事故。

　　第二十九条　本规定和依据本规定做出的处理结果不作为判定刑事、行政、民事责任的依据。

　　第三十条　本规定由国家电网有限公司安全监察部负责解释并监督执行。

　　第三十一条　本规定自 2020 年 2 月 25 日起施行。原《国家电网公司安全工作奖惩规定》[国家电网企管〔2015〕266 号之国网（安监/3）480—2015] 同时废止。

　　附件：事故责任人员处罚标准

附件

事故责任人员处罚标准

一、公司所属各级单位发生特别重大事故，按以下规定处罚：

（一）负主要及同等责任。

（1）对省级公司主要领导、有关分管领导给予记过至撤职处分。

（2）对省级公司有关责任部门负责人给予记大过至撤职处分。

（3）对事故责任单位（基层单位）主要领导、有关分管领导给予降级至撤职处分。

（4）对主要责任者所在单位二级机构（工地、分场、工区、室、所、队等，下同）负责人给予撤职至留用察看两年处分。

（5）对主要责任者、同等责任者给予解除劳动合同处分。

（6）对次要责任者给予留用察看两年至解除劳动合同处分。

（7）对上述有关责任人员给予 30 000～50 000 元的经济处罚。

（二）负次要责任。

（1）对省级公司主要领导给予记过至降级处分。

（2）对省级公司有关分管领导给予记过至撤职处分。

（3）对省级公司有关责任部门负责人给予记过至撤职处分。

（4）对事故责任单位（基层单位）主要领导、有关分管领导给予记大过至撤职处分。

（5）对主要责任者所在单位二级机构负责人给予降级至留用察看一年处分。

（6）对主要责任者、同等责任者给予留用察看两年至解除劳动合同处分。

（7）对次要责任者给予留用察看一年至解除劳动合同处分。

（8）对上述有关责任人员给予 20 000～40 000 元的经济处罚。

二、公司所属各级单位发生重大事故，按以下规定处罚：

（一）负主要及同等责任。

（1）对省级公司主要领导、有关分管领导给予记过至降级处分。性质特别严重的，责令主要领导、有关分管领导辞职。

（2）对省级公司有关责任部门负责人给予记过至撤职处分。

（3）对事故责任单位（基层单位）主要领导、有关分管领导给予记大过至撤职处分。

（4）对主要责任者所在单位二级机构负责人给予撤职至留用察看一年处分。

（5）对主要责任者、同等责任者给予留用察看两年至解除劳动合同处分。

（6）对次要责任者给予留用察看一年至解除劳动合同处分。

（7）对上述有关责任人员给予 20 000～40 000 元的经济处罚。

（二）负次要责任。

（1）对省级公司主要领导给予警告至记过处分。

（2）对省级公司有关分管领导给予警告至记大过处分。

（3）对省级公司有关责任部门负责人给予警告至记大过处分。

（4）对事故责任单位（基层单位）主要领导给予记过至记大过处分。

（5）对事故责任单位（基层单位）有关分管领导给予记过至撤职处分。

（6）对主要责任者所在单位二级机构负责人给予记大过至留用察看一年处分。

（7）对主要责任者、同等责任者给予留用察看一年至解除劳动合同处分。

（8）对次要责任者给予留用察看一年至两年处分。

（9）对上述有关责任人员给予 10 000～30 000 元的经济处罚。

三、公司所属各级单位发生较大事故，按以下规定处罚：

（一）负主要及同等责任。

（1）对省级公司主要领导、有关分管领导给予警告至记大过处分。

（2）对省级公司有关责任部门负责人给予记过至降级处分。

（3）对事故责任单位（基层单位）主要领导、有关分管领导给予记过至撤职处分。

（4）对主要责任者所在单位二级机构负责人给予记大过至撤职处分。

（5）对主要责任者、同等责任者给予留用察看一年至解除劳动合同处分。

（6）对次要责任者给予记大过至留用察看两年处分。

（7）对上述有关责任人员给予 10 000～30 000 元的经济处罚。

（二）负次要责任。

（1）对省级公司有关分管领导给予通报批评。

（2）对省级公司有关责任部门负责人给予通报批评。

（3）对事故责任单位（基层单位）主要领导给予通报批评或警告处分。

（4）对事故责任单位（基层单位）有关分管领导给予警告处分。

（5）对主要责任者所在单位二级机构负责人给予记过至记大过处分。

（6）对主要责任者、同等责任者给予留用察看一年至两年处分。

（7）对次要责任者给予记大过至留用察看一年处分。

（8）对上述有关责任人员给予 10 000～20 000 元的经济处罚。

四、公司所属各级单位发生一般事故，按以下规定处罚：

（一）人身事故主要及同等责任。

（1）对事故责任单位（基层单位）主要领导、有关分管领导给予通报批评或警告至记过处分。

（2）对主要责任者所在单位二级机构负责人给予警告至降级处分。

（3）对主要责任者给予记过至解除劳动合同处分。

（4）对同等责任者给予记过至留用察看两年处分。

（5）对次要责任者给予警告至留用察看一年处分。

（6）对上述有关责任人员给予 10 000～20 000 元的经济处罚。

（二）人身事故次要责任。

（1）对事故责任单位（基层单位）主要领导、有关分管领导给予通报批评。

（2）对主要责任者所在单位二级机构负责人给予通报批评或警告处分。

（3）对主要责任者给予记过至记大过处分。

（4）对同等责任者给予警告至记大过处分。

（5）对次要责任者给予警告至记过处分。

（6）对上述有关责任人员给予 5000～10 000 元的经济处罚。

（三）其他事故。

（1）对事故责任单位（基层单位）主要领导、有关分管领导给予通报批评。

（2）对主要责任者所在单位二级机构负责人给予通报批评或警告处分。

（3）对主要责任者给予记过至记大过处分。

（4）对同等责任者给予警告至记大过处分。

（5）对次要责任者给予警告至记过处分。

（6）对上述有关责任人员给予 5000～10 000 元的经济处罚。

五、公司所属各级单位发生五级事件，按以下规定处罚：

（1）对主要责任者所在单位二级机构负责人给予通报批评。

（2）对主要责任者给予警告至记过处分。

（3）对同等责任者给予通报批评或警告至记过处分。

（4）对次要责任者给予通报批评或警告处分。

（5）对事故责任单位（基层单位）有关领导及上述有关责任人员给予 3000～5000 元的经济处罚。

六、公司所属各级单位发生六级事件，按以下规定处罚：

（1）对主要责任者给予通报批评或警告至记过处分。

（2）对同等责任者给予通报批评或警告处分。

（3）对次要责任者给予通报批评。

（4）对事故责任单位（基层单位）有关分管领导、责任者所在单位二级机构负责人及上述有关责任人员给予 2000～3000 元的经济处罚。

七、公司所属各级单位发生七级事件，按以下规定处罚：

（1）对主要责任者给予通报批评或警告处分。

（2）对同等责任者给予通报批评。

（3）对事故责任者所在单位二级机构负责人及上述有关责任人员给予 1000～2000 元的经济处罚。

八、公司所属各级单位发生八级事件，按以下规定处罚：

（1）对主要责任者给予通报批评。

（2）对事故责任者所在单位二级机构负责人及上述有关责任人员给 500～1000 元的经济处罚。

九、事故等级与责任人员处罚对照表（见附表）。

附表

事故等级与责任人员处罚对照表

事故等级＼责任人员	特别重大事故		重大事故		较大事故		一般事故			五级事件	六级事件	七级事件	八级事件
	主要及同等责任	次要责任	主要及同等责任	次要责任	主要及同等责任	次要责任	人身事故主要及同等责任	人身事故次要责任	其他事故				
省级公司主要领导	记过至撤职	记过至降级	记过降级；性质特别严重的，应引咎辞职	警告至记过	警告至记大过								
省级公司有关分管领导	记大过至撤职	记过至撤职	记大过至撤职	警告至记大过	记过至降级	通报批评							
省级公司有关部门负责人	记大过至撤职	记过至撤职	记大过至撤职	警告至记过	记过至撤职	通报批评	通报批评						
事故单位主要领导	降级至撤职	记大过至撤职	撤职至留用察看一年	记过至记大过	记大过至撤职	记过至记大过	通报批评或警告至记过						
事故单位有关分管领导	解除劳动合同	降级至撤职	留用察看两年至解除劳动合同	记大过至撤职	记过至撤职	通报批评或警告	通报批评或记过	通报批评	通报批评	经济处罚			
基层单位二级机构负责人	撤职至留用察看两年	降级至留用察看一年	留用察看两年至解除劳动合同	记大过至留用察看一年	记大过至撤职	记过至记大过	警告至降级	通报批评或警告	通报批评或警告	通报批评	经济处罚		
主要责任者	解除劳动合同	留用察看两年至解除劳动合同	留用察看两年至解除劳动合同	留用察看一年至解除劳动合同	留用察看一年至解除劳动合同	留用察看一至两年	记过至解除劳动合同	记过至记大过	记过至记大过	警告至记过	经济处罚	经济处罚	经济处罚
同等责任者	留用察看两年至解除劳动合同	留用察看一年至解除劳动合同	留用察看一至两年	留用察看一年至两年	记大过至留用察看两年	记过至记大过留用察看两年	记过至留用察看两年	警告至记大过	警告至记大过	通报批评或警告至记过	通报批评或警告至记过	通报批评或警告	通报批评
次要责任者	留用察看两年至解除劳动合同	留用察看一年至解除劳动合同	留用察看一年至两年	留用察看一年	记大过至留用察看两年	记过至留用察看一年	警告至留用察看一年	警告至记过	警告至记过	通报批评或警告	通报批评或警告	通报批评	
经济处罚（元）	30 000～50 000	20 000～40 000	20 000～40 000	10 000～30 000	10 000～30 000	10 000～20 000	10 000～20 000	5000～10 000	5000～10 000	3000～5000	2000～3000	1000～2000	500～1000

8 国家电网有限公司应急工作管理规定

国家电网有限公司关于印发
《国家电网有限公司网络安全监督管理
办法》等 13 项通用制度的通知

国家电网企管〔2019〕720 号

总部各部门，各分部，公司各单位：

根据公司制度标准一体化建设工作部署，公司组织制定、修订了《国家电网有限公司网络安全监督管理办法》《国家电网有限公司交通安全监督管理办法》《国家电网有限公司安全教育培训工作规定》《国家电网有限公司应急工作管理规定》《国家电网有限公司应急预案管理办法》《国家电网有限公司应急预案评审管理办法》《国家电网有限公司电网运检智能化分析管控系统运行与应用管理规定》《国家电网有限公司运检业务职工创新实践活动管理规定》《国家电网有限公司 110（66）kV 及以上电缆及通道检修管理规定》《国家电网有限公司 110（66）kV 及以上电缆及通道运维管理规定》《国家电网有限公司电网设备金属（材料）技术监督规定》《国家电网有限公司运检环节电网设备供应商绩效评价管理办法》《国家电网有限公司输变电状态监测系统管理规定》13 项通用制度，经 2019 年公司第四次规章制度管理委员会审议通过，现予印发，请认真贯彻落实。

国家电网有限公司（印）

2019 年 10 月 18 日

第一章 总 则

第一条 为了全面规范和加强国家电网有限公司（以下简称公司）应急工作，提高公司应对突发事件的能力，正确、高效、快速处置各类突发事件，最大限度地预防和减少突发事件及其造成的损失和影响，保障公司正常生产经营秩序，维护国家安全、社会稳定和人民生命财产安全，维护公司品牌和社会形象，特制定本规定。

第二条 本规定所指应急工作，是指公司应急体系建设与运维，突发事件的预防与应急准备、监测与预警、应急处置与救援、事后恢复与重建等工作。

第三条 本规定所称突发事件，是指突然发生，造成或者可能造成严重社会危害，需要公司采取应急处置措施予以应对，或者参与应急救援的自然灾害、事故灾难、公共卫生事件和社会安全事件。

按照突发事件的性质、危害程度、影响范围等因素，上述突发事件分为特别重大、重大、较大和一般四级。分级标准执行国家相关规定，国家无明确规定的，由公司相关职能部门在专项应急预案中确定，或由公司应急领导小组研究决定。

第四条　公司应急工作原则如下：

以人为本，减少危害。在做好企业自身突发事件应对处置的同时，切实履行社会责任，把保障人民群众和公司员工的生命财产安全作为首要任务，最大程度减少突发事件及其造成的人员伤亡和各类危害。

居安思危，预防为主。坚持"安全第一、预防为主、综合治理"的方针，树立常备不懈的观念，增强忧患意识，防患于未然，预防与应急相结合，做好应对突发事件的各项准备工作。

统一指挥，分级负责。落实党中央、国务院的部署，坚持政府主导，在公司党组的统一指挥下，按照综合协调、分类管理、分级负责、属地管理为主的要求，开展突发事件预防和处置工作。

把握全局，突出重点。牢记企业宗旨，服务社会稳定大局，采取必要手段保证电网安全，通过灵活方式重点保障关系国计民生的重要客户、高危客户及人民群众基本生活用电。

快速反应，协同应对。充分发挥公司集团化优势，建立健全"上下联动、区域协作"快速响应机制，加强与政府的沟通协作，整合内外部应急资源，协同开展突发事件处置工作。

依靠科技，提高能力。加强突发事件预防、处置科学技术研究和开发，采用先进的监测预警和应急技术装备，充分发挥公司专家队伍和专业人员的作用，加强宣传和培训，提高员工自救、互救和应对突发事件的综合能力。

第五条　本规定适用于公司总（分）部、各单位及所属境内各级单位（含全资、控股、代管单位）的应急管理工作。

集体企业参照执行，境外全资、控股单位根据当地监管要求参照执行。

第二章　组织机构及职责

第六条　公司建立由各级应急领导小组及其办事机构组成的、自上而下的应急领导体系；由安全监察部门归口管理、各职能部门分工负责的应急管理体系；根据突发事件类别，成立大面积停电、地震、设备设施损坏、雨雪冰冻、台风、防汛、网络安全等专项事件应急处置领导机构。

形成领导小组统一领导、专项事件应急处置领导小组分工负责、办事机构牵头组织、有关部门分工落实、党政工团协助配合、企业上下全员参与的应急组织体系，实现应急管理工作的常态化。

第七条　公司应急领导小组全面领导应急工作。应急领导小组职能由安委会行使，组长由安委会主任（董事长）担任，常务副组长由安委会常务副主任（总经理）担任，副组长由安委会副主任担任，成员由安委会其他成员担任。

第八条　专项事件应急处置领导小组是公司处置具体突发事件的领导机构，组长一般由安委会副主任担任，成员由公司有关助理、总师和相关部门负责人担任。当发生突发事件，专项事件应急处置领导小组按照分工协调、组织、指导突发事件处置工作，同时将处置情况汇报公司应急领导小组。如发生复杂次生衍生事件，公司应急领导小组可根据突发事件处置需要直接决策，或授权专项事件应急处置领导小组处置指挥。

第九条　公司应急领导小组下设安全应急办公室和稳定应急办公室（两个应急办公室以下均简称应急办）作为办事机构。

安全应急办设在国网安全监察部，负责自然灾害、事故灾难类突发事件，以及社会安全类突发事件造成的公司所属设施损坏、人员伤亡事件的有关工作。

稳定应急办设在国网办公厅，负责公共卫生、社会安全类突发事件的有关工作。

第十条　专项事件应急处置领导小组办公室设在事件处置牵头负责部门，办公室主任由该部门主要负责人担任，成员由相关部门人员组成。负责各具体突发事件的有关工作，并按事件类型分别向公司相应的应急办汇报。其中，自然灾害、事故灾难类突发事件向公司安全应急办汇报；公共卫生、社会安全类突发事件向公司稳定应急办汇报。

第十一条　国网安全监察部是公司应急管理归口部门，负责日常应急管理、监督应急办各成员部门应急体系建设与运维、突发事件预警与应对处置的协调或组织指挥、协同办公厅与政府相关部门的沟通汇报等工作。

第十二条　各职能部门按照"谁主管、谁负责"原则，贯彻落实公司应急领导小组有关决定事项，负责管理范围内的应急体系建设与运维、相关突发事件预警与应对处置的组织指挥、与政府专业部门的沟通协调等工作。

第十三条　各分部参照总部成立应急领导小组、安全应急办公室和稳定应急办公室，明确应急管理归口部门，视情况成立相关事件应急处置指挥机构，形成健全的应急组织体系，按照总、分部一体化要求，常态开展应急管理工作。

第十四条　各省（自治区、直辖市）电力公司、直属单位应建立健全应急工作责任制，主要负责人是本单位应急工作第一责任人，对本单位的应急工作全面负责。其他分管领导协助主要负责人开展工作，是分管范围内应急工作的第一责任人，对分管范围内应急工作负领导责任，向主要负责人负责。

第十五条　公司各单位相应成立应急领导小组，组长由本单位主要负责人担任。根据突发事件类别，成立大面积停电、地震、设备设施损坏、雨雪冰冻、台风、防汛、网络安全等若干专项事件应急处置领导小组，由本单位分管负责人担任。领导小组成员名单及常用通信联系方式逐级上报备案。

第十六条　公司各单位应急领导小组主要职责：贯彻落实国家应急管理法律法规、方针政策及标准体系；贯彻落实公司及地方政府和有关部门应急管理规章制度；接受上级应急领导小组和地方政府应急指挥机构的领导；研究本单位重大应急决策和部署；研究建立和完善本单位应急体系；统一领导和指挥本单位应急处置实施工作。

第十七条　公司各单位专项事件应急处置领导小组主要职责：执行本单位党组的决策部署；领导协调本单位专项突发事件的应急处置工作；宣布本单位进入和解除应急状态，决定启动、调整和终止应急响应；领导、协调具体突发事件的抢险救援、恢复重建及信息发布和舆论引导工作。

第十八条　公司各单位应急领导小组下设安全应急办公室和稳定应急办公室。安全应急办公室设在安全监察部门，稳定应急办公室设在办公室（或综合管理部门），工作职责同第九条规定的公司安全应急办公室和稳定应急办公室的职责。

第十九条　公司各单位专项事件应急处置领导小组下设办公室，办公室设在事件处置牵头负责部门，办公室主任由该部门主要负责人担任，成员由相关部门人员组成。工作职责同第十条规定的公司专项事件应急处置领导小组办公室。

第二十条　公司各单位安全监察部门及其他职能部门应急工作职责分工，同第十一条国网安全监察部、第十二条公司各职能部门职责。

第二十一条　公司各单位根据突发事件处置需要，由专项事件应急处置指挥机构启动应急响应，组织、协调、指挥应急处置。专项事件应急处置指挥机构应与上级相关机构保持衔接。

第三章　应 急 体 系 建 设

第二十二条　公司建立"统一指挥、结构合理、功能实用、运转高效、反应灵敏、资源共享、保障有力"的应急体系，形成快速响应机制，提升综合应急能力。

第二十三条　应急体系建设内容包括：持续完善应急组织体系、应急制度体系、应急预案体系、应急培训演练体系、应急科技支撑体系，不断提高公司应急队伍处置救援能力、综合保障能力、舆情应对能力、恢复重建能力，建设预防预测和监控预警系统、应急信息与指挥系统。

第二十四条　应急预案体系由总体应急预案、专项应急预案、部门应急预案、现场处置方案构成（见附件），应满足"横向到边、纵向到底、上下对应、内外衔接"的要求。总（分）部、各单位设总体应急预案、专项应急预案，视情况制定部门应急预案和现场处置方案，明确本部门或关键岗位应对特定突发事件的处置工作。

市级供电公司、县级供电企业设总体应急预案、专项应急预案、现场处置方案，视情况制定部门应急预案；公司其他单位根据工作实际，参照设置相应应急预案；公司各级职能部门、生产车间，根据工作实际设现场处置方案；建立应急救援协调联动机制的单位，应联合编制应对区域性或重要输变电设施突发事件的应急预案。

第二十五条　应急制度体系是组织应急工作过程和进行应急工作管理的规则与制度的总和，是公司规章制度的重要组成部分，包括应急技术标准，以及其他应急方面规章性文件。

第二十六条　应急培训演练体系包括专业应急培训演练基地及设施、应急培训师资队伍、应急培训大纲及教材、应急演练方式方法，以及应急培训演练机制。

第二十七条　应急科技支撑体系包括为公司应急管理、突发事件处置提供技术支持和决策咨询，并承担公司应急理论、应急技术与装备研发任务的公司内外应急专家及科研院所应急技术力量，以及相关应急技术支撑和科技开发机制。

第二十八条　应急队伍由应急救援基干分队、应急抢修队伍和应急专家队伍组成。应急救援基干分队负责快速响应实施突发事件应急救援；应急抢修队伍承担公司电网设施大范围损毁修复等任务；应急专家队伍为公司应急管理和突发事件处置提供技术支持和决策咨询；加强与社会应急救援力量合作，形成有能力、有组织、易动员的电力应急抢险救援后备力量。各单位应及时将应急队伍建立情况按照国家有关规定报送县级以上人民政府负有安全生产监督管理职责的部门，并依法向社会公布。

第二十九条　综合保障能力是指公司在物资、资金等方面，保障应急工作顺利开展的能力。包括各级应急指挥中心、电网备用调度系统、应急电源系统、应急通信系统、应急相关信息系统、信息通信备用调度系统、特种应急装备、应急物资储备及配送、应急后勤保障、应急资金保障、直升机应急保障、高空应急救援等方面内容。

第三十条 舆情应对能力是指按照公司品牌建设规划推进和国家应急信息披露各项要求，规范信息发布工作，建立舆情监测、分析、应对、引导常态机制，主动宣传和维护公司品牌形象的能力。

第三十一条 恢复重建能力包括事故灾害快速反应机制与能力、人员自救互救水平、事故灾害损失及恢复评估、事故灾害现场恢复、事故灾害生产经营秩序和灾后人员心理恢复等方面内容。

第三十二条 预防预测和监控预警系统是指通过整合公司内部风险分析、隐患排查等管理手段，各种在线与离线电网、设备监测监控、带电检测等技术手段，以及与政府相关专业部门建立信息沟通机制获得的自然灾害等突发事件预测预警信息，依托智能电网建设和信息技术发展成果，形成覆盖公司各专业的监测预警技术系统。

第三十三条 应急信息和指挥系统是指在较为完善的信息网络基础上，构建的先进实用的应急管理信息平台，实现应急工作管理，应急预警、值班，信息报送、统计，辅助应急指挥等功能，满足公司各级应急指挥中心互联互通，以及与政府相关应急指挥中心联通要求，完成指挥员与现场的高效沟通及信息快速传递，为应急管理和指挥决策提供丰富的信息支撑和有效的辅助手段。同时，各单位还应配合政府相关部门建立生产安全事故应急救援信息系统，并通过系统进行应急预案备案和相关信息报送。

第三十四条 总（分）部及公司各单位均应组织编制应急体系建设规划，纳入企业发展总体规划一并实施。公司各单位还应据此建立应急体系建设项目储备库，逐年滚动修订完善建设项目，并制定年度应急工作计划，纳入本单位年度综合计划，同步实施，同步督查，同步考核。

第三十五条 公司各单位应急管理归口部门及相关职能部门均应根据自身管理范围，制定计划，组织协调，开展应急体系相关内容建设，确保应急体系运转良好，发挥应急体系作用，应对处置突发事件。

第四章 预防与应急准备

第三十六条 电网规划、设计、建设和运行过程中，应充分考虑自然灾害等各类突发事件影响，以及发展裕度持续改善布局结构，使之满足防灾抗灾要求，符合国家预防和处置自然灾害等突发事件的需要。

第三十七条 公司各单位均应建立健全突发事件风险评估、隐患排查治理常态机制，掌握各类风险隐患情况，落实防范和处置措施，减少突发事件发生，减轻或消除突发事件影响。

第三十八条 分层分级建立相关省电力公司（直属单位）、市级供电公司（厂矿企业、专业公司）、县级供电企业间应急救援协调联动和资源共享机制；公司各单位还应研究建立与地方政府有关部门、相关非公司所属企事业、社会团体间的协作支援，协同开展突发事件处置工作。

第三十九条 公司各单位均应与当地气象、水利、地震、地质、交通、消防、公安等政府专业部门建立信息沟通机制，共享信息，提高预警和处置的科学性，并与地方政府、社会机构、发电企业、电力用户建立应急沟通与协调机制。

第四十条 公司各单位均应定期开展应急能力评估活动，应急能力评估宜由本单位以外专业评估机构或专业人员按照既定评估标准，运用核实、考问、推演、分析等方法，客观、科学地评估应急能力的状况、存在的问题，指导本单位有针对性开展应急体系建设。

第四十一条　公司各单位应加强应急救援基干分队、应急抢修队伍、应急专家队伍的建设与管理。配备先进的装备和充足的物资，定期组织培训演练，提高应急能力。

第四十二条　总部及公司各单位应加大应急培训和科普宣教力度，针对所属应急救援基干分队和应急抢修队伍，定期开展不同层面的应急理论、专业知识、技能、身体素质和心理素质等培训。应急救援人员经培训合格后，方可参加应急救援工作。应结合实际经常向应急从业人员进行应急教育和培训，保证从业人员具备必要的应急知识，掌握风险防范技能和事故应急措施。

第四十三条　总部及公司各单位均应按应急预案要求定期组织开展应急演练，每三年至少组织一次大型综合应急演练，每半年至少开展一次专项应急预案演练，且三年内各专项应急预案至少演练一次；每半年至少开展一次现场处置方案应急演练，且三年内各现场处置方案至少演练一次，演练可采用桌面推演、实战演练等多种形式。

涉及易燃易爆物品、危险化学品等危险物品的经营、储存单位，施工单位，以及宾馆、商场、娱乐场所、旅游景区等人员密集场所经营单位，应当至少每半年组织一次生产安全事故应急预案演练，并将演练情况报送所在地县级以上地方人民政府负有安全生产监督管理职责的部门。

相关单位应组织专家对演练进行评估，分析存在问题，提出改进意见。涉及政府部门、公司系统以外企事业单位的演练，其评估应有外部人员参加。演练评估中发现的问题，应当限期改正。

第四十四条　总部及公司各单位应加强应急指挥中心运行管理，定期进行设备检查调试，组织开展相关演练，保证应急指挥中心随时可以启用。

第四十五条　总部及公司各单位应开展重大舆情预警研判工作，完善舆情监测与危机处置联动机制，加强信息披露、新闻报道的组织协调，深化与主流媒体合作，营造良好舆论环境。

第四十六条　加强应急工作计划管理，公司各单位应按时编制、上报年度工作计划；公司下达的年度应急工作计划相关内容及本单位年度工作计划均应纳入本单位年度综合计划，认真实施，严格考核。

第四十七条　公司各单位应加强应急专业数据统计分析和总结评估工作，及时、全面、准确地统计各类突发事件，编写并及时向公司应急管理归口部门报送年度（半年）应急管理和突发事件应急处置总结评估报告、季度（年度）报表。

各单位应急管理归口部门可通过生产安全事故应急救援信息系统报送应急救援预案演练情况和应急救援队伍建设情况。

第四十八条　公司各单位要严格执行有关规定，落实责任，完善流程，严格考核，确保突发事件信息报告及时、准确、规范。

第五章　监　测　与　预　警

第四十九条　公司各单位应及时汇总分析突发事件风险，对发生突发事件的可能性及其可能造成的影响进行分析、评估，并不断完善突发事件监测网络功能，依托各级行政、生产、调度值班和应急管理组织机构，及时获取和快速报送相关信息。

第五十条　总（分）部、公司各单位应不断完善应急值班制度，按照部门职责分工，成立重要活动、重要会议、重大稳定事件、重大安全事件处理、重要信息报告、重大新闻宣传、办公场所服务保障和网络安全处理等应急值班小组，负责重要节假日或重要时期 24 小时值班，确保通信联络畅通，收集整理、分析研判、报送反馈和及时处置重大事项相关信息。

危险物品的生产、经营、储存、运输单位及矿山、金属冶炼、建筑施工单位，以及应急救援队伍等应当建立应急值班制度，配备应急值班人员。

规模较大、危险性较高的易燃易爆物品、危险化学品等危险物品的经营、储存单位应当成立应急处置技术组，实行 24 小时应急值班。

第五十一条　突发事件发生后，事发单位应及时向上一级单位行政值班机构和专业部门报告，情况紧急时可越级上报。根据突发事件影响程度，依据相关要求报告当地政府有关部门。

信息报告时限执行政府主管部门及公司相关规定。

突发事件信息报告包括即时报告、后续报告，报告方式有电子邮件、传真、电话、短信等（短信方式需收到对方回复确认）。

事发单位、应急救援单位和各相关单位均应明确专人负责应急处置现场的信息报告工作。必要时，总部和各级单位可直接与现场信息报告人员联系，随时掌握现场情况。

第五十二条　建立健全突发事件预警制度，依据突发事件的紧急程度、发展态势和可能造成的危害，及时发布预警信息。

公司预警分为一、二、三、四级，分别用红色、橙色、黄色和蓝色标示，一级为最高级别。公司各类突发事件预警级别的划分，由相关职能部门在专项应急预案中确定。

第五十三条　通过预测分析，若发生突发事件概率较高，有关职能部门应当及时报告应急办，并提出预警建议，经应急领导小组批准后由应急办通过传真、办公自动化系统或应急指挥信息系统发布。

第五十四条　接到预警信息后，相关单位应当按照应急预案要求，采取有效措施做好防御工作，监测事件发展态势，避免、减轻或消除突发事件可能造成的损害。必要时启动应急指挥中心。

第五十五条　根据事态的发展，相关单位应适时调整预警级别并重新发布。有事实证明突发事件不可能发生，或者危险已经解除，应立即发布预警解除信息，终止已采取的有关措施。

第六章　应急处置与救援

第五十六条　发生突发事件，事发单位首先要做好先期处置，立即启动生产安全事故应急救援预案，采取下列一项或者多项应急救援措施，并根据相关规定，及时向上级和所在地人民政府及有关部门报告。

（一）迅速控制危险源，组织营救受伤被困人员，采取必要措施防止危害扩大。

（二）调整电网运行方式，合理进行电网恢复送电。遇有电网瓦解极端情况时，应立即按照电网黑启动方案进行电网恢复工作。

（三）根据事故危害程度，组织现场人员撤离或者采取可能的应急措施后撤离。

（四）及时通知可能受到影响的单位和人员。

（五）采取必要措施，防止事故危害扩大和次生、衍生灾害发生。

（六）根据需要请求应急救援协调联动单位参加抢险救援，并向参加抢险救援的应急队伍提供相关技术资料、信息、现场处置方案和处置方法。

（七）维护事故现场秩序，保护事故现场和相关证据；对因本单位问题引发的、或主体是本单位人员的社会安全事件，要迅速派出负责人赶赴现场开展劝解、疏导工作。

（八）法律法规、国家有关制度标准、公司相关预案及规章制度规定的其他应急救援措施。

第五十七条　根据突发事件性质、级别，按照"分级响应"要求，总部、相关分部，以及相关单位分别启动相应级别应急响应措施，组织开展突发事件应急处置与救援。

第五十八条　发生重大及以上突发事件，专项事件应急处置领导小组协调指导事发单位开展事件处置工作；较大及以下突发事件，由事发单位负责处置，总部专项事件应急处置领导小组办公室跟踪事态发展，做好相关协调工作。专项事件应急处置领导小组要将突发事件处置情况汇报应急领导小组。如发生复杂次生衍生事件，公司应急领导小组可根据突发事件处置需要直接决策，或授权专项事件应急处置领导小组处置指挥。

事件发生后，有关单位认为有必要的，可设立由事故发生单位负责人、相关单位负责人及上级单位相关人员、应急专家、应急队伍负责人等人员组成的应急救援现场指挥部，并指定现场指挥部总指挥。现场指挥部实行总指挥负责制，按照授权制定并实施现场应急救援方案，指挥、协调现场有关单位和个人开展应急救援；参加应急救援的单位和个人应当服从现场指挥部的统一指挥。现场指挥部应完整、准确地记录应急救援的重要事项，妥善保存相关原始资料和证据。

第五十九条　事发单位不能消除或有效控制突发事件引起的严重危害，应在采取处置措施的同时，启动应急救援协调联动机制，及时报告上级单位协调支援，根据需要，请求国家和地方政府启动社会应急机制，组织开展应急救援与处置工作。

在应急救援和抢险过程中，发现可能直接危及应急救援人员生命安全的紧急情况时，应当立即采取相应措施消除隐患，降低或者化解风险，必要时可以暂时撤离应急救援人员。

第六十条　公司各单位应切实履行社会责任，服从政府统一指挥，积极参加国家各类突发事件应急救援，提供抢险和应急救援所需电力支持，优先为政府抢险救援及指挥、灾民安置、医疗救助等重要场所提供电力保障。

第六十一条　事发单位应积极开展突发事件舆情分析和引导工作，按照有关要求，及时披露突发事件事态发展、应急处置和救援工作的信息，维护公司品牌形象。

第六十二条　根据事态发展变化，公司及相关单位应调整突发事件响应级别。突发事件得到有效控制，危害消除后，公司及相关单位应解除应急指令，宣布结束应急状态。

第七章　事后恢复与重建

第六十三条　突发事件应急处置工作结束后，各单位要积极组织受损设施、场所和生产经营秩序的恢复重建工作。对于重点部位和特殊区域，要认真分析研究，提出解决建议和意见，按有关规定报批实施。

第六十四条　公司及相关单位要对突发事件的起因、性质、影响、经验教训和恢复重建等问题进行调查评估,同时,要及时收集各类数据,按照国家有关规定成立的生产安全事故调查组应当对应急救援工作进行评估,并在事故调查报告中作出评估结论,提出防范和改进措施。

第六十五条 公司及相关单位要及时收集、整理突发事件应急处置过程中产生的包括文本、音视频等在内的档案资料,确保齐全完整,并建立档案应急案例资源库,及时归档,为以后的应急处置工作提供参考依据。

第六十六条 公司恢复重建要与电网防灾减灾、技术改造相结合,坚持统一领导、科学规划,按照公司相关规定组织实施,持续提升防灾抗灾能力。

第六十七条 事后恢复与重建工作结束后,事发单位应当及时做好设备、资金的划拨和结算工作。

公司及相关单位应对在生产安全事故应急救援中伤亡的人员及时给予救治和抚恤;符合烈士评定条件的,按照国家有关规定向地方政府申报烈士。

第八章 监督检查和考核

第六十八条 公司建立健全应急管理监督检查和考核机制,上级单位应当对下级单位应急工作开展情况进行监督检查和考核。

第六十九条 公司各单位应组织开展日常检查、专题检查和综合检查等活动,监督指导应急体系建设和运行、日常应急管理工作开展,以及突发事件处置等情况,并形成检查记录。

第七十条 公司各单位应将应急工作纳入企业综合考核评价范围,建立应急管理考核评价指标体系,健全责任追究制度。

第七十一条 公司将应急工作纳入安全奖惩制度,对应急工作表现突出的单位和个人予以表彰奖励。

有下列情形之一的,追究相关单位和人员责任:

(一)未制定生产安全事故应急救援预案;

(二)未将生产安全事故应急救援预案报送备案;

(三)未定期组织应急救援预案演练;

(四)未对从业人员进行应急教育和培训;

(五)主要负责人在本单位发生生产安全事故时不立即组织抢救;

(六)未对应急救援器材、设备和物资进行经常性维护、保养,导致发生严重生产安全事故或者生产安全事故危害扩大;

(七)在本单位发生生产安全事故后未立即采取相应的应急救援措施,造成严重后果;

(八)未建立应急值班制度或者配备应急值班人员;

(九)其他违反应急相关法律、行政法规规定。

第九章 附 则

第七十二条 本办法依据下列法律法规及相关文件规定制定:

《中华人民共和国突发事件应对法》(中华人民共和国主席令第69号);

《中华人民共和国安全生产法》(中华人民共和国主席令第13号);

《中华人民共和国网络安全法》(中华人民共和国主席令第53号);

《生产安全事故应急条例》（中华人民共和国国务院令第 708 号）；

《安全生产事故报告和调查处理条例》（中华人民共和国国务院令第 493 号）；

《电力安全事故应急处置和调查处理条例》（中华人民共和国国务院令第 599 号）；

《国家突发公共事件总体应急预案》（国务院 2006）；

《国家网络安全事件应急预案》（中网办发文〔2017〕4 号）；

《生产安全事故应急预案管理办法》（中华人民共和国应急管理部令第 2 号）；

《国务院关于加强应急管理工作的意见》（国发〔2006〕24 号）；

《国务院办公厅关于加强基层应急队伍建设的意见》（国办发〔2009〕59 号）；

《国务院办公厅关于加强基层应急管理工作的意见》（国办发〔2007〕52 号）；

《国务院办公厅转发安全监管总局等部门关于加强企业应急管理工作的意见》（国办发〔2007〕13 号）；

《突发事件应急预案管理办法》（国办发〔2013〕101 号）；

《电力企业应急预案管理办法》（国能安全〔2014〕508 号）；

《电力企业应急预案评审与备案细则》（国能综安全〔2014〕953 号）；

《国务院办公厅关于印发国家大面积停电事件应急预案的通知》（国办函〔2015〕134 号）；

《中共中央国务院关于推进安全生产领域改革发展的意见》（2016 年 12 月 9 日）；

《国务院办公厅关于印发安全生产"十三五"规划的通知》（国办发〔2017〕3 号）；

《国家能源局关于印发〈电力行业应急能力建设行动计划（2018—2020 年）〉的通知》（国能发安全〔2018〕58 号）；

《生产经营单位生产安全事故应急预案编制导则》（GB/T 29639—2013）。

第七十三条　本规定由国网安全监察部负责解释并监督执行。

第七十四条　本办法自 2019 年 10 月 18 日起施行。原《国家电网公司应急工作管理规定》[国家电网企管〔2014〕1467 号之国网（安监/2）483—2014]同时废止。

附件：1. 公司总部应急预案设置目录

　　　2. 公司总部部门应急预案设置目录

　　　3. 公司系统各级单位应急预案体系图

　　　4. 公司系统应急预案体系框架图（供电企业部分）

　　　5. 公司总部部门应急预案体系框构图

附件1 公司总部应急预案设置目录

分类	序号	预案名称	说明	牵头负责部门	配合部门
总体预案		突发事件总体应急预案（SGCC-ZT-01）	用于公司突发事件的应对工作，包括自然灾害类、事故灾难类、公共卫生类、社会安全类突发事件的应对处置，指导公司总部各专项应急预案，以及公司各单位应急预案的编制	安监部	国网办公厅、总师办、研究室、发展部、财务部、设备部、营销部（农电部）、科技部、基建部、特高压部、水新部、互联网部、物资部、产业部、宣传部、国际部、审计部、法律部、组织部（人董部）、人资部、体改办、后勤部、党建部、工会、国调中心、交易中心、企协等
自然灾害类	1	气象灾害应急预案（SGCC-ZH-01）	用于台风、暴雨、暴雪、雨雪冰冻、洪水、龙卷风、大雾、飚线风等气象灾害造成的电网设施设备较大范围损坏或重要设备设施（特高压、重要输电断面）损坏事件	设备部	国网办公厅、发展部、财务部、安监部、营销部（农电部）、基建部、特高压部、物资部、水新部、互联网部、宣传部、后勤部、国调中心、交易中心等
自然灾害类	2	地震地质等灾害应急预案（SGCC-ZH-02）	用于地震、泥石流、山体崩塌、滑坡、地面塌陷等灾害及其他不可预见灾害造成的电网设备设施较大范围损坏或重要设施设备损坏事件	设备部	
事故灾难类	3	人身伤亡事件应急预案（SGCC-ZN-01）	用于生产、基建、经营、多经、交通、国外项目工作中出现的人员伤亡事件，以及因生产经营场所发生火灾造成的人员伤亡事件	安监部	国网办公厅、财务部、设备部、营销部（农电部）、科技部、基建部、特高压部、水新部、互联网部、物资部、产业部、宣传部、国际部、法律部、人资部、后勤部、工会、国调中心等
事故灾难类（生产安全事故类）	4	大面积停电事件应急预案（SGCC-ZN-02）	用于处置因各种原因导致的电网大面积停电事件	安监部	国网办公厅、发展部、财务部、设备部、营销部（农电部）、基建部、特高压部、水新部、互联网部、物资部、宣传部、后勤部、国调中心、交易中心等
事故灾难类（生产安全事故类）	5	设备设施损坏事件应急预案（SGCC-ZN-03）	用于生产、基建、经营等运行或工作中出现的重要设施设备损坏事件造成的生产经营场所房屋及设备损坏事件	设备部	国网安监部、营销部（农电部）、基建部、特高压部、水新部、互联网部、物资部、产业部、宣传部、后勤部、国调中心等

分类	序号	预案名称	说明	牵头负责部门	配合部门
事故灾难类（生产安全事故类）	6	通信系统突发事件应急预案（SGCC-ZN-04）	用于对企业造成严重损失和影响的通信系统突发事件	国调中心	国网互联网部、办公厅、安监部、营销部（农电部）、物资部、宣传部等
	7	网络与信息系统突发事件应急预案（SGCC-ZN-05）	用于对企业造成严重损失和影响的各类网络与信息系统突发事件（含网络安全事件）	互联网部	国网办公厅、安监部、营销部（农电部）、物资部、宣传部、国调中心等
	8	突发环境事件应急预案（SGCC-ZN-06）	用于公司突发环境事件的预防及应急处置工作，规范开展突发环境事件应急抢险及救援、维护社会稳定及其他各项处置工作	科技部	国网办公厅、安监部、财务部、设备部、营销部（农电部）、基建部、特高压部、水新部、物资部、宣传部、法律部、后勤部、工会、国调中心等
	9	电力监控系统网络安全事件应急预案（SGCC-ZN-07）	用于电力监控系统遭受网络攻击等造成的电力监控系统网络安全突发事件	国调中心	国网办公厅、财务部、安监部、设备部、营销部（农电部）、互联网部、物资部、宣传部等
	10	水电站大坝垮塌事件应急预案（SGCC-ZN-08）	用于水电站大坝垮塌事件	水新部	国网办公厅、发展部、财务部、安监部、物资部、产业部、宣传部、国调中心等
事故灾难类（生产安全事故类）	11	调度自动化系统故障应急预案（SGCC-ZN-09）	用于对公司电网运行造成重大影响和严重威胁的调度自动化系统故障处置	国调中心	国网安监部、互联网部、宣传部、后勤部等
	12	配电自动化系统故障应急预案（SGCC-ZN-10）	用于对公司配电网造成影响的自动化系统故障处置	设备部	国网安监部、营销部（农电部）、互联网部、宣传部、后勤部等
	13	设备设施消防安全应急预案（SGCC-ZN-11）	用于对公司造成的影响的重要电力设备设施火灾处置	设备部	国网安监部、营销部、基建部、特高压部、水新部、互联网部、物资部、产业部、宣传部、后勤部、国调中心等
	14	总部消防安全应急预案（SGCC-ZN-12）	用于总部大楼火灾事件处置	后勤部	国网办公厅、安监部、互联网部、国调中心、交易中心
公共卫生类	15	突发公共卫生事件应急预案（SGCC-WS-01）	用于社会发生国家卫计委规定的传染病疫情情况下，公司的应对处置，以及公司内部人员感染疫情事件	后勤部	国网办公厅、财务部、安监部、宣传部、党建部、工会等

分类	序号	预案名称	说明	牵头负责部门	配合部门
社会安全类	16	电力服务事件应急预案（SGCC-SH-01）	用于正常工作中出现的，涉及对经济建设、人民生活、社会稳定产生重大影响的供电服务事件（如涉及重点电力客户的停电事件、新闻媒体曝光并产生重要影响的停电事件、客户对供电服务集体投诉事件、新闻媒体曝光并产生重要影响的供电服务质量事件、其他严重损害公司形象的服务事件等），以及处置因能源供应紧张造成的发电能力下降，从而导致电网出现电力短缺的事件	营销部（农电部）	国网办公厅、安监部、设备部、宣传部、国调中心等
社会安全类	17	重要保电事件（客户侧）应急预案（SGCC-SH-02）	用于国家、社会重要活动、特殊时期的电力供应保障，以及处置国家社会出现严重自然灾害、突发事件，政府要求公司在电力供应方面提供支援的事件	营销部（农电部）	国网办公厅、安监部、设备部、宣传部、国调中心等
社会安全类	18	突发群体事件应急预案（SGCC-SH-03）	用于公司内外部人员群体到公司上访，封堵、冲击公司生产经营办公场所；以及公司内部或与公司有关的人员，群体到政府相关部门上访，封堵、冲击政府办公场所事件	办公厅	国网安监部、基建部、特高压部、水新部、营销部（农电部）、法律部、组织部（人董部）、人资部、离退休部、党建部、宣传部、后勤部等
社会安全类	19	新闻突发事件应急预案（SGCC-SH-04）	用于公司发生新闻类突发事件或各类突发事件的情况下，公司在新闻应急方面的预警、信息发布及应急处置	宣传部	国网办公厅、安监部、设备部、营销部（农电部）、科技部、基建部、特高压部、水新部、互联网部、国际部、后勤部等
社会安全类	20	涉外突发事件应急预案（SGCC-SH-05）	用于公司系统在外人员出现的人身安全受到严重威胁事件（如不稳定地区人员撤离、被绑架、扣留、逮捕等）事件，以及在公司系统工作的外国人在华工作期间发生的人身安全受到严重威胁或因触犯法律受到惩处事件	国际部	国网办公厅、科技部（联办）、安监部、基建部、特高压部、产业部、宣传部、法律部、工会等
社会安全类	21	总部防恐应急预案（SGCC-SH-06）	用于公司总部防范应对恐怖事件	后勤部	国网办公厅、安监部、设备部、国际部等

附件2　公司总部部门应急预案设置目录

序号	预案名称	说明	牵头负责部门	配合部门/单位
1	国网办公厅大面积停电事件部门应急预案	用于公司系统发生大面积停电事件时，总部相关部门开展应急处置	办公厅	
2	国网发展部大面积停电事件部门应急预案		发展部	
3	国网财务部大面积停电事件部门应急预案		财务部	
4	国网安监部大面积停电事件部门应急预案		安监部	
5	国网设备部大面积停电事件部门应急预案		设备部	
6	国网营销部（农电部）大面积停电事件部门应急预案		营销部（农电部）	
7	国网基建部大面积停电事件部门应急预案		基建部	
8	国网特高压部大面积停电事件部门应急预案		特高压部	
9	国网水新部大面积停电事件部门应急预案		水新部	
10	国网互联网部大面积停电事件部门应急预案		互联网部	
11	国网物资部大面积停电事件部门应急预案	用于公司系统发生大面积停电事件时，总部相关部门开展应急处置	物资部	
12	国网宣传部大面积停电事件部门应急预案		宣传部	
13	国网后勤部大面积停电事件部门应急预案		后勤部	
14	国调中心电网故障处置预案、大面积停电事件部门应急预案		国调中心	
15	北京电力交易中心大面积停电事件部门应急预案		交易中心	
16	应急指挥中心消防安全部门应急预案	用于总部应急指挥中心突发火灾事件应急处置	安监部	信通公司后勤部
17	电力营销中心及客户服务中心消防安全部门应急预案	用于公司系统电力营销中心及客户服务中心突发火灾事件应急处置	营销部（农电部）	

序号	预案名称	说明	牵头负责部门	配合部门/单位
18	水电站消防安全部门应急预案	用于公司系统水电站突发火灾事件应急处置	水新部	
19	基建施工现场消防安全部门应急预案	用于公司系统电力建设施工现场突发火灾事件应急处置	基建部	特高压部水新部
20	物资仓库消防安全部门应急预案	用于公司系统物资仓库突发火灾事件应急处置	物资部	
21	信息机房消防安全部门应急预案	用于总部大楼信息机房、北京信息数据中心突发火灾事件应急处置	互联网部	后勤部
22	运营监测大厅消防安全部门应急预案	用于公司运营监测大厅突发火灾事件应急处置	互联网部	后勤部
23	国调中心消防安全部门应急预案	用于国调中心突发火灾事件应急处置	国调中心	后勤部
24	交易中心消防安全部门应急预案	用于北京电力交易中心突发火灾事件应急处置	交易中心	后勤部
25	档案库房消防安全部门应急预案	用于总部大楼档案库房突发火灾事件应急处置	办公厅	后勤部

附件 3　公司系统各级单位应急预案体系图

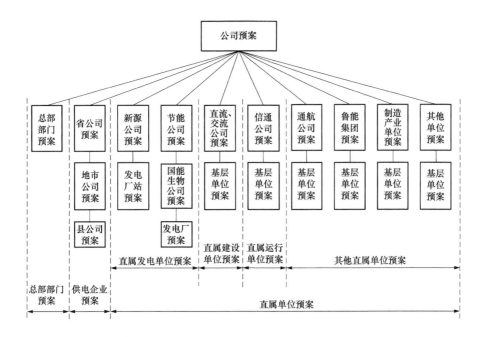

附件 4 公司系统应急预案体系框架图（供电企业部分）

总部（分部）层面	总体预案	气象灾害应急预案		地震地质等灾害应急预案		人身伤亡事件应急预案	大面积停电事件应急预案	设备设施损坏事件应急预案	通信系统突发事件应急预案	网络与信息系统突发事件应急预案	突发环境事件应急预案	电力监控系统网络安全事件应急预案	水电站大坝垮塌事件应急预案	调度自动化系统故障应急预案	配电自动化系统故障应急预案	设备设施消防安全应急预案	总部消防安全应急预案	突发公共卫生事件应急预案	电力服务事件应急预案	重要保电事件（客户侧）应急预案	突发群体事件应急预案	新闻突发事件应急预案	涉外突发事件应急预案	总部防恐应急预案
省公司层面	总体预案	台风灾害应急预案	防汛应急预案	雨雪冰冻灾害应急预案	地震灾害应急预案	地质灾害应急预案	人身伤亡事件应急预案	交通事故应急预案	大面积停电事件应急预案	设备设施损坏事件应急预案	通信系统事故应急预案	网络与信息系统突发事件应急预案	突发环境事件应急预案	电力监控系统网络安全事件应急预案	水电站大坝垮塌事件应急预案	调度自动化系统故障应急预案	配电自动化系统故障应急预案	设备设施消防安全应急预案	重要场所消防安全应急预案	突发公共卫生事件应急预案	电力服务事件应急预案	电力短缺事件应急预案	重要保电事件（客户侧）应急预案	突发群体事件应急预案	新闻突发事件应急预案	涉外突发事件应急预案	防恐应急预案

| 地市公司层面 | 总体预案 | 台风灾害应急预案 | 防汛应急预案 | 雨雪冰冻灾害应急预案 | 地震灾害应急预案 | 地质灾害应急预案 | 人身伤亡事件应急预案 | 交通事故应急预案 | 大面积停电事件应急预案 | 大型施工机械突发事件应急预案 | 通信系统事故应急预案 | 网络与信息系统突发事件应急预案 | 突发环境事件应急预案 | 电力监控系统网络安全事件应急预案 | 水电站大坝垮塌事件应急预案 | 调度自动化系统故障应急预案 | 配电自动化系统故障应急预案 | 设备设施消防安全应急预案 | 重要场所消防安全应急预案 | 突发公共卫生事件应急预案 | 电力服务事件应急预案 | 电力短缺事件应急预案 | 重要保电事件（客户侧）应急预案 | 企业突发群体事件应急预案 | 社会涉电突发群体事件应急预案 | 新闻突发事件应急预案 | 涉外突发事件应急预案 | 防恐应急预案 |

分类：总体预案 ｜ 自然灾害类 ｜ 事故灾难类 ｜ 公共卫生事件类 ｜ 社会安全事件类

附件5　公司总部部门应急预案体系框构图

专项预案

| 大面积停电事件应急预案 | | 总部消防安全应急预案 |

部门预案

国调中心电网故障处置预案、大面积停电事件部门应急预案

国网办公厅大面积停电事件部门应急预案

国网发展部大面积停电事件部门应急预案

国网财务部大面积停电事件部门应急预案

国网安监部大面积停电事件部门应急预案

国网设备部大面积停电事件部门应急预案

国网营销部（农电部）大面积停电事件部门应急预案

国网基建部大面积停电事件部门应急预案

国网特高压部大面积停电事件部门应急预案

国网水新部大面积停电事件部门应急预案

国网互联网部大面积停电事件部门应急预案

国网物资部大面积停电事件部门应急预案

国网宣传部大面积停电事件部门应急预案

国网后勤部大面积停电事件部门应急预案

北京电力交易中心大面积停电事件部门应急预案

应急指挥中心消防安全部门应急预案

水电站消防安全部门应急预案

基建施工现场消防安全部门应急预案

物资仓库消防安全部门应急预案

信息机房消防安全部门应急预案

运营监测大厅消防安全部门应急预案

国调中心消防安全部门应急预案

交易中心消防安全部门应急预案

电力营销中心及客户服务中心消防安全部门应急预案

档案库房消防安全部门应急预案

9 国家电网有限公司关于进一步加大安全生产违章惩处力度的通知

国家电网安监〔2022〕106 号

国网设备部，国网营销部，国网基建部，国网互联网部，国网物资部，国网产业部，国网法律部，国网人资部，国网工会，国网特高压部，国网水新部，国调中心，公司各单位：

为贯彻上级和公司有关安全生产工作要求，进一步规范公司安全生产秩序，确保反违章工作切实落地，公司安监部组织对《国家电网有限公司关于加大安全生产违章惩处力度的通知》（国家电网安监〔2021〕418 号）进行了修改完善，重点整体提高严重违章惩处级别，加大对重复发生严重违章的惩处力度，并在提高原有严重违章认定标准的严谨性、明确性、可执行性的基础上，将部分管理违章纳入严重违章清单，强化对管理违章责任的查处。具体措施要求如下，请认真落实。

一、基本原则

——坚持抓早抓小。前移防范关口，树立"违章就是隐患、违章就是事故"理念，对严重违章对照安全事件的追责措施顶格处理，对一般违章加强通报曝光。

——坚持追本溯源。强化领导责任追究，对重复发生严重违章的单位进行行业绩考核。强化管理责任追究，挖掘产生违章的管理原因，对负有管理责任的人员按安全事件进行惩处。

——坚持精准防控。将以往查处的易造成领导失察、责任悬空、风险失控以及酿成安全事故的管理违章和一般违章纳入严重违章清单，进一步明确严重违章认定标准，确保认定标准精准指向制约安全要求和措施落地的违章行为。

——坚持"四不放过"。坚持违章原因未查清不放过，违章责任人员未处理不放过，违章整改措施未落实不放过，有关人员未受到教育不放过。

——坚持"举一反三"。通过安全监督检查、"四不两直"安全督察、安全巡查等发现的违章，要通报全公司，督促各单位要吸取教训，真抓实改，杜绝违章。

二、严重违章认定标准

符合严重违章清单（见附件1）的，认定为严重违章。按照严重程度由高至低分别为：

Ⅰ类严重违章，主要包括违反新《安全生产法》、《刑法》、"十不干"等要求的管理和行为违章；

Ⅱ类严重违章，主要包括公司系统近年安全事故（事件）暴露出的管理和行为违章；

Ⅲ类严重违章，主要包括安全风险高、易造成安全事故（事件）的管理和行为违章。

三、惩处措施

发现违章后，要严格执行公司《安全生产反违章工作管理办法》有关规定，并采取下列措施：

（一）严重违章

1．发现严重违章，违章查处单位要及时下发违章通知单，并在通知单中注明严重违章，责成违章单位对照公司《安全工作奖惩规定》关于安全事件的追责条款，按照"三个必须"原则对违章责任人和负有管理责任人员进行惩处，其中Ⅰ至Ⅲ类严重违章分别按五至七级安全事件惩处，违章类别与责任人员处罚对照表见附件2。重复发生严重违章，要对相关人员自第二起提升惩处等级，直至五级安全事件。

2．为督促各单位认真吸取违章教训，落实责任，举一反三，真抓实改，考核年度内相关单位重复发生同项严重违章，按照公司《企业负责人业绩考核管理办法》和年度业绩考核指标体系实施业绩考核，考核扣分按月执行，每月在《安全监督月报》中公布，年底汇总考核。具体扣分分值见附件3。

3．外包单位人员发生严重违章，在按照上述原则对负有外包管理责任的人员进行惩处的同时，对外包单位人员要停工学习，重新准入，考试合格后方可进场作业；对重复发生严重违章的责任人，取消准入资格，1年内禁入公司系统作业，期满自动解除禁入。对相关外包单位要按照公司《安全生产反违章工作管理办法》实施连带记分考核，达到一定限值的，按照公司《业务外包安全监督管理办法》纳入省公司"负面清单"。

4．违章责任单位安监部门要及时向本单位各部门和纪检监察机构通报严重违章主要责任人信息，在评先、评优等方面对其"一票否决"。

5．对多次发生严重违章的单位，要按照公司《安全警示约谈工作规范（试行）》规定，由上级违章查处单位进行约谈。

6．严重违章惩处措施落实后，责任单位应在7日内将处理意见报违章查处单位，15日内以本级安委会文件上报整改报告（模板见附件4），同时上级违章查处单位要在本单位范围内通报。惩处相关文件、单据应在责任单位安监部留存备查。

（二）一般违章

发现一般违章，违章查处单位要及时下发违章通知单，责成违章单位整改。违章查处单位在周（月）安全例会上对违章问题进行曝光，并在本单位范围内发文通报。

四、工作要求

1．加强宣贯。各单位要及时将本通知要求传达到各级部门、工区和班组，要坚持以"三铁"反"三违"，形成反违章高压态势，教育全体员工知敬畏、明底线、守规矩。

2．加强落实。各单位要对照本通知要求，梳理本单位相关规章制度，及时修订完善。要健全工作机制，落实工作责任，完善工作手段，强化违章查处，对发现的严重违章要敢于动真碰硬，依规严肃处理。

3．加强督导。各单位要一级抓一级，督促严格落实本通知要求，在日常工作、安全督查、安全巡查中对工作要求落实情况进行检查，对落实不到位的要通报、考核。

本通知印发后，《国家电网有限公司关于加大安全生产违章惩处力度的通知》（国家电网安监〔2021〕418号）废止。

附件：1．严重违章清单
　　　2．违章类别与责任人员处罚对照表
　　　3．重复发生严重违章业绩考核扣分分值
　　　4．严重违章整改报告（模板）

国家电网有限公司

2022 年 2 月 14 日

附件1

严 重 违 章 清 单
（2022 年 2 月修订）

编号	违章种类	严重违章	依据条款
		Ⅰ类严重违章（14条）	
1	管理违章	无日计划作业，或实际作业内容与日计划不符	《国网安委办关于推进"四个管住"工作的指导意见》三、"四个管住"重点内容（一）"管住计划"《国家电网有限公司作业安全风险管控工作规定》"第十三条"
2	管理违章	存在重大事故隐患而不排除，冒险组织作业；存在重大事故隐患被要求停止施工、停止使用有关设备、设施、场所或者立即采取排除危险的整改措施，而未执行的	《中华人民共和国刑法修正案（十一）》
3	管理违章	建设单位将工程发包给个人或不具有相应资质的单位	《住房和城乡建设部建筑工程施工发包与承包违法行为认定查处管理办法》（建市规〔2019〕1号）
4	管理违章	使用达到报废标准的或超出检验期的安全工器具	《国家电网公司关于印发生产现场作业"十不干"的通知》（国家电网安质〔2018〕21号）"十不干"第六条《防止电力生产事故的二十五项重点要求》（国能安全〔2014〕161号）1.2.2 和 1.2.3《用人单位劳动防护用品管理规范》（安监总厅安健〔2015〕124号）第二十五条
5	管理违章	工作负责人（作业负责人、专责监护人）不在现场，或劳务分包人员担任工作负责人（作业负责人）	《国家电网公司关于印发生产现场作业"十不干"的通知》（国家电网安质〔2018〕21号）"十不干"第十条《国家电网公司电力安全工作规程（变电部分）》6.5《国家电网公司电力安全工作规程（线路部分）》5.5.1《国家电网公司电力安全工作规程（水电厂动力部分）》5.5《国家电网有限公司电力建设安全工作规程（第1部分：变电）》5.3.5《国家电网有限公司电力建设安全工作规程（第2部分：线路）》5.3.5《国家电网有限公司输变电工程施工分包安全管理办法》第五十四条《国家电网公司水电工程施工分包管理办法》〔国网（基建/3）1051—2021〕第三十条、第四十三条、第四十八条
6	行为违章	未经工作许可（包括在客户侧工作时，未获客户许可），即开始工作	《国家电网公司电力安全工作规程（变电部分）》6.4《国家电网公司电力安全工作规程（线路部分）》5.4《国家电网公司电力安全工作规程（水电厂动力部分）》5.4
7	行为违章	无票（包括作业票、工作票及分票、操作票、动火票等）工作、无令操作	《国家电网公司关于印发生产现场作业"十不干"的通知》（国家电网安质〔2018〕21号）"十不干"第一条《国家电网公司电力安全工作规程（变电部分）》6.3.1《国家电网公司电力安全工作规程（线路部分）》5.3.1《国家电网公司电力安全工作规程（配电部分）》（试行）3.3.1

编号	违章种类	严重违章	依据条款
7	行为违章	无票（包括作业票、工作票及分票、操作票、动火票等）工作、无令操作	《国家电网公司电力安全工作规程（水电厂动力部分）》5.3.1 《国家电网有限公司电力建设安全工作规程（第1部分：变电）》5.3.3 《国家电网有限公司电力建设安全工作规程（第2部分：线路）》5.3.3 《国家电网有限公司水电工程施工安全风险辨识、评估及预控措施管理办法》第十六条
8	行为违章	作业人员不清楚工作任务、危险点	《国家电网公司关于印发生产现场作业"十不干"的通知》（国家电网安质〔2018〕21号）"十不干"第二条 《国家电网公司电力安全工作规程（变电部分）》4.2.4和6.3.11.2 《国家电网公司电力安全工作规程（线路部分）》4.2.4和5.3.11.2 《国家电网公司电力安全工作规程（配电部分）（试行）》2.1.5和3.3.12.2 《国家电网公司电力安全工作规程（水电厂动力部分）》4.2、5.3.10 b）和5.5.1 《国家电网有限公司电力建设安全工作规程（第1部分：变电）》5.2.7、5.3.3.5和5.3.4 《国家电网有限公司电力建设安全工作规程（第2部分：线路）》5.2.7、5.3.3.5和5.3.4 《电力建设工程施工安全管理导则》（NB/T 10096—2018）12.6
9	行为违章	超出作业范围未经审批	《国家电网公司关于印发生产现场作业"十不干"的通知》（家电网安质〔2018〕21号）"十不干"第四条 《国家电网公司电力安全工作规程（变电部分）》6.3.8.8和6.3.11.5 《国家电网公司电力安全工作规程（线路部分）》5.3.11.5 《国家电网公司电力安全工作规程（配电部分）（试行）》3.3.12 《国家电网公司电力安全工作规程（水电厂动力部分）》5.3.7 k和5.3.10 e 《国家电网有限公司电力建设安全工作规程（第1部分：变电）》5.3.3.5 《国家电网有限公司电力建设安全工作规程（第2部分：线路）》5.3.3.5
10	行为违章	作业点未在接地保护范围	《国家电网公司关于印发生产现场作业"十不干"的通知》（国家电网安质〔2018〕21号）"十不干"第五条 《国家电网公司电力安全工作规程（变电部分）》7.4.3和7.4.4 《国家电网公司电力安全工作规程（线路部分）》6.4.1和6.4.9 《国家电网公司电力安全工作规程（配电部分）（试行）》4.4.1、4.4.3和4.4.7 《国家电网有限公司电力建设安全工作规程（第1部分：变电）》12.3.2.1和12.3.2.5 《国家电网有限公司电力建设安全工作规程（第2部分：线路）》13.1.7

续表

编号	违章种类	严重违章	依据条款
11	行为违章	漏挂接地线或漏合接地刀闸	《国家电网公司电力安全工作规程（变电部分）》7.4.3和7.4.4 《国家电网公司电力安全工作规程（线路部分）》6.4.1和6.4.9 《国家电网公司电力安全工作规程（配电部分）（试行）》4.4.1、4.4.3和4.4.7 《国家电网有限公司电力建设安全工作规程（第1部分：变电）》12.3.2.1和12.3.2.5 《国家电网有限公司电力建设安全工作规程（第2部分：线路）》13.1.7
12	行为违章	组立杆塔、撤杆、撤线或紧线前未按规定采取防倒杆塔措施；架线施工前，未紧固地脚螺栓	《国家电网公司关于印发生产现场作业"十不干"的通知》（国家电网安质〔2018〕21号）"十不干"第七条 《国家电网有限公司电力建设安全工作规程（第2部分：线路）》11.1.8、11.5.5、11.5.7和12.6.1
13	行为违章	高处作业、攀登或转移作业位置时失去保护	《国家电网公司关于印发生产现场作业"十不干"的通知》（国家电网安质〔2018〕21号）"十不干"第八条 《国家电网公司电力安全工作规程（变电部分）》18.1.3、18.1.9 《国家电网公司电力安全工作规程（线路部分）》10.3、10.10 《国家电网公司电力安全工作规程（配电部分）（试行）》17.1.3、17.1.10 《国家电网公司电力安全工作规程（水电厂动力部分）》15.1.3和15.1.11 《国家电网有限公司电力建设安全工作规程（第1部分：变电）》7.1.5 《国家电网有限公司电力建设安全工作规程（第2部分：线路）》7.1.1.5、7.1.1.6和7.1.1.9 《水电水利工程施工通用安全技术规程》（DL/T 5370—2017）6.2.6
14	行为违章	有限空间作业未执行"先通风、再检测、后作业"要求；未正确设置监护人；未配置或不正确使用安全防护装备、应急救援装备	《国家电网公司关于印发生产现场作业"十不干"的通知》（国家电网安质〔2018〕21号）"十不干"第九条 《国家电网公司电力安全工作规程（变电部分）》15.2.1.11 《国家电网公司电力安全工作规程（线路部分）》15.2.1.12 《国家电网公司电力安全工作规程（配电部分）（试行）》12.2 《国家电网公司电力安全工作规程（水电厂动力部分）》13.6 《国家电网有限公司电力建设安全工作规程（第1部分：变电）》7.2.2 《国家电网有限公司电力建设安全工作规程（第2部分：线路）》10.4.2.5 《工贸企业有限空间作业安全管理与监督暂行规定》（国家安监总局令第80号）第八条、第十二条
		Ⅱ类严重违章（29条）	
15	管理违章	未及时传达学习国家、公司安全工作部署，未及时开展公司系统安全事故(事件)通报学习、安全日活动等	《国家电网有限公司安全生产委员会工作规则》（国网安委会〔2021〕2号）第三条

编号	违章种类	严重违章	依据条款
16	管理违章	安全生产巡查通报的问题未组织整改或整改不到位的	《国家电网有限公司安全生产巡查工作规定(试行)》(国网安委会〔2019〕3号)
17	管理违章	针对公司通报的安全事故事件、要求开展的隐患排查,未举一反三组织排查;未建立隐患排查标准,分层分级组织排查的	《国家电网有限公司安全隐患排查治理管理办法》[国网(安监/3)481—2014]第二十四条
18	管理违章	承包单位将其承包的全部工程转给其他单位或个人施工;承包单位将其承包的全部工程肢解以后,以分包的名义分别转给其他单位或个人施工	《住房和城乡建设部建筑工程施工发包与承包违法行为认定查处管理办法》(建市规〔2019〕1号)
19	管理违章	施工总承包单位或专业承包单位未派驻项目负责人、技术负责人、质量管理负责人、安全管理负责人等主要管理人员;合同约定由承包单位负责采购的主要建筑材料、构配件及工程设备或租赁的施工机械设备,由其他单位或个人采购、租赁	《住房和城乡建设部建筑工程施工发包与承包违法行为认定查处管理办法》(建市规〔2019〕1号)
20	管理违章	没有资质的单位或个人借用其他施工单位的资质承揽工程;有资质的施工单位相互借用资质承揽工程	《住房和城乡建设部建筑工程施工发包与承包违法行为认定查处管理办法》(建市规〔2019〕1号)
21	管理违章	拉线、地锚、索道投入使用前未计算校核受力情况	《国家电网有限公司电力建设安全工作规程(第2部分:线路)》8.3.13.1和9.5.3《国家电网有限公司关于防治安全事故重复发生实施输变电工程施工安全强制措施的通知》关于"三算"的要求《水电水利工程施工通用安全技术规程》(DL/T 5370—2017)8.2.2、8.4.1
22	管理违章	拉线、地锚、索道投入使用前未开展验收;组塔架线前未对地脚螺栓开展验收;验收不合格,未整改并重新验收合格即投入使用	《国家电网有限公司电力建设安全工作规程(第2部分:线路)》8.3.13.4、9.5.6、11.1.6和11.1.8《国家电网有限公司关于防治安全事故重复发生实施输变电工程施工安全强制措施的通知》关于"四验"的要求《水电水利工程施工通用安全技术规程》(DL/T 5370—2017)8.2.2、8.4.1、8.4.3
23	管理违章	未按照要求开展电网风险评估,及时发布电网风险预警、落实有效的风险管控措施	《国家电网公司电网运行风险预警管控工作规范》6.1、6.2、7.2
24	管理违章	特高压换流站工程启动调试阶段,建设、施工、运维等单位责任界面不清晰,设备主人不明确,预试、交接、验收等环节工作未履行	《特高压换流站工程现场安全管理职责分工》
25	管理违章	约时停、送电;带电作业约时停用或恢复重合闸	《国家电网公司电力安全工作规程 变电部分》8.1和9.1.7《国家电网公司电力安全工作规程(线路部分)》13.1.7《国家电网公司电力安全工作规程(配电部分)(试行)》9.2.5
26	管理违章	未按要求开展网络安全等级保护定级、备案和测评工作	《国家电网有限公司十八项电网重大反事故措施》16.2.3.1、16.3.3.14、16.5.3.1
27	管理违章	电力监控系统中横纵向网络边界防护设备缺失	《国家电网公司电力安全工作规程(电力监控部分)》(试行)5.4

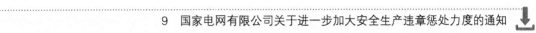

续表

编号	违章种类	严重违章	依据条款
28	行为违章	货运索道载人	《国家电网有限公司电力建设安全工作规程(第2部分:线路)》9.5.14
29	行为违章	超允许起重量起吊	《国家电网公司电力安全工作规程(水电厂动力部分)》14.1.5 《国家电网有限公司电力建设安全工作规程(第1部分:变电)》7.3.14 《国家电网有限公司电力建设安全工作规程(第2部分:线路)》7.2.14 《水电水利工程施工通用安全技术规程》(DL/T 5370—2017)7.5.18
30	行为违章	采用正装法组立超过30米的悬浮抱杆	《国家电网有限公司电力建设安全工作规程(第2部分:路)》11.7.8 《国家电网有限公司关于防治安全事故重复发生实施输变电工程施工安全强制措施的通知》"五禁止"要求
31	行为违章	紧断线平移导线挂线作业未采取交替平移子导线的方式	《国家电网有限公司关于防治安全事故重复发生实施输变电工程施工安全强制措施的通知》"五禁止"要求
32	管理违章、行为违章	在带电设备附近作业前未计算校核安全距离;作业安全距离不够且未采取有效措施	《国家电网有限公司关于防治安全事故重复发生实施输变电工程施工安全强制措施的通知》关于"四验"的要求
33	行为违章	乘坐船舶或水上作业超载,或不使用救生装备	《国家电网公司电力安全工作规程(水电厂动力部分)》14.5.4和14.5.7 《国家电网有限公司电力建设安全工作规程(第2部分:线路)》9.3.3和9.3.5 《国家电网有限公司电力建设安全工作规程(第1部分:变电)》9.2.1和9.2.3 《国家电网有限公司关于防治安全事故重复发生实施输变电工程施工安全强制措施的通知》关于"五禁止"的要求 《水电水利工程施工通用安全技术规程》(DL/T 5370—2017)8.7.2
34	行为违章	在电容性设备检修前未放电并接地,或结束后未充分放电;高压试验变更接线或试验结束时未将升压设备的高压部分放电、短路接地	《国家电网公司电力安全工作规程(变电部分)》7.4.2、14.1.7和14.1.8 《国家电网公司电力安全工作规程(线路部分)》6.4.9、15.2.2.3、15.2.2.4和15.2.2 《国家电网公司电力安全工作规程(配电部分)(试行)》11.2.7、12.3.1、12.3.3和12.3.5 《国家电网有限公司电力建设安全工作规程(第2部分:线路)》14.4.1和14.4.3 《国家电网有限公司电力建设安全工作规程(第1部分:变电)》11.12.5.1、11.12.5.3、11.12.5.6和11.12.5.7
35	行为违章	擅自开启高压开关柜门、检修小窗,擅自移动绝缘挡板	《国家电网公司电力安全工作规程 变电部分》7.5.4 《国家电网公司电力安全工作规程 线路部分》7.1.5
36	行为违章	在带电设备周围使用钢卷尺、金属梯等禁止使用的工器具	《国家电网公司电力安全工作规程 变电部分》16.1.8和16.1.10 《国家电网公司电力安全工作规程(水电厂动力部分)》15.6.22

编号	违章种类	严重违章	依据条款
37	行为违章	倒闸操作前不核对设备名称、编号、位置，不执行监护复诵制度或操作时漏项、跳项	《国家电网公司电力安全工作规程　变电部分》5.3.6.2 《国家电网公司电力安全工作规程（水电厂动力部分）》5.8.5
38	行为违章	倒闸操作中不按规定检查设备实际位置，不确认设备操作到位情况	《国家电网公司电力安全工作规程　变电部分》5.3.6.6 《国家电网公司电力安全工作规程（水电厂动力部分）》5.8.5
39	行为违章	在继保屏上作业时，运行设备与检修设备无明显标志隔开，或在保护盘上或附近进行振动较大的工作时，未采取防掉闸的安全措施	《国家电网公司电力安全工作规程　变电部分》13.8 和 13.9
40	行为违章	防误闭锁装置功能不完善，未按要求投入运行	《国家电网有限公司防止电气误操作安全管理规定》3.4、4.3 《国家电网有限公司十八项电网重大反事故措施（2018年修订版）》4.1.2、4.1.6、4.2.1 和 12.4.1.1
41	行为违章	随意解除闭锁装置，或擅自使用解锁工具（钥匙）	《国家电网公司电力安全工作规程　变电部分》5.3.6.5 《国家电网有限公司防止电气误操作安全管理规定》3.4、4.3 《国家电网有限公司十八项电网重大反事故措施（2018年修订版）》4.1.2、4.1.6、4.2.1 和 12.4.1.1
42	行为违章	继电保护、直流控保、稳控装置等定值计算、调试错误，误动、误碰、误（漏）接线	《国家电网有限公司十八项电网重大反事故措施》15.3、15.4、15.5
43	行为违章	在运行站内使用吊车、高空作业车、挖掘机等大型机械开展作业，未经设备运维单位批准即改变施工方案规定的工作内容、工作方式等	《国家电网有限公司输变电工程建设安全管理规定》第六十九条、第七十条
		Ⅲ类严重违章（44条）	
44	管理违章	承包单位将其承包的工程分包给个人；施工总承包单位或专业承包单位将工程分包给不具备相应资质单位	《住房和城乡建设部建筑工程施工发包与承包违法行为认定查处管理办法》（建市规〔2019〕1号）
45	管理违章	施工总承包单位将施工总承包合同范围内工程主体结构的施工分包给其他单位；专业分包单位将其承包的专业工程中非劳务作业部分再分包；劳务分包单位将其承包的劳务再分包	《住房和城乡建设部建筑工程施工发包与承包违法行为认定查处管理办法》（建市规〔2019〕1号） 《国家电网有限公司业务外包安全监督管理办法》（安监二〔2021〕26号）第二十三、第二十四条
46	管理违章	承发包双方未依法签订安全协议，未明确双方应承担的安全责任	《国家电网有限公司输变电工程建设安全管理规定》第二十八条 《国家电网有限公司业务外包安全监督管理办法》（安监二〔2021〕26号）第二十一条 《国家电网有限公司水电工程建设安全管理办法》第七条
47	管理违章	将高风险作业定级为低风险	《国家电网有限公司作业安全风险管控工作规定》
48	管理违章	跨越带电线路展放导（地）线作业，跨越架、封网等安全措施均未采取	《架空输电线路无跨越架不停电跨越架线施工工艺导则》3.0.1、3.0.5、"4. 施工工艺流程""5. 无跨越架跨越系统"
49	管理违章	违规使用没有"一书一签"（化学品安全技术说明书、化学品安全标签）的危险化学品	《国家电网有限公司危险化学品安全管理办法（试行）》第十四条

编号	违章种类	严重违章	依据条款
50	管理违章	现场规程没有每年进行一次复查、修订并书面通知有关人员；不需修订的情况下，未由复查人、审核人、批准人签署"可以继续执行"的书面文件并通知有关人员	《国家电网公司安全工作规定》第二十八条
51	管理违章	现场作业人员未经安全准入考试并合格；新进、转岗和离岗3个月以上电气作业人员，未经专门安全教育培训，并经考试合格上岗	《国家电网有限公司电力建设安全工作规程 第1部分：变电》5.2.2和5.2.3 《国家电网有限公司电力建设安全工作规程 第2部分：线路》5.2.2和5.2.3 《国家电网公司电力安全工作规程（配电部分）（试行）》2.1.3、2.1.4和2.1.9 《国家电网公司电力安全工作规程（线路部分）》4.4.1 《国家电网公司电力安全工作规程（变电部分）》4.4.1和4.4.2 《国家电网公司电力安全工作规程（水电厂动力部分）》4.3 《安全生产法》第二十八条
52	管理违章	不具备"三种人"资格的人员担任工作票签发人、工作负责人或许可人	《国家电网公司电力安全工作规程（线路部分）》5.3.10.1和5.3.10.2 《国家电网公司电力安全工作规程（变电部分）》6.3.10.1、6.3.10.2和6.3.10.3 《国家电网公司电力安全工作规程（配电部分）》3.3.11.1、3.3.11.2和3.3.11.3 《国家电网有限公司电力建设安全工作规程（第1部分：变电）》5.3.3.4 《国家电网有限公司电力建设安全工作规程（第2部分：线路）》5.3.3.4 《国家电网有限公司电力安全工作规程（水电厂动力部分）》5.3.9
53	管理违章	特种设备作业人员、特种作业人员、危险化学品从业人员未依法取得资格证书	《国家电网有限公司特种设备安全管理办法（试行）》第十四条 《国家电网有限公司危险化学品安全管理办法（试行）》第十七条 《国家电网公司电力安全工作规程（水电厂动力部分）》4.3 《中华人民共和国安全生产法》（主席令第13号）第二十七条 《建设工程安全生产管理条例》（国务院令393）第二十五条
54	管理违章	特种设备未依法取得使用登记证书、未经定期检验或检验不合格	《国家电网有限公司特种设备安全管理办法（试行）》第三十八条、第四十二条、第五十一条 《国家电网公司电力安全工作规程（水电厂动力部分）》7.1.18
55	管理违章	自制施工工器具未经检测试验合格	《国家电网公司电力安全工作规程（变电部分）》附录J 《国家电网公司电力安全工作规程（线路部分）》14.1.2和14.4.3.2 《国家电网公司电力安全工作规程（配电部分）（试行）》14.1.2和14.6.2.1 《国家有限公司电力建设安全工作规程（第1部分：变电）》8.2.1.5 《国家有限公司电力建设安全工作规程（第2部分：线路）》8.2.1.5

编号	违章种类	严重违章	依据条款
56	管理违章	金属封闭式开关设备未按照国家、行业标准设计制造压力释放通道	《国家电网有限公司十八项电网重大反事故措施（2018年修订版）》12.4.1.5 和 12.4.2.2
57	管理违章	设备无双重名称，或名称及编号不唯一、不正确、不清晰	《国家电网公司电力安全工作规程（变电部分）》5.3.1 《国家电网公司电力安全工作规程（线路部分）》7.2.2 《国家电网公司电力安全工作规程（配电部分）（试行）》5.2.4.1 《国家电网有限公司电力安全工作规程（水电厂动力部分）》5.8.4
58	管理违章	高压配电装置带电部分对地距离不满足且未采取措施	《国家电网公司电力安全工作规程（配电部分）（试行）》2.3.6
59	管理违章	电化学储能电站电池管理系统、消防灭火系统、可燃气体报警装置、通风装置未达到设计要求或故障失效	《国家电网有限公司十八项电网重大反事故措施（2018年修订版）》18.1.2.1、18.1.2.2 和 18.1.2.4
60	管理违章	网络边界未按要求部署安全防护设备并定期进行特征库升级	《国家电网有限公司十八项电网重大反事故措施》16.5.3.6 《国家电网公司电力安全工作规程（信息部分）（试行）》2.3.1
61	管理违章、行为违章	高边坡施工未按要求设置安全防护设施；对不良地质构造的高边坡，未按设计要求采取锚喷或加固等支护措施	《国家电网有限公司电力建设安全工作规程（第2部分：线路）》10.1.3.4 《水利水电工程土建施工安全技术工程》（DL/T 5371—2017）4.4.5、4.4.7 设计图纸要求
62	管理违章、行为违章	平衡挂线时，在同一相邻耐张段的同相导线上进行其他作业	《国家电网有限公司电力建设安全工作规程（第2部分：线路）》12.8.1
63	管理违章、行为违章	未经批准，擅自将自动灭火装置、火灾自动报警装置退出运行	《消防法》第六十条
64	行为违章	票面（包括作业票、工作票及分票、动火票等）缺少工作负责人、工作班成员签字等关键内容	《国家电网有限公司电力建设安全工作规程（第2部分：线路）》5.3.3.2 《国家电网公司电力安全工作规程（水电厂动力部分）》5.4.2、5.5.1 《国家电网有限公司水电工程施工安全风险识别、评估及预控措施管理办法》第十六条
65	行为违章	重要工序、关键环节作业未按施工方案或规定程序开展作业；作业人员未经批准擅自改变已设置的安全措施	《国家电网有限公司电力建设安全工作规程（第2部分：线路）》6.1.3 《电力建设工程施工安全管理导则》（NB/T 10096—2018）12.4.10
66	行为违章	货运索道超载使用	《国家电网有限公司电力建设安全工作规程（第2部分：线路）》9.5.14 《水电水利工程施工通用安全技术规程》（DL/T 5370—2017）8.4.1
67	行为违章	作业人员擅自穿、跨越安全围栏、安全警戒线	《国家电网有限公司电力安全工作规程（变电部分）》7.5.8 《国家电网公司电力安全工作规程（水电厂动力部分）》6.6.5

续表

编号	违章种类	严重违章	依据条款
68	行为违章	起吊或牵引过程中，受力钢丝绳周围、上下方、内角侧和起吊物下面，有人逗留或通过	《国家电网有限公司电力建设安全工作规程（第2部分：线路）》8.1.1.6 《国家电网公司电力安全工作规程（水电厂动力部分）》14.2.1s、14.2.6 g 《水电水利工程施工通用安全技术规程》（DL/T 5370—2017）8.1.16
69	行为违章	使用金具 U 型环代替卸扣；使用普通材料的螺栓取代卸扣销轴	《国家电网有限公司电力建设安全工作规程（第1部分：变电）》8.3.6.5 《国家电网有限公司电力建设安全工作规程（第2部分：线路）》8.3.6.5 《国家电网公司电力安全工作规程（水电厂动力部分）》14.3.2 《水电水利工程施工通用安全技术规程》（DL/T 5370—2017）8.2.6
70	行为违章	放线区段有跨越、平行输电线路时，导（地）线或牵引绳未采取接地措施	《国家电网有限公司电力建设安全工作规程（第2部分：线路）》12.10.3 和 12.10.4
71	行为违章	耐张塔挂线前，未使用导体将耐张绝缘子串短接	《国家电网有限公司电力建设安全工作规程（第2部分：线路）》12.10.4
72	行为违章	在易燃易爆或禁火区域携带火种、使用明火、吸烟，未采取防火等安全措施在易燃物品上方进行焊接，下方无监护人	《国家电网有限公司电力建设安全工作规程（第2部分：线路）》6.1.6、7.3.1.9 和 7.3.1.12 《国家电网公司电力安全工作规程（水电厂动力部分）》5.7.10g、16.1.6 《消防法》第二十一条
73	行为违章	动火作业前，未将盛有或盛过易燃易爆等化学危险物品的容器、设备、管道等生产、储存装置与生产系统隔离，未清洗置换，未检测可燃气体（蒸汽）含量，或可燃气体（蒸汽）含量不合格即动火作业	《国家电网有限公司电力安全工作规程（变电部分）》16.6.10.4 《国家电网有限公司电力安全工作规程（水电厂动力部分）》5.7.10 d
74	行为违章	动火作业前，未清除动火现场及周围的易燃物品	《国家电网有限公司电力建设安全工作规程（第1部分变电）》16.6.10.5 《国家电网公司电力安全工作规程（水电厂动力部分）》5.7.10 i
75	行为违章	生产和施工场所未按规定配备消防器材或配备不合格的消防器材	《国家电网有限公司消防安全监督检查工作规范》5.3 《电力设备典型消防规程》14.3.1、14.3.2
76	行为违章	作业现场违规存放民用爆炸物品	《国家电网有限公司民用爆炸物品安全管理工作规范（试行）》第五十条
77	行为违章	擅自倾倒、堆放、丢弃或遗撒危险化学品	《国家电网有限公司危险化学品安全管理办法（试行）》第四十六条
78	行为违章	带负荷断、接引线	《国家电网公司电力安全工作规程（配电部分）（试行）》9.3.1 《国家电网公司电力安全工作规程（变电部分）》9.4.1 《国家电网公司电力安全工作规程（线路部分）》13.4.1
79	行为违章	电力线路设备拆除后，带电部分未处理	《国家电网有限公司电力建设安全工作规程（第1部分：变电）》6.5.4 《国家电网有限公司电力建设安全工作规程（第2部分：线路）》6.3.3

编号	违章种类	严重违章	依据条款
80	行为违章	在互感器二次回路上工作,未采取防止电流互感器二次回路开路,电压互感器二次回路短路的措施	《国家电网有限公司电力建设安全工作规程(第1部分:变电)》11.14.4.4 《国家电网公司电力安全工作规程(配电部分)(试行)》10.2.2和10.2.3 《国家电网公司电力安全工作规程(线路部分)》12.3.2 《国家电网公司电力安全工作规程(变电部分)》13.13和13.14
81	行为违章	起重作业无专人指挥	《国家电网有限公司电力建设安全工作规程(第1部分:变电)》7.3.5 《国家电网有限公司电力建设安全工作规程(第2部分:线路)》7.2.5 《国家电网有限公司电力安全工作规程(水电厂动力部分)》14.1.4、14.1.6 《水电水利工程施工通用安全技术规程》(DL/T 5370—2017)8.1.1
82	行为违章	高压业扩现场勘察未进行客户双签发;业扩报装设备未经验收,擅自接火送电	《国家电网有限公司客户安全用电服务若干规定(试行)》
83	行为违章	未按规定开展现场勘察或未留存勘察记录;工作票(作业票)签发人和工作负责人均未参加现场勘察	《国家电网公司电力安全工作规程(变电部分)》6.2 《国家电网公司电力安全工作规程(线路部分)》5.2.1 《国家电网公司电力安全工作规程(配电部分)》3.2 《国家电网有限公司电力建设安全工作规程(第1部分:变电)》5.3.2.4和5.3.2.6 《国家电网有限公司电力建设安全工作规程(第2部分:线路)》5.3.2.4和5.3.2.6 《国家电网有限公司电力安全工作规程(水电厂动力部分)》5.2 《国家电网有限公司水电工程施工安全风险识别、评估及预控措施管理办法》第十六条
84	行为违章	脚手架、跨越架未经验收合格即投入使用	《国家电网公司电力安全工作规程(变电部分)》18.1.10 《国家电网公司电力安全工作规程(线路部分)》9.4.10和10.11 《国家电网公司电力安全工作规程(配电部分)(试行)》17.3.2 《国家电网有限公司电力建设安全工作规程(第1部分:变电)》10.3.4.1 《国家电网有限公司电力建设安全工作规程(第2部分:线路)》12.1.1.11 《国家电网有限公司电力安全工作规程(水电厂动力部分)》15.3.11 《水电水利工程施工通用安全技术规程》(DL/T 5370—2017)4.1.10
85	管理违章、行为违章	对"超过一定规模的危险性较大的分部分项工程"(含大修、技改等项目),未组织编制专项施工方案(含安全技术措施),未按规定论证、审核、审批、交底及现场监督实施	《国家电网有限公司作业安全风险管控工作规定》第二十五条

编号	违章种类	严重违章	依据条款
86	行为违章	三级及以上风险作业管理人员（含监理人员）未到岗到位进行管控	《国家电网有限公司作业安全风险管控工作规定》第三十八条 《国家电网有限公司输变电工程施工安全风险识别、评估及预控措施管理办法》第十三条 《国家电网有限公司水电工程施工安全风险识别、评估及预控措施管理办法》第二十条
87	行为违章	电力监控系统作业过程中，未经授权，接入非专用调试设备，或调试计算机接入外网	《国家电网公司电力安全工作规程（电力监控部分）（试行）》5.3

附件 2

违章类别与责任人员处罚对照表

责任人员 ＼ 违章类别	Ⅰ类严重违章（五级事件）	Ⅱ类严重违章（六级事件）	Ⅲ类严重违章（七级事件）
事故单位主要领导	经济处罚		
事故单位有关分管领导		经济处罚	
基层单位二级机构负责人	通报批评	经济处罚	经济处罚
主要责任者	记过	记过	警告
同等责任者	记过	警告	通报批评
次要责任者	警告	通报批评	
经济处罚（元）	5000	3000	2000

附件3

重复发生严重违章业绩考核扣分分值

原则1：省公司级单位在其他省公司级单位发生一项严重违章后又发生同一严重违章，扣0.1分。

原则2：本省公司级单位多次发生同一项严重违章，第二次扣 0.2 分，之后逐次较上一次翻一番。

常见的情形如下：

常见情形	第一次严重违章	第二次严重违章	第三次严重违章
情形1	A省，不扣	A省，扣0.2	A省，扣0.4
情形2	A省，不扣	B省，扣0.1	C省，扣0.1
情形3	A省，不扣	B省，扣0.1	A省，扣0.2
情形4	A省，不扣	B省，扣0.1	B省，扣0.2

附件4

严重违章整改报告（模板）

一、整改组织情况

二、问题成因分析

三、整改及惩处措施

（一）整改措施

1. 制度层面

2. 机制层面

3. 执行层面

（二）惩处措施

1. 对系统内单位及人员的惩处

2. 对系统外单位及人员的惩处

四、意见和建议

10 国网安监部关于追加严重违章条款的通知

安监二〔2022〕16 号

国网人资部、国网设备部，国网营销部，国网数字化部、国网基建部，国网产业部，国网物资部，国网法律部，国网工会，国调中心，国网特高压部，国网水新部，公司各单位：

为进一步强化反违章工作，国网安监部针对近期安全事件和违章查纠暴露出的安全管理薄弱环节，追加了 12 条严重违章条款（见附件），自本通知印发之日起施行。有关措施和要求按《国家电网有限公司关于进一步加大安全生产违章惩处力度的通知》（国家电网安监〔2022〕106 号）执行。

附件：严重违章清单（2022 年 4 月追加部分）

国网安监部

2022 年 4 月 7 日

附件

严 重 违 章 清 单
（2022 年 4 月追加部分）

编号[注]	违章种类	严重违章	依据条款
Ⅱ类严重违章（追加 1 条）			
88	管理违章	两个及以上专业、单位参与的改造、扩建、检修等综合性作业，未成立由上级单位领导任组长，相关部门、单位参加的现场作业风险管控协调组；现场作业风险管控协调组未常驻现场督导和协调风险管控工作	
Ⅲ类严重违章（追加 1 条）			
89	管理违章	劳务分包单位自备施工机械设备或安全工器具	《国家电网有限公司业务外包安全监督管理办法》第四十三条
90	管理违章	施工方案由劳务分包单位编制	《国家电网有限公司输变电工程建设安全管理规定》第十三条（三） 《国家电网有限公司业务外包安全监督管理办法》第四十三条
91	管理违章	监理单位、监理项目部、监理人员不履责	《国家电网有限公司输变电工程建设安全管理规定》涉及监理工作的条文 《国象电网有限公司工程监理安全监督管理办法》（安监二〔2021〕26 号） 《国家电网有限公司监理项目部标准化管理手册（2021 年版）变电工程分册》 《国家电网有限公司监理项目部标准化管理手册（2021 年版）线路工程分册》 《国家电网有限公司 10（20）千伏及以下配电网工程监理项目部标准化管理手册》（设备配电〔2019〕20 号）
92	管理违章	监理人员未经安全准入考试并合格；监理项目部关键岗位（总监、总监代表、安全监理、专业监理等）人员不具备相应资格；总监理工程师兼任工程数量超出规定允许数量	《安全生产法》第二十八条 《国家电网有限公司监理项目部标准化管理手册（线路工程分册）》1.1.3 《国家电网有限公司监理项目部标准化管理手册（变电工程分册）》1.1.3
93	管理违章	安全风险管控平台上的作业开工状态与实际不符；作业现场未布设与安全风险管控平台作业计划绑定的视频监控设备，或视频监控设备未开机、未拍摄现场作业内容	《国家电网有限公司安全管控中心工作规范》（试行）第十四条
94	管理违章	应拉断路器（开关）、应拉隔离开关（刀闸）、应拉熔断器、应合接地刀闸、作业现场装设的工作接地线未在工作票上准确登录；工作接地线未按票面要求准确登录安装位置、编号、挂拆时间等信息	《国家电网公司电力安全工作规程 变电部分》6.3.1、6.3.2、6.3.7.1、6.3.7.2、7.4.4 《国家电网公司电力安全工作规程 线路部分》5.3.1、5.3.2、5.3.7.1、5.3.7.2、6.4.1 《国家电网有限公司电力建设安全工作规程 第 1 部分：变电》12.1.1.1、12.1.3.3、12.2.1.2

续表

编号[注]	违章种类	严重违章	依据条款
94	管理违章	应拉断路器（开关）、应拉隔离开关（刀闸）、应拉熔断器、应合接地刀闸、作业现场装设的工作接地线未在工作票上准确登录；工作接地线未按票面要求准确登录安装位置、编号、挂拆时间等信息	《国家电网有限公司电力建设安全工作规程　第2部分：线路》13.1.1、13.1.4、13.3.4《国家电网公司电力安全工作规程（配电部分）》（试行）3.3.1.1、3.3.2、3.3.8.2、3.3.8.4、4.4.12
95	行为违章	高压带电作业未穿戴绝缘手套等绝缘防护用具；高压带电断、接引线或带电断、接空载线路时未戴护目镜	《国家电网公司电力安全工作规程（配电部分）》（试行）9.2.6、9.3.6
96	行为违章	汽车式起重机作业前未支好全部支腿；支腿未按规程要求加垫木	《国家电网有限公司电力建设安全工作规程（第1部分：变电）》8.1.2.1、8.1.2.2《国家电网有限公司电力建设安全工作规程（第2部分：线路）》8.1.2.1、8.1.2.2《国家电网有限公司电力建设安全工作规程（第1部分：变电）》17.2.3.3、17.2.3.7《国家电网公司电力安全工作规程（配电部分）》16.2.6
97	管理违章	链条葫芦、手扳葫芦、吊钩式滑车等装置的吊钩和起重作业使用的吊钩无防止脱钩的保险装置	《国家电网公司电力安全工作规程　变电部分》17.3.7.2、附录M《国家电网公司电力安全工作规程　线路部分》9.3.7、14.2.14.2《国家电网有限公司电力建设安全工作规程（第1部分：变电）》7.3.15、8.3.5.3、8.3.7.1《国家电网有限公司电力建设安全工作规程（第2部分：线路）》7.2.15、8.3.5.3、8.3.7.1《国家电网公司电力安全工作规程（配电部分）》14.2.10.2《起重机械检查与维护规程　第2部分：流动式起重机》（GB/T 31052.2）5.2.2、附录A
98	管理违章	绞磨、卷扬机放置不稳；锚固不可靠；受力前方有人；拉磨尾绳人员位于锚桩前面或站在绳圈内	《国家电网公司电力安全工作规程　线路部分》14.2.1.1、14.2.1.4《国家电网有限公司电力建设安全工作规程（第2部分：线路）》8.2.13.1、8.2.13.2
99	行为违章	导线高空锚线未设置二道保护措施	《国家电网有限公司电力建设安全工作规程　第2部分：线路》12.8.5、12.9.3

注　接续《国家电网有限公司关于进一步加大安全生产违章惩处力度的通知》（国家电网安监〔2022〕106号）附件1"严重违章清单"的编号。

11 国家电网有限公司安全生产反违章工作管理办法

国家电网有限公司关于印发《国家电网有限公司作业风险管控工作规定》等 10 项通用制度的通知

国家电网企管〔2023〕55 号

总部各部门，各机构，公司各单位：

公司组织制定、修订了《国家电网有限公司作业风险管控工作规定》《国家电网有限公司工程监理安全监督管理办法》《国家电网有限公司预警工作规则》《国家电网有限公司电力突发事件应急响应工作规则》《国家电网有限公司安全生产风险管控管理办法》《国家电网有限公司安全生产反违章工作管理办法》《国家电网有限公司业务外包安全监督管理办法》《国家电网有限公司电力安全工器具管理规定》《国家电网有限公司电力建设起重机械安全监督管理办法》《国家电网有限公司安全隐患排查治理管理办法》10 项通用制度，经 2022 年公司规章制度管理委员会第四次会议审议通过，现予以印发，请认真贯彻落实。

国家电网有限公司
2023 年 2 月 10 日

第一章 总 则

第一条 为贯彻"安全第一、预防为主、综合治理"的方针，健全安全生产反违章（以下简称反违章）工作机制，加强违章治理防止违章导致事故发生，依据《中华人民共和国安全生产法》《国家电网有限公司安全工作规定》等法律法规及规章制度，制定本办法。

第二条 国家电网有限公司（以下简称公司）反违章工作是指公司在预防、查纠、惩处、整治违章等过程中，在制度建设、培训教育、专业管理、监督检查、评价考核等方面开展的相关工作。

第三条 公司反违章工作坚持"人民至上、生命至上"，树牢"违章就是隐患、违章就是事故"理念，坚持"落实责任、健全机制、查防结合、以防为主"的基本原则，发挥安全保证体系和安全监督体系的协同作用，持续深入地开展反违章工作。

第四条 本办法所称安全督查中心是指各级单位组织专业人员，依托安全风险管控监督平台（以下简称平台，含移动作业 App）、监控屏和现场视频设备，对各类作业现场进行远程安全监督，深化违章查纠的场所。

第五条 本办法适用于公司总（分）部、各省（自治区、直辖市）电力公司、生产性直属单位（以下简称各单位）。

第二章 职 责 分 工

第六条 各级安全生产委员会是本单位反违章工作领导机构，负责制定反违章工作目标、重点措施、奖惩办法和考核规则，组织实施反违章工作，并为反违章工作提供人员、资金和装备保障。

第七条 各级安全生产委员会办公室负责反违章工作的归口管理，负责组织开展反违章有关安全巡查、监督检查等工作，并对反违章工作进行监督、评价、考核。

第八条 各级发展、设备（运检）、建设、营销、调控、信息、物资、产业和后勤等安委会成员部门，按照"管业务必须管安全"原则，负责本专业管理范围内的反违章工作。

第九条 各级人资、财务、党建和工会等部门，负责反违章工作的人、财、物保障、奖惩考核以及民主监督等，将反违章工作情况作为评先评优、人才选拔的重要依据，营造齐抓共管的良好工作氛围。

第十条 各单位生产车间（分场、工区）、班组（项目部、供电所）等应严格落实反违章工作要求，积极开展违章自查自纠工作。

第十一条 公司每位作业人员都应自觉遵守安全工作规程规定，积极主动参与反违章工作。

第三章 违 章 界 定

第十二条 违章是指在生产经营活动过程中，违反国家和行业安全生产法律法规、规程标准，违反公司安全生产规章制度、反事故措施、安全管理要求等，可能对人身、电网、设备和网络信息安全等构成危害并容易诱发事故（事件）的管理的不安全作为、人的不安全行为、物的不安全状态和环境的不安全因素。

第十三条 违章按照定义分为管理性违章、行为性违章和装置性违章三类。

（一）管理性违章是指各级领导、管理人员不履行岗位安全职责，不落实安全管理要求，不健全安全规章制度，不开展安全教育培训，不执行安全规章制度等的不安全作为。

（二）行为性违章是指现场作业人员在电力建设、运维检修和营销服务等生产经营活动过程中，违反保证安全的规程、规定、制度和反事故措施等的不安全行为。

（三）装置性违章是指生产设备、设施、环境和作业使用的工器具及安全防护用品不满足规程、规定、标准、反事故措施等要求，不能可靠保证安全的状态和因素。

第十四条 坚持精准防控原则，按照违章性质、情节及可能造成的后果，分为严重违章和一般违章。

（一）严重违章主要指易造成领导失察、责任悬空、风险失控以及酿成安全事故的管理、行为及装置类等违章，并按照严重程度由高至低分为：Ⅰ类严重违章、Ⅱ类严重违章和Ⅲ类严重违章。总部每年结合安全工作实际对严重违章清单实施动态调整发布。

（二）一般违章是指达不到严重违章标准且违反安全工作规程规定的其他违章情形。

第十五条 违章责任人员和单位的划分：

（一）直接责任人是指直接实施作业、管理违章行为的现场人员；或在其职责范围内不履行或者不正确履行工作要求，直接导致装置性、行为违章发生的人员。

（二）连带责任人是指在职责范围内，因安全管理的失职或履责不到位等，导致所管理的现场、人员、设备、装置等发生违章问题的管理人员。

（三）责任单位（一般为违章直接责任人、连带责任人的所在单位）是指发生行为、管理、装置性违章的单位或直接管理单位，包含设备运维管理单位、施工作业单位（专业分包单位、劳务分包单位）以及相关管理单位（监理单位、业主单位）等。

第四章 工 作 机 制

第十六条 建立违章预防机制

（一）完善安全规章制度。根据国家安全生产法律法规和公司安全生产工作要求、生产实践发展、电网技术进步、管理方式变化和反事故措施等，及时修订补充安全规程规定等规章制度，从组织管理和制度建设上预防违章。

（二）严格安全准入管理。各单位依托平台对进入所属生产经营区从事生产施工作业的单位、人员实施企业安全资信报备和人员安全准入管理，严格安全资信（资格）审查和安全评估，从源头上杜绝不合格队伍和人员进入作业现场。

（三）加强安全教育培训。分层级、分专业、分工种开展安全规章制度、安全技能知识、安全监督管理、安全警示教育等培训，提高各级人员安全作业和辨识、纠正、防止违章的能力。

（四）实施作业风险告知。规范开展安全风险公示告知工作，实现安全风险的全面公示、全员告知和全程监督，强化事前提醒防范，从源头上防止触发安全风险的违章行为发生，增强全员安全作业防止违章的自觉性。

第十七条 建立违章查纠机制

（一）加强安全监督管理。反违章工作实行上级对下级、安全生产监督体系对安全生产保证体系的监督检查机制。各级安监部门依托平台、安全督查中心及安全督查队伍，通过安全监督检查（远程、现场等）、"四不两直"安全督察、安全巡查等方式，分层分级查处各类违章行为。

（二）强化现场专业管控。各级专业管理部门严格执行作业现场到岗到位工作要求，常态化开展作业现场检查指导和违章查纠，督促作业人员落实安全责任，严格管控现场各类人员行为，落实现场各项安全管控措施。

（三）开展违章自查自纠。充分调动工区、车间（分场）、基层班组和一线员工的积极性、主动性，紧密结合生产实际，鼓励员工自主发现违章，自觉纠正违章，相互监督整改违章。

（四）建立违章曝光制度。各单位充分运用平台、网站和公示栏等内部媒体载体，开辟反违章工作专栏，对查处的违章问题及时予以曝光，形成反违章舆论监督氛围，切实督促相关单位吸取教训，举一反三、真抓实改，杜绝违章。

第十八条 建立违章治理机制

（一）严肃违章问题治理。坚持"四不放过"原则，对查出的违章，相关责任单位（部门）应做到原因分析清楚，责任落实到人，整改措施到位，教育培训到位。坚持"追本溯源"原则，在发现违章现象的同时，还应深入查找其背后的管理原因，着力做好违章问题的根治。

（二）执行违章警示约谈。对重复发生严重违章的和反违章工作开展不力的单位，上级单位应对有关单位和人员进行安全警示约谈。

（三）开展违章人员教育。对发生违章的人员，均应进行教育培训；对重复严重违章或违章导致事故发生的人员，应进行待岗教育培训，经考试、考核合格后方可重新上岗。

（四）开展违章统计分析。省、市、县公司级单位应以月、季、年为周期，定期统计违章现象，分析违章规律，从管理根源上研究制定防范措施，定期在安委会、安全生产分析会、安全监督（安全网）例会上通报有关情况。

第十九条　建立违章惩处机制

（一）实施违章记分管理。违章实行单位、个人"双记分"管理，各省公司级单位制定反违章管理实施细则，在平台内建立违章信息档案，将违章记分作为单位和个人安全资信评价、考核以及评先评优等的重要依据。

（二）严格违章约束惩处。违章采取经济处罚和违章记分并行方式，对违章责任单位及人员，除进行违章记分外，还应依据相关处罚标准、考核规定和合同协议等给予经济处罚；对违章记分达到限值的单位及人员，严格执行重新准入、停工学习、作业禁入等惩戒措施。

（三）强化反违章正向激励。总结反违章工作经验，深入开展安全生产专项活动，组织开展"无违章单位""无违章班组""无违章员工""党员身边无违章"等创建活动，并按照有关奖惩制度对无违章单位、集体、班组和员工，以及反违章工作开展成效突出的单位、部门和个人给予奖励。

第五章　违　章　查　处

第二十条　各单位应将违章的填报、审核、下发、整改、申诉等工作统一纳入平台进行管控，实现违章查处全流程线上管理。

第二十一条　各级安全管理和督查人员应依据周作业计划和安全风险分级情况，结合到岗到位、现场（远程）监督检查、"四不两直"督察等工作，协同抓好各类作业现场的违章查纠工作。

第二十二条　违章查纠。发现违章，应立即予以制止、纠正，采取中止作业、停工整顿等措施，及时督促其立查立改或整改反馈；对安全管理混乱或存在重大安全隐患的现场，安全管理人员和安全督查人员有权勒令停工整顿。

对发现的违章应填写《违章整改通知单》（详见附录2），明确违章行为、违反条款、责任单位及人员等情况，并经审核后下发（一般应通过平台或App下发）至相关责任单位，严肃督促整改；对现场不能立查立改的，需在违章整改通知单内注明具体的整改要求和反馈时限。

第二十三条　违章惩处。坚持"抓早抓小"原则，对违章责任单位及相关人员进行严格记分考核、经济处罚（公司未有规定的由各单位自行制定标准并执行）和责任追究。

（一）违章记分应根据认定的违章类型和性质，按照Ⅰ类严重违章12分/项、Ⅱ类严重违章6分/项、Ⅲ类严重违章4分/项和一般违章2分/项的标准对直接责任人进行记分，并按照记分标准（详见附录1），对责任单位和连带责任人员进行记分，并记入其安全资信档案；同一作业现场涉及多起违章，应按违章事项进行分别记分累计。

（二）班组自查自纠、作业现场工作班成员间发现并已纠正的违章行为可进行记录，但不记分。

第二十四条 违章通报。坚持"一地有违章，各级受教育"原则，对本级单位查出的各类违章问题，均应在本单位周（月）安全例会上予以曝光，并以"通报""便函"等方式在本单位范围内进行全面通报。

第二十五条 整改备案。相关责任单位收到《违章整改通知单》后，应立即组织研究、制定落实整改措施和惩处要求；对需要反馈整改情况的，应在规定时限内进行反馈（《违章整改反馈单》格式详见附录3）。整改反馈期后，违章查处单位（部门）和作业管理单位应对作业现场违章整改情况进行复查、核查，确保违章闭环整改；对违章不整改继续作业的，应予以提一级记分。

第二十六条 申诉处理。若责任单位、责任人对曝光通报的违章存在异议的，可在收到《违章整改通知单》后在规定时限内向查处部门或单位提出申诉（详见附录4），并提供相关佐证材料；申诉理由成立的应予以采纳。

第二十七条 记分应用。

（一）人员和单位的违章累积记分周期一般为12个月，均从准入（备案）之日起计算，一个记分周期内违章记分实行累积（不清零），上一记分周期内的违章记分值原则上不带入下一记分周期。

（二）对在一个记分周期内违章记分达到或超过12分的人员，应采取停工培训、重新准入、作业禁入等措施。其中，人员为外包单位的，应同时纳入"负面清单"进行管控。

（三）对在一个记分周期内违章记分达到或超过24分的单位，应采取警示约谈、停工停标、准入限制等惩处措施。其中，施工作业单位、监理单位为外包单位的，应同时纳入"负面清单"进行管控。

拒不执行相关惩处要求的，取消其安全准入资格，禁入公司系统从事生产施工作业或承揽业务。

违章记分应用惩处措施详见附录5。

第六章 实 施 保 障

第二十八条 各单位应深入推进"一平台、一终端、一中心、一队伍"建设，充分发挥数字化安全管控体系作用，细化明确工作标准、流程及要求，严格规范开展违章督查管理工作。

第二十九条 各单位应配齐各级安全监督人员，加强各级安全督查队伍建设，提升业务素质能力，配足安全督查装备（如安全检查执法记录仪、望远镜等），并保证交通工具使用，常态化开展作业现场安全督查及其反违章等工作。

第三十条 各单位应加强安全督查中心建设、运行等日常管理，充分发挥"互联网＋安全督查"作用，推进协同机制建设，为常态化开展作业现场远程视频反违章工作提供有力支撑。

第三十一条 各单位应做好现场远程视频督查装置、数字化安全管控智能终端（移动作业终端）配置，切实规范安全监督检查终端保管、调拨、使用、维护、网络安全等日常管理，优化视频接入、存储、共享模式，加强作业现场视频安全监督覆盖力度。

第三十二条 各单位应结合平台、移动App、远程视频督查装置、数字化安全管控智能终端（移动作业终端）应用，丰富作业现场边缘计算装置、智能穿戴等新型智能安全管控装备配置使用，积极推广应用违章智能识别技术，有效查纠现场各类违章，切实规范人员安全作业行为。

第七章 工 作 评 价

第三十三条 各单位应将反违章工作作为安全工作绩效考核的一项重要内容，加强反违章工作监督管理和考核评价，健全完善反违章工作考核激励约束机制。

第三十四条 对反违章工作成效显著或及时发现纠正制止违章现象、避免安全事故发生的单位、管理部门、班组和员工，应按照有关奖惩制度、合同协议等给予表扬和奖励。对反违章工作组织不力、重复发生违章的单位、管理部门、班组和员工，应按照有关奖惩制度、合同协议等给予批评和处罚。

第三十五条 因违章导致安全事故（事件）发生的，按照国家有关法律法规和公司事故（事件）调查处理有关规定执行。公司将依据安全工作奖惩有关规章制度，严肃追究相关责任单位和人员责任。

第八章 附   则

第三十六条 本办法由国网安监部负责解释并监督执行。

第三十七条 本办法自 2023 年 3 月 3 日起施行。原《国家电网公司安全生产反违章工作管理办法》［国家电网企管〔2014〕70 号之国网（安监/3）156—2014］同时废止。

附录：1. 违章记分标准
　　　2. 违章整改通知单（样例）
　　　3. 违章整改反馈单（样例）
　　　4. 违章申诉单（样例）
　　　5. 违章记分应用及惩处措施

附录1

违 章 记 分 标 准

违章记分应根据认定的违章类型、性质以及分析出的问题，按照记分标准，对相关责任单位和人员进行记分和考核。

（一）直接责任人：按照一次Ⅰ类严重违章12分/项、Ⅱ类严重违章6分/项、Ⅲ类严重违章4分/项和一般违章2分/项的标准对其进行记分。

（二）连带责任人：依据违章分析结果，按照是否存在连带责任，对相关连带责任人员按照一次Ⅰ类严重违章4分/项、Ⅱ类严重违章2分/项、Ⅲ类严重违章1分/项和一般违章0.5分/项的标准对其进行记分。

（三）违章责任单位：依据违章分析结果，对违章责任单位（一般为违章直接责任人、连带责任人的所在单位）按照一次Ⅰ类严重违章4分/项、Ⅱ类严重违章2分/项、Ⅲ类严重违章1分/项和一般违章0.5分/项的标准对相关单位进行记分；同一项违章涉及同一单位多个责任人的，对该违章责任单位不重复扣分（只按违章项累计）。

坚持"具体问题具体分析"原则，在违章原因分析清楚基础上，方可对违章连带责任进行判定，连带责任人通常是指对违章行为发生、存续负有管理不作为或失职的责任主体。违章记分标准表详见附表。

附表   违章记分标准表

序号	类别	责任类别	考核对象	Ⅰ类严重违章	Ⅱ类严重违章	Ⅲ类严重违章	一般违章
1	违章人员	直接责任人	现场作业人员、作业指挥或管理人员（管理类）（含工作负责人、监护人等）以及设备、装置、机具等使用或直接管理人员	12	6	4	2
2	违章人员	连带责任人	负有连带责任的工作负责人或专责监护人	4	2	1	0.5
3	违章人员	连带责任人	负有连带责任的作业单位（或项目部）作业实施组织管理人员或班组长	4	2	1	0.5
4	违章人员	连带责任人	负有连带责任的监理单位（如有）现场旁站监理人员、安全监理工程师等	4	2	1	0.5
5	违章人员	连带责任人	负有连带责任的项目管理单位（或项目部）管理人员、设备运维单位人员	4	2	1	0.5
6	违章单位	违章责任单位	一般为发生行为、管理、装置性违章的直接责任人所在单位	4	2	1	0.5
7	违章单位	违章责任单位	一般为连带责任人所在的设计单位、监理单位、项目管理单位及设备运维单位	4	2	1	0.5

说明：1. 直接责任人一般是指直接观察到的发生违章动作、行为发生主体；连带责任人一般经事后分析方可确定，主要指对违章行为发生、存续负有管理不作为或失职责任的人员；责任单位则是对应直接责任和连带责任人而言，一般为其所在单位。

  2. 对违章责任划分应坚持"具体问题具体分析"原则，并非所有违章一定要追究连带责任，如：（1）专责监护人监护范围内或对象出现其"应发现而未发现、应制止而未制止"违章则应连带，超出其监护范围外的违章则不应对其进行连带。（2）考虑到实际作业现场存在点多、线长、面广的问题，一般而言作业人员短时或瞬时发生的行为类违章，若确系超出工作负责人当时所处位置（工作区域内）视野管控范围的，则不应对工作负责人进行连带。

附录2

违章整改通知单（样例）

编号：××公司××年第××号

××公司　　　　　　　　　　　　　　　　　　　　　　　　年　　月　　日

检查项目		
检查时间	年　月　日	
检查地点		
主送单位		
序号	发现问题	违反条款
1		
	（附图）	
2		
	（附图）	
整改要求	例：对××无法立即整改的问题，应采取××管控手段；整改完成后××日内将整改完成情况报××备案。若存在异议，请于××日内，以书面形式向××陈述理由，提供证明材料	
惩处要求或意见	如：按照××标准，对××单位按照××进行记分处理，扣××分；	
检查人员		
编　制		审　核	
签　发		

附录 3

违章整改反馈单（样例）

编号：×××公司××年第××号

××公司   年 月 日

受检项目					
受检时间	年 月 日				
受检地点					
主送单位					
序号	被查问题	整改措施	责任单位（部门）	责任人	整改情况
1		1. …… 2. ……			
2		1. …… 2. ……	单位 1		
		3. …… 4. ……	单位 2		
		5. ……	单位 3		
编 制		审 核		签 发	
联系人		电 话		传 真	

附录4

违章申诉单（样例）

项目名称		违章通知单编号	
省公司级单位		被督察单位	
序号	问题描述	申诉理由及依据条款	佐证材料
1			
2			
3			
专业管理部门意见	专业管理部门负责人签名： （盖章） 年 月 日		
安监部门意见	安监部门负责人签名： （盖章） 年 月 日		
专业分管领导意见	专业分管领导签名： 年 月 日		
申诉结果	总部安全督查组负责人签名： 年 月 日		

联系人：（单位 姓名 联系方式 手机号）

附录5

违章记分应用及惩处措施

序号	记分主体	违章记分应用范围	一个记分周期内违章记分达上限人员或单位	惩处方式	惩处措施
1	作业人员	公司员工	违章记分达到12分后	停工培训+重新准入	1. 停工（岗）进行安全培训学习至少一周； 2. 重新参加安规考试；考试合格的方可返岗；考试不合格的，继续参加学习和考试
2		外包单位人员		负面清单+停工培训+重新准入	1. 纳入该市公司级单位"负面清单"； 2. 停工进行安全培训学习至少一周； 3. 重新参加安全准入考试；考试合格的方可重新进入现场作业；考试不合格的，继续参加学习和考试
3		公司员工	违章记分达到24分后	作业禁入	取消其年度安全准入资格，年内待岗（从准入之日起算），并接受本岗位作业安全技能或管理培训
4		外包单位人员		负面清单+作业禁入	1. 纳入该省公司级单位"负面清单"； 2. 取消其年度安全准入（准入周期内）资格，年内（从准入之日起算）禁入公司系统作业
5	外包单位	地市公司级单位范围	在同一地市公司级单位范围，违章记分达到24分后	负面清单+警示约谈+停工整顿	1. 列入该市公司级单位"负面清单"； 2. 由地市公司级单位约谈其主要负责人； 3. 在该地市公司级单位范围内的所有作业现场应全部停工，并至少进行为期一周的安全整顿；安全整顿和准入考试全部合格后方可准许复工
6			在同一地市公司级单位范围，违章记分达到48分后	负面清单+停工整顿+限制招标+重新准入+准入限制	1. 列入省公司级单位"负面清单"； 2. 在该地市公司级单位范围内所有承揽的在建项目或作业现场应全部停工，更换项目负责人，并至少进行为期一周的安全整顿； 3. 该单位作业人员、工作负责人及以上管理人员全部重新参加安全准入考试； 4. 取消其年内准入资格，一年内（从处罚之日开始）禁入该地市公司级单位承揽项目；其项目负责人一年内不得担任该地市公司级单位外包施工作业项目负责人或安全生产管理人员
7		省公司级单位范围	被两家及以上地市公司级单位记入"负面清单"	负面清单+警示约谈+停工整顿+重新准入	1. 列入该省公司级单位"负面清单"； 2. 由省电力公司级单位组织或委托相关单位约谈其主要负责人； 3. 其在该省公司级单位范围内所有承揽的在建项目或作业现场全部停工，并至少进行为期一周的安全整顿； 4. 该单位作业人员、工作负责人及以上管理人员重新参加安全准入考试。停工整顿和准入考试全部合格后方可准许复工
8			连续两次被记入本省公司级单位"负面清单"	停工整顿+重新准入+限制招标+准入限制	1. 在该省公司级单位范围内全部承揽的在建项目或作业现场全部停工，更换对应地市公司项目负责人（必要时更换施工队伍），并至少进行为期两周的安全整顿； 2. 该单位作业人员、工作负责人及以上管理人员重新参加安全准入考试。

续表

序号	记分主体	违章记分应用范围	一个记分周期内违章记分达上限人员或单位	惩处方式	惩处措施
8	外包单位	省公司级单位范围	连续两次被记入本省公司级单位"负面清单"	停工整顿＋重新准入＋限制招标＋准入限制	3. 取消其年内招投标（含非招标）资格，一年内（从处罚之日开始）禁入该省公司级单位承揽项目； 4. 其项目负责人一年内同时不得担任该单位外包施工作业项目负责人或安全生产管理人员。停工整顿和准入考试全部合格后方可准许复工
9		公司系统范围	六个月内同一外包单位连续被两家及以上省公司级单位纳入"负面清单"的	公司IV级黑名单管理	1. 承包单位一年内禁入公司系统承揽外包项目； 2. 其项目负责人一年内不得担任系统外包项目负责人或安全生产管理人员
10	内部单位	公司系统范围地市（县）公司级单位	违章记分（只统计本级不含下级单位）达到24分后	警示约谈	上级单位应约谈其单位负责人
11			违章记分（只统计本级不含下级单位）达到48分后	安全整顿＋重新准入＋绩效考核	1. 对其进行不少于一周的安全整顿； 2. 全部管理人员、作业人员重新参加安全安规（准入）考试； 3. 同步扣减其年度安全绩效（按照所在省级公司安全工作奖惩相关规定进行相应安全惩处）

说明：1. 考虑到市（县）公司级所辖下属单位（机构）多寡不一，故在内部单位违章记分的统计和考核运用方面，实行"分层分级（三级，省、市、县）"管理模式，其中县（工区）公司级单位为违章记分的最小单元，省、市公司级单位违章记分统计均不包含下级单位违章记分［如：A省B市供电公司下辖B1检修中心、B2县供电公司（B21班组和B22班组），则B市供电公司违章记分仅为其市供电公司本级人员连带到单位的（包含本级人员直接违章或出现连带责任人导致的记分）记分，不累计B1检修中心、B2县供电公司违章记分；B2县供电公司违章记分则包含其所有班组人员（B21班组和B22班组）及其管辖外作业项目所连带出的违章记分累计。对B1检修中心、B2县供电公司违章记分考核惩处由B市供电公司负责，A省公司仅负责对B市供电公司进行考核惩处］。

2. 总部对各省公司违章工作及违章考核评价另行要求。

3. 按照公司《业务外包安全监督管理办法》［国网（安监/4）853—2022］对业务外包定义："业务外包是指公司各级单位作为甲方（以下统称发包单位）与乙方（公司系统外单位、产业单位，以下称承包单位）签订合同，将建设（技改）工程施工、生产作业业务（以下统称外包项目）（详见附录1）发包给承包单位的活动"，本规定所称外包单位即指与各单位（含送变电公司）签订施工作业合同的乙方单位（包含公司系统外单位、产业单位）。

12 国家电网有限公司电力突发事件应急响应工作规则

国家电网有限公司关于印发《国家电网有限公司作业风险管控工作规定》等 10 项通用制度的通知

国家电网企管〔2023〕55 号

总部各部门，各机构，公司各单位：

公司组织制定、修订了《国家电网有限公司作业风险管控工作规定》《国家电网有限公司工程监理安全监督管理办法》《国家电网有限公司预警工作规则》《国家电网有限公司电力突发事件应急响应工作规则》《国家电网有限公司安全生产风险管控管理办法》《国家电网有限公司安全生产反违章工作管理办法》《国家电网有限公司业务外包安全监督管理办法》《国家电网有限公司电力安全工器具管理规定》《国家电网有限公司电力建设起重机械安全监督管理办法》《国家电网有限公司安全隐患排查治理管理办法》10 项通用制度，经 2022 年公司规章制度管理委员会第四次会议审议通过，现予以印发，请认真贯彻落实。

国家电网有限公司
2023 年 2 月 10 日

第一章 总 则

第一条 为进一步规范国家电网有限公司（以下简称公司）电力突发事件应急响应工作，加强横向协同，纵向联动，提升应急处置的组织力、执行力和战斗力，制定本规则。

第二条 本规则依据《中华人民共和国突发事件应对法》《生产安全事故应急条例》《国家电网有限公司安全生产委员会工作规则》《国家电网有限公司应急工作管理规定》《国家电网有限公司突发事件总体应急预案》等制定。

第三条 本规则主要针对公司发生的重大及以上自然灾害、事故灾难两类电力突发事件，强化了应急指挥体系，明确了职责分工（见附件1），细化了公司总（分）部、省级公司应急响应启动、行动、调整与结束等环节的工作内容和要求（响应流程见附件2）。

第四条 电力突发事件应急响应工作按照"谁主管、谁负责"的原则，落实属地为主、分级负责、专业主导、协同应对的要求，做到快速反应、有序高效，最大程度降低事件损失和影响。

第五条 本规则适用于公司总（分）部、省公司和有关直属单位。

第二章　启　动　条　件

第六条　公司总部应急响应启动条件

发生如下电力突发事件可能造成重特大损失或影响时，公司总部启动应急响应，应急指挥中心与事发单位（指事发地所在省公司或分部、直属单位）、事发现场连通，开展应急会商、指挥协调、资源调配等应急处置工作：

1．大面积停电事件。

2．特高压变电站（换流站）主变（换流变）、高抗火灾；特高压密集输电通道因山火、强风、冰灾等灾害影响安全运行。

3．大中型水电厂和坝高超过 30 米的水电站大坝垮塌。

4．重点城市 220 千伏及以上地下变电站、室内变电站严重火灾；重点城市 220 千伏及以上电缆隧道、过江电缆隧道严重火灾。

5．基建现场、建筑物（含调度大楼、办公大楼、营业厅、物资仓库、水电站、发电厂、信息机房等）重大火灾。

6．两个及以上省级行政区冰灾、台风；严重自然灾害影响电网安全或用户停电，造成重大社会影响的；台风登陆或影响公司经营区域；人口较密集地区 6.0 级及以上地震等严重自然灾害影响电网安全的。

7．重点城市中心区重要用户、核心商业圈、大型社区、高铁、机场等重要用户发生重大社会影响停电。

8．生产控制大区、管理信息大区或互联网大区遭网络攻击造成的等保四级系统或重要一类信息系统功能遭破坏、数据遭窃取、资产遭损害。

9．其他重特大电力突发事件，按照公司相关专项应急预案，视情启动应急指挥中心，参照本规则开展应急处置。

第七条　省级公司应急响应启动条件

发生本规则第六条所述各项电力突发事件，以及如下可能造成较大损失或影响的电力突发事件时，事发单位启动应急响应，调配资源、指挥协调事发地市级、县级公司开展应急处置工作，同时向公司总部应急办报送事件信息（模板见附件3）。

1．省（区、市）内发生特级、一级用户停电以及下列可能造成较大社会影响的停电事件：

①省级、重点城市级党政军机关办公区停电。

②广播电视设施、重要军事设施停电等重要机构停电。

③机场、重要港口、二级以铁路（高铁）牵引站及车站等重要交通设施停电。

④重点城市核心商业圈或人员密集区域的重要标志性建筑和广场、大型居民社区、重要供水、供气、供暖（冬季）企业、地铁、大型综合医院等重要场所和公共基础设施停电。

2．省（区、市）内发生或可能发生有社会影响的停电事件。

①发生减供负荷、停电用户比例达到《电力安全事故应急处置和调查处理条例》中规定的大面积停电事件一般事故标准60%以上。

②县级及以上政府所在地城区供电全停；2 个以上乡镇所在地供电全停。

③大型发电企业发生严重异常、能源供应紧缺、影响电网安全稳定运行，可能造成大范

围限电或停电。

3．省（区、市）内发生自然灾害、事故灾难，对公司电网运行、设备设施及人身造成较大影响的：

①220千伏及以上变电站主设备发生火灾；重点城市110千伏及以上地下变电站、室内变电站、电缆隧道火灾。

②基建现场、建筑物（含调度大楼、办公大楼、营业厅、物资仓库、水电站、发电厂、信息机房等）火灾。

③发生较大及以上地震、台风、冰灾、洪涝等灾害灾难。

④省（区、市）内发生森林草原火情、城市发生道路坍塌等影响输变配电设备设施安全运行，造成线路停运、台区和用户停电。

4．省（区、市）内发生公共卫生、社会安全事件，对公司人身安全、设备设施、信息网络、电网运行造成影响的：

①突发群体性事件影响公司电网设备、员工人身安全。

②突发暴恐事件影响公司员工人身安全、电网设备、电网运行。

③突发疫情、食物中毒等影响公司员工人身安全和正常生产秩序。

5．省（区、市）内发生影响较大的危化品火灾、地下矿井事故、山体滑坡、建筑物坍塌、重大交通事故，政府启动应急救援，需要所属供电企业提供电力支援的。

6．突发网络攻击，造成生产控制大区、管理信息大区或互联网大区遭网络攻击造成的等保三级及以上系统或一类信息系统省侧功能遭破坏、数据遭窃取、资产遭损害。

7．省级公司相关专项预案规定的其他电力突发事件。

第三章　指　挥　体　系

第八条　发生本规则第六条所述电力突发事件时，公司总部及省级公司分别成立应急指挥部，设总指挥、副总指挥、指挥长、副指挥长及若干工作组；事发现场成立现场指挥部。

（一）公司总部

1．总指挥：公司分管副总经理

职责：负责电力突发事件总体指挥决策工作。

2．副总指挥：协管相关业务的总经理助理、总师、副总师

职责：协助总指挥负责对电力突发事件应对进行指挥协调；主持应急会商会，必要时作为现场工作组组长带队赴事发现场指导处置工作。

3．指挥部成员由相关部门和单位负责人担任，其中指挥长1名、副指挥长若干，具体如下：

（1）指挥长：牵头部门（事件专项应急办所在部门，以下同）主要负责人

职责：负责电力突发事件应急处置的统筹组织管理，执行落实总指挥的工作部署，领导指挥总部各工作组，指导协调事发单位开展应急处置工作。

1．组织总部做好应急值班、信息收集汇总及报送等工作；协调相关部门开展资源调配、应急支援等工作。

2．组织事发单位制定应对方案，落实队伍、装备、物资，做好现场处置，控制事态

发展。

3．在视频会商中担任牵头人，向事发单位总指挥询问处置情况，传达领导指示，部署处置工作，协调解决问题。向公司主要领导和总指挥汇报事件信息和处置进展情况。

4．持续保持与事发单位、事发现场的沟通，跟踪事件信息。

（2）副指挥长：牵头部门负责人

职责：协助指挥长组织做好事件应急处置工作，并在指挥长不在时代行其职责。

（3）工作组：由指挥部其他成员组成

根据应急处置需要，设抢险处置、电网调控、安全保障、供电服务、舆情处置、支撑保障等工作组，组长由相关部门和单位负责人担任，成员由相关部门处长担任，在指挥长、副指挥长组织下，协同做好具体应急处置工作。公司视情况成立专家组。

总指挥、副总指挥、指挥长、副指挥长因出差等原因不能参加的，由临时代理其工作的同志参加。

（二）省级公司

总指挥：省级公司董事长或总经理

副总指挥：省级公司分管副总经理（常务）、相关总师

指挥部成员由相关部门负责人担任，其中指挥长1名、副指挥长若干，具体如下：

指挥长：省级公司牵头部门主任

副指挥长：省级公司安监、设备、营销、数字化、宣传部、调控中心等相关部门主任

工作组：指挥部设若干相应工作组，具体组织应急处置工作。

（三）事发现场指挥部：由省级单位相关负责人、事发单位主要负责人、相关单位负责人及上级单位相关人员、应急专家、应急队伍负责人等人员组成，事发单位主要负责人任总指挥，分管领导任副总指挥。现场指挥部实行总指挥负责制，组织设立现场应急指挥机构，制定并实施现场应急处置方案，指挥、协调现场应急处置工作。

第九条　发生本规则第七条所述电力突发事件时，省级公司参照第八条成立应急指挥部，设总指挥、副总指挥、指挥长、副指挥长及若干工作组；事发现场成立现场指挥部。公司总部做好信息收集和组织协调，视情况成立应急指挥部。

第四章　响　应　流　程

第十条　事发单位在获知本规则第七条所述电力突发事件后第一时间启动应急响应，在30分钟内，事发单位应急办通过电话、传真、邮件、短信等形式向公司安全应急办、相关专业部门及分部即时报告信息。内容包括事发时间、地点、涉及单位、基本经过、影响范围以及先期处置情况等概要信息。即时报告后2小时内书面上报信息。

第十一条　公司安全应急办接到事发单位信息报告后，立即核实事件性质、影响范围与损失等情况，向公司分管领导报告，提出应急响应类型和级别建议，经批准后，通知指挥长（牵头部门主要负责人）、相关部门、事发单位、相关分部组织开展应急处置工作（见附件4），并组织启动应急指挥中心及相关信息支撑系统。向国家能源局、国资委、应急管理部等部门报送事件快报。

第十二条　指挥长接到响应通知后，组织副指挥长（工作组组长）、应急指挥部成员（相关部门负责人）及工作组成员（相关部门处长）到总部应急指挥中心集中，在设定的席位开

展办公和值班；指挥长报告总指挥建议主持召开首次视频会商，并提出公司主要领导或其他领导（第六条中的 1～3 类事件）需要参会的建议。首次视频会商主要内容包括：

1. 事发单位总指挥汇报事件基本情况、损失及影响、先期应对及处置、需要协调解决的问题及支援需求等。

2. 事发所在分部汇报区域电网运行及电力电量平衡等情况。

3. 事发现场视频连线汇报现场事故详细情况，先期处置情况等。

4. 指挥长汇报事件总体情况、先期工作开展情况、下一步工作措施及安排等。

5. 副指挥长按照工作职责汇报工作开展情况及下一步工作安排。

6. 公司安全应急办汇报事件安全情况、跨省应急支援、对外信息报送及下一步工作安排等。

7. 总指挥（公司领导）讲话、总结并部署下一步工作，提出相关要求。

第十三条　事发单位应急办汇总事件相关信息报公司安全应急办；公司安全应急办依据上报情况及会商会有关情况形成事件报告，经总指挥审核同意后，向办公室（总值班室）、宣传部及国家能源局、国资委、应急管理部等相关部门报告。报告内容包括：事件时间、地点、基本经过、影响范围、已造成后果、初步原因、事件发展趋势和采取的措施等（见附件 5.1）。

第十四条　公司视情况成立现场工作组，由副总指挥（相关助理总师）带队，组织相关工作组及分部负责人赶赴现场，协调指导事发单位开展应急处置工作。

第十五条　公司总部由指挥长负责组织相关工作组在应急指挥中心开展 24 小时联合应急值班，做好事件信息收集、汇总、报送等工作。办公室（总值班室）、宣传部以及国调中心在本部门开展专业值班，并及时向应急指挥中心提供相关信息。事发单位、相关分部在本单位应急指挥中心开展应急值班，及时收集、汇总事件信息并报送公司总部。

第十六条　事发单位、总部相关部门向总（分）部应急指挥中心动态报送最新进展信息，牵头部门汇总、审核后形成日报或专报（见附件 5.2），报公司领导、总值班室、安全应急办。公司安全应急办根据相关要求向国家能源局、国资委、应急管理部等进行续报。公司宣传部做好对外信息披露工作。

第五章　响　应　要　求

第十七条　应急指挥中心启动要求

1. 事发单位要在 30 分钟内实现与公司总部应急指挥中心互联互通，并提供相关电网主接线图、地理接线图、潮流图，受损设备设施基础台账、事件简要情况、现场音视频等资料。

2. 相关分部要在 30 分钟内实现与公司总部应急指挥中心互联互通，并提供相关电网主接线图、地理接线图、潮流图、事故简要情况等资料。

3. 事发现场要第一时间成立现场指挥部，利用 4G/5G 移动视频、应急通信车、各类卫星设备等手段实现与事发单位、公司总部应急指挥中心的音视频互联互通，具备应急会商条件。

4. 国网信通公司要组织南瑞信通、智研院数字化所等技术支撑单位在 30 分钟内启动总部应急指挥中心，与事发单位建立视频连接，具备条件时第一时间与事发现场建立音视频互联互通，做好视频会议保障、相关视频信息保存以及应急指挥信息系统保障等技术支持。

第十八条 人员到岗到位要求

1．通知副指挥长、指挥部成员及工作组成员到应急指挥中心参与处置工作。

2．通知事发单位、相关分部人员在本单位应急指挥中心到岗到位。

3．相关人员应在收到通知后，工作时间 30 分钟内、非工作时间 60 分钟内到达应急指挥中心；出差、休假等不能参加的，由临时代理其工作的人员参加。

第十九条 事发单位、相关分部及公司有关部门工作要求：

1．事发单位、相关分部：持续更新事件处置过程中所需相关省、地市电网主接线图、地理接线图、潮流图，设备设施受损情况（设备型号、参数、制造厂家、检修试验情况与历史档案、设备结构图、线路走向、GIS 图、变电站一次系统图等）、网络和信息系统遭受攻击损害情况、事件进展、现场音视频、现场统一视频监控终端等资料；在事发现场部署布控球、移动终端等视频采集与通信终端，实现与总部应急指挥中心音视频互联互通。

2．总部工作组成员部门按照专业职责开展应急处置工作，向总部应急指挥部提供有关纸质（电子）版资料，其中，安监、设备、营销部、国调中心固定席位（见附件6），为总部应急指挥中心接入应急管理、设备运维、电网调度、营销服务等专业系统和信息，并做好持续更新。

（1）安监部：负责提供事件安全情况，相关单位应急基干分队及其装备资料，国家能源局、国资委、应急管理部有关信息及工作要求；

（2）设备部：负责通过 PMS 系统提供相关的设备、输配电线路基础台账、地理接线图等基础信息；通过国网灾害监测中心监测预警系统，提供灾害现场气象资料（台风、覆冰、山火等）；通过电网统一视频监控终端，接入变电站视频；提供事发现场设备设施具体资料信息；

（3）国调中心：负责通过 DTS 系统提供电网接线图、变电站一次系统图、SCADA 系统潮流图、负荷曲线图等电网运行资料；及时提供并持续更新变电设备、输配电线路等电网和设备停运、恢复信息；负责组织做好总部应急指挥中心电网统一视频监控平台等相关信息系统运行保障；

（4）营销部：负责通过营销系统（用电信息采集系统）提供重要及高危用户停电情况、有序用电、停电台区及用户数、用户恢复情况等相关资料；及时提供与政府相关部门、重要用户沟通的情况；重要及高危用户自备电源检查及准备情况、应急发电车准备情况；

（5）宣传部：负责提供舆情监测、新闻通稿等相关资料，并做好新闻发布准备；

（6）数字化部：提供管理信息大区和互联网大区网络信息系统运行情况及安全防护等相关资料；

（7）基建部、特高压部：分别负责提供在建工程相关项目资料、特高压变电站（换流站）设计图纸、主变压器（换流变）结构图等信息及基建抢修队伍信息；

（8）水新部：提供水电站大坝基本情况、电站布置图、坝体结构图等信息资料；

（9）物资部：负责提供应急抢修物资相关信息；

（10）后勤部：重大传染性疾病疫情防控期间，负责提供应急处置相关单位疫情状态、防疫资源投入情况、疫情防控措施等相关信息。

（11）办公室：负责启动档案服务应急响应，配合专业部门调阅应急相关档案；

（12）其他部门：负责提供本专业处置相关信息。

3. 公司安全应急办会同牵头部门收集汇总事件处置有关资料、数据信息，并会同牵头部门做好总部应急指挥中心与事发现场、事发单位、相关分部的互联互通，开展各类数据信息的大屏可视化展示工作；准备应急指挥部及工作组成员联系方式清单。专业部门系统接入及资料提供具体要求见附件7。

第二十条　支撑保障单位工作要求

1. 国网信通公司：负责总部应急指挥中心软硬件启动，保证相关音视频信息接入和各级应急指挥中心互联互通，具备应急会商条件。协助综合协调组，组织南瑞信通做好总部应急指挥中心大屏可视化，电网统一视频监控平台视频调取；组织智研院数字化所协助做好有关信息系统运维。

2. 中兴物业公司：负责提供应急会商会务服务，做好应急指挥中心人员出入、食宿等后勤保障。

3. 国网信通、中兴物业公司每天安排 1 名负责人组织做好保障工作，其中在首次视频会商等重要时段，主要负责人要到应急指挥中心组织做好保障工作。

4. 支撑保障单位工作要求详见《支撑保障单位工作规则》。

第二十一条　视频应急会商工作要求

1. 应急指挥中心启动后 2 个小时内，总部与事发单位、事发现场（若具备条件）、相关分部召开首次视频会商，了解掌握现场情况，指挥协调处置工作。指挥长负责组织视频会商，拟定议程、会商领导讲话要点，以及会商会汇报材料。

2. 视频会商由副总指挥主持，如其出差则由协助其工作的总经理助理、或总工程师、或副总师主持。

3. 根据事态发展和应急处置情况，指挥长要视情况组织开展后续视频会商，原则上每天 16 时开展一次视频会商，直至响应结束。

4. 视频会商时，事发现场、事发单位重点汇报事件详细情况、应急处置进展、次生衍生事件、抢修恢复、客户供电、舆情引导、社会联动，以及需要协调的问题等；事发所在分部重点汇报区域电网运行、恢复情况等；总部工作组成员部门按照职责分工重点汇报工作开展情况及下一步安排（见附件8）。

第六章　信　息　报　送

第二十二条　内部信息报告

1. 报送时限：信息初报：牵头部门接到事发单位报告后 30 分钟内，向总指挥初报信息，并通报公司安全应急办；信息续报：原则上事发当日，事发单位应急指挥部、总部相关工作组每 2 小时向公司应急指挥中心动态报送最新进展信息；第二日，7 时、11 时、15 时、19 时（每 4 小时）各报送一次；第三日至应急响应结束，7 时、19 时每 12 小时各报送一次。

2. 报送内容：事发单位电网设施设备受损、人员伤亡、次生灾害、对电网和用户的影响、事件发展趋势、已采取的应急响应措施、抢修恢复情况、网络与信息系统安全情况及下一步安排等。

第二十三条　对外信息报送

安全保障组根据要求做好对外信息报送工作。其中：

1．办公室（总值班室）负责向中办、国办报告；

2．公司安全应急办负责向国家能源局、应急管理部及国资委报告；

3．其他专业部门负责向对口的国家部委报告。

牵头部门负责对外报送信息的审核工作，确保数据源唯一、数据准确、及时，审核后由相关部门履行审批手续后报出。

第七章　响　应　结　束

第二十四条　根据事态发展变化，指挥长提出应急响应级别调整建议，经总指挥批准后，按照新的应急响应级别开展应急处置。

第二十五条　电力突发事件得到有效控制、危害消除后，指挥长提出结束应急响应建议，经总指挥批准后，宣布应急响应结束。

第二十六条　应急响应过程中，公司安全应急办监督检查相关部门和单位、事发单位、相关分部按照预案要求启动响应及提供相应资料等情况，并组织对应急值守工作情况进行抽查。

应急响应结束后，公司安全应急办应组织开展应急处置评估，分析总结电力突发事件的起因、性质、影响、经验教训和应急处置，提出防范和改进措施。相关工作组要及时收集整理、归档应急响应过程中产生的相关资料，确保齐全完整、真实准确、系统规范，为以后的应急处置工作提供参考依据。

第八章　特　殊　情　况

第二十七条　电力突发事件应急响应过程中，公司总部、事发单位所在地出现重大传染性疾病疫情时，要落实疫情防控要求（见附件9），在做好人员和场所防护的前提下，开展处置工作：

1．避免人员流动：为避免疫情输入、输出，以及旅途感染、交叉感染，除有特殊需要情况外，原则上总部、事发单位和现场等各层级工作均由本地人员开展，工作安排部署和情况汇报通过视频会商、邮件等方式远程开展，部分工作可授权基层单位实施，一般不设事发现场指挥部。

2．避免人员聚集：疫区内单位在应急指挥、会商和现场处置过程中，要根据传染性疾病防控要求，控制人员数量，保持安全距离；重要关键岗位人员视情况采取封闭保护措施，专门安排食宿、交通，避免接触外界人员。

3．落实防控措施：向事发单位所在地医疗卫生部门报备；疫区内单位相关人员要佩戴与疫情防控相适应的卫生防护用品，身体检查合格后方可开展工作，遇有与疫区或人员接触情况要隔离观察；场所要落实通风和消毒杀菌措施，严格出入管理，避免外单位人员进入，对出入车辆和物品做好消毒处理，对人员进行体温或其他疫情防控检测筛查措施。

4．做好感染应对准备：设立A/B角，分班、分批次参与工作，保证重要岗位人员备用充足；人员如出现疑似感染症状的，应就地或就近隔离，并立即联系卫生防疫部门转送医院，对其活动场所进行彻底消毒，对密切接触者进行隔离和医学观察，避免疫情扩散。

第二十八条　电力突发事件应急响应过程中，各级政府、军队或单位相关活动对事件处置造成影响时，一方面要积极汇报沟通政府主管部门，争取支持和理解，取得应急处置的有利条件；另一方面要服从政府安排，在遵照政府要求的前提下，实施应急响应各项工作。

第二十九条 电力突发事件应急响应过程中，如果国家部委或地方政府已发布预警或启动应急响应时，相关单位应同时遵照执行。

第九章 附 则

第三十条 本规则由国网安监部负责解释并监督执行。

第三十一条 本规则自 2023 年 3 月 3 日起施行。

附件1　公司总部应急响应职责分工

序号	事件名称	总指挥	指挥部成员	指挥长	副指挥长	总部应急指挥部	
						工作组组成	工作组职责
1	特高压变电站（换流站）主变（换流变）火灾 在运	会商领导：公司董事长、总经理 总指挥：分管生产副总经理 副总指挥：总经理助理、总工程师、安全总监	设备部、办公室、安监、营销、宣传、数字化、物资、后勤部、国调中心、信通公司负责人	设备部主任	设备部副主任	1. 抢险处置（综合）组，组长：设备部副主任 成员：设备、特高压、安监、物资部	负责现场抢险、抢修工作的组织、协调工作；了解、掌握突发事件的情况和处理进展，收集统计现场设备损坏、修复信息，及时向指挥部汇报
						2. 电网调控组，组长：国调中心主任 成员：国调中心、数字化部	负责电网运行方式的调整；负责向指挥部汇报电网应急处置的情况及相关调控信息的统计分析
						3. 安全保障组，组长：安监部主任 成员：安监部、办公室、后勤部	了解、掌握突发事件的情况和处置进展，统计人员伤亡和经济损失信息，及时向指挥部汇报；监督突发事件应急处置、应急抢险，生产恢复工作中安全技术措施和组织措施的落实
						4. 专家组，组长：特高压部主任 成员：特高压部、设备部、公司应急专家	分析突发事件的原因，参与制订事故抢修方案，为突发事件处置提供技术支撑
						5. 舆情处置组，组长：宣传部主任 成员：宣传、设备、营销部	及时收集突发事件的有关信息，并组织新闻报道稿件；拟定新闻发布方案和发布内容，负责新闻发布工作；接待、组织和管理媒体记者做好采访；负责突发事件处置期间的内外部宣传工作
						6. 技术支撑组，组长：信通公司主要负责人 成员：信通公司、南瑞信通、智研院数字化所	负责总部应急指挥中心信息通信等专业技术支持；负责应急指挥中心的技术支撑，应急指挥系统平台的技术支持
						7. 后勤保障组，组长：中兴物业 成员：中兴物业负责人	负责人员出入、医疗卫生、食宿、会务等后勤保障

续表

序号	事件名称	总部应急指挥部					
		总指挥	指挥部成员	指挥长	副指挥长	工作组成	工作组职责
2	特高压变电站（换流）主变（换流变）火灾 在建特高压变电站（换流）主变（换流变）火灾	会商领导：公司董事长、总经理 总指挥：分管基建副总经理 副总指挥：副总工程师、安全总监	特高压部、办公室、安监、宣传、数字化、设备、物资、后勤部、国调中心、信通公司负责人	特高压部主任	特高压部副主任	1. 抢险处置（综合）组，组长：特高压部副主任 成员：特高压、设备、安监、物资部	负责现场抢险、抢修工作的组织、协调工作；了解、掌握突发事件的情况和处理进展，收集统计现场设备损坏、修复信息，及时向指挥部汇报
						2. 安全保障组，组长：安监部主任 成员：安监部、办公室	了解、掌握突发事件的情况和处置进展，及时统计人员伤亡和经济损失信息，监督突发事件应急处置、生产恢复工作中安全技术措施和组织措施的落实
						3. 舆情处置组，组长：宣传部主任 成员：宣传、特高压部	及时收集突发事件的有关信息，整理并组织新闻报道稿件；拟定新闻发布方案和发布内容，负责新闻发布工作；接待、组织和管理媒体记者的采访；负责突发事件处置期间的内外部宣传工作
						4. 技术支撑组，组长：信通公司主要负责人 成员：信通公司、南端信通、智研院数字化所	负责总部应急指挥中心信息通信等专业技术支持；负责应急指挥系统平台的应急处置的技术支撑
						5. 后勤保障组，组长：中兴物业负责人 成员：中兴物业	负责人员出入、食宿、医疗卫生、会务等后勤保障
3	特高压密集输电通道山火、冰灾	会商领导：公司董事长、总经理 总指挥：分管生产副总经理 副总指挥：总经理助理、总工程师、安全总监	设备部、办公室、安监、营销、宣传、数字化、物资部、国调中心、信通公司负责人	设备部主任	设备部副主任	1. 抢险处置（综合）组，组长：设备部副主任 成员：设备、特高压、安监、物资部	负责现场抢险、抢修工作的组织、协调工作；了解、掌握突发事件的情况和处理进展，收集统计现场设备损坏、修复信息，及时向指挥部汇报
						2. 电网调控组，组长：国调中心、数字化部 成员：国调中心、数字化部	负责电网运行方式的调整；负责向指挥部汇报电网应急处置的情况及相关调控信息的统计分析

续表

总部应急总指挥部

序号	事件名称	总指挥	指挥部成员	指挥长	副指挥长	工作组组成	工作组职责
3	特高压密集输电通道山火、冰灾	会商领导：公司董事长、总经理　总指挥：分管生产副总经理　副指挥：总经理助理、安全总监	设备部、办公室、安监、营销、特高压、宣传、数字化、物资、后勤部、国调中心、信通公司负责人	设备部主任	设备部副主任	3. 安全保障组，组长：安监部　成员：安监部、办公室、后勤部	了解、掌握突发事件的情况和处置进展，及时向指挥部汇报；督促突发事件应急处置，应急抢险，生产恢复工作中安全技术措施的落实
						4. 供电服务组，组长：营销部　成员：营销、设备部、国调中心	负责向重要用户通报突发事件情况，及时了解突发事件对重要用户造成的损失及影响，督促在突发事件存续期间落实重要用户的优先及电量防范措施；确定在突发事件恢复方案，收集重要电负荷和电量信息，恢复信息，对重要用户恢复供电情况，及时向指挥部汇报
						5. 舆情处置组，组长：宣传部主任　成员：宣传、设备、营销部	及时收集突发事件的有关信息，并组织新闻报道稿件；拟定新闻发布方案和发布内容，负责新闻发布工作；接待、组织和管理媒体记者做好采访；负责突发事件处置期间的内外部宣传工作
						6. 技术支撑组，组长：信通公司　成员：信通公司、南瑞信通、智研院数字化研所	负责总部应急指挥中心信息通信等专业技术支持；负责应急指挥中心内各项应急指挥系统平台的技术支撑
						7. 后勤保障组，组长：中兴物业　成员：中兴物业	负责人员出入、食宿、医疗卫生、会务等后勤保障
4	大面积停电事件	会商领导：公司董事长、总经理　总指挥：分管生产副总经理　副指挥：	安监部、办公室、设备、营销、数字化、宣传、物资、后勤部、国调中心、信通公司负责人	安监部主任	安监部副主任	1. 综合协调组，组长：安监部　成员：安监部、办公室、后勤部	协调各工作组开展应急处置工作；负责各工作组传达事故处置进展情况；根据事故情况及时调拨应急发电车支援运送应急物资；负责电力突发事件处置过程中信息收集、汇总、上报、续报工作；按照有关规定完成相关事故调查等

续表

序号	事件名称	总指挥	指挥部成员	指挥长	副指挥长	总部应急指挥部	
						工作组组成	工作职责
4	大面积停电事件	总经理助理、总工程师、安全总监	安监部、设备、营销、数字化、宣传、物资、后勤部、国调中心、信通公司负责人	安监部主任	安监部副主任	2. 电网调控组，组长：国调中心主任 成员：设备、数字化部	负责电网运行方式的调整；负责向指挥部汇报电网应急处置的情况及相关调控信息的统计分析
						3. 抢修恢复组，组长：设备部主任 成员：设备、安监、物资部、国调中心	负责现场抢险、抢修工作的组织、协调工作；了解、掌握突发事件的情况和处理进展，收集统计现场设备损坏、修复信息，及时向指挥部汇报
						4. 供电服务组，组长：营销部主任 成员：营销、设备部、国调中心	负责向用户通报突发事件情况，及时了解突发事件对重要用户造成的损失及影响；督促落实要求用户安措突发事件防范措施；确定在突发事件恢复阶段重要用户的优先及秩序方案，收集统计用电负荷和电量的损失信息，恢复信息，对重要用户恢复供电情况，及时向指挥部汇报
						5. 舆情处置组，组长：宣传部 成员：宣传、安监、营销部	及时收集突发事件的有关信息，整理并组织新闻报道稿件；拟定新闻发布方案和发布内容，负责新闻发布工作；接待、组织和管理媒体记者采访；负责突发事件处置期间的内外部宣传工作
						6. 技术支撑组，组长：信通公司主要负责人 成员：信通公司、南端信通、智研院数字化所	负责总部应急指挥中心信息通信等专业技术支持；负责应急指挥系统内各项应急指挥平台的技术支撑
						7. 后勤保障组，组长：中兴物业 成员：中兴物业负责人	负责人员出入、食宿、医疗卫生、会务等后勤保障

续表

总部应急指挥部

序号	事件名称	总指挥	指挥部成员	指挥长	副指挥长	工作组组成	工作组职责
5	大中型水电厂和坝高30米以上的小水电站大坝垮塌、重大火灾	会商领导：公司董事长、总经理　总指挥：分管生产副总经理　副总指挥：总经理助理、总工程师、安全总监	水新部、办公室、宣传、安监、数字化、物资、后勤部、国调中心、信通公司负责人	水新部主任	水新部副主任	1. 抢险处置（综合）组，组长：水新部副主任　成员：水新、物资部、国调中心	负责现场抢险、抢修工作的组织、协调工作；了解、掌握突发事件的情况和处理进展，收集统计现场设备损坏、修复信息，及时向指挥部汇报
						2. 安全保障组，组长：安监部主任　成员：安监部、办公室、后勤部	了解、统计人员伤亡和经济损失信息，及时向指挥部汇报，应急抢险、处置，生产恢复工作应急措施中安全技术措施组织和落实
						3. 舆情处置组，组长：宣传部主任　成员：宣传、水新部	及时收集突发事件的有关信息，整理并组织新闻报道稿件；拟定新闻发布方案和发布内容，负责新闻发布工作；接待、组织和管理媒体记者做好采访；负责突发事件处置期间的内外部宣传工作
						4. 技术支撑组，组长：信通公司主要负责人　成员：信通公司、南瑞信通、智研院数字化所	负责总部应急指挥中心信息通信等专业技术支持；负责应急指挥系统平台的技术支撑
						5. 后勤保障组，组长：中兴物业负责人　成员：中兴物业	负责人员出入、食宿、医疗卫生、会务等后勤保障
6	电缆隧道重大火灾	总指挥：分管生产副总经理　副总指挥：总经理助理、总工程师、安全总监	设备部、办公室、安监、营销、数字化、宣传、物资、后勤部、国调中心、信通公司负责人	设备部主任	设备部副主任	1. 抢险处置（综合）组，组长：设备部副主任　成员：设备部、安监、物资部、国调中心	负责现场抢险、抢修工作的组织、协调工作；了解、掌握突发事件的情况和处理进展，收集统计现场设备损坏、修复信息，及时向指挥部汇报
						2. 安全保障组，组长：安监部主任　成员：安监部、办公室、后勤部	了解、统计人员伤亡和经济损失信息，及时向指挥部汇报，应急抢险、处置，生产恢复工作应急措施中安全技术措施组织和落实

续表

总部应急指挥部

序号	事件名称	总指挥	指挥部成员	指挥长	副指挥长	工作组组成	工作组职责
6	电缆隧道重大火灾	总指挥：分管生产副总经理 副总指挥：总经理助理、总工程师、安全总监	设备部、安监、营销、数字化、宣传、物资、后勤部、国调中心、信通公司负责人	设备部主任	设备部副主任	3. 供电服务组，组长：营销部，成员：营销、设备部、国调中心	负责向重要用户通报突发事件情况，及时了解突发事件对重要用户造成的损失及影响；督促重要用户实施恢复阶段性防范措施；确定在突发事件恢复用电用户的优先次序等工作；收集统计用电负荷和电量的损失信息，对恢复重要用户供电和恢复供电情况，及时向指挥部汇报
						4. 舆情处置组，组长：宣传部，成员：宣传、设备部	及时收集突发事件的有关信息，整理并组织新闻报道件；拟定新闻发布方案和发布内容，负责新闻发布工作；接待、组织和管理媒体记者做好采访，负责突发事件处置期间的内外部宣传工作
						5. 技术支撑组，组长：信通公司主要负责人，成员：信通公司、南瑞信通、智研院数字化所	负责总部应急指挥中心信息通信等专业技术支持；负责应急指挥中心内各项应急指挥系统平台的技术支撑
						6. 后勤保障组，组长：中兴物业，成员：中兴物业	负责人员出入、食宿、医疗卫生、会务等后勤保障
7	跨2个省区以上行政区域冰灾、台风、人口较密集地区6.0级以上地震	总指挥：分管生产副总经理 副总指挥：总经理助理、总工程师、安全总监	设备部、安监、营销、数字化、宣传、物资、后勤部、国调中心、信通公司负责人	设备部主任	设备部副主任	1. 抢险处置（综合）组，组长：设备部，副组长：国调中心、国网中心	负责电网现场抢险、抢修工作的组织、协调工作；了解、掌握突发事件的情况和处置进展、收集统计现场设备损坏、修复信息，及时向指挥部汇报
						2. 电网调控组，组长：国调中心副主任，成员：国调中心、数字化	负责电网运行方式的调整；负责向指挥部汇报电网应急处置的情况及相关信息，及时掌握控制总部应急处置信息的统计分析
						3. 安全保障组，组长：安监部副主任，成员：安监部、办公室、后勤部	了解、统计突发事件伤亡和经济损失信息，及时向指挥部汇报；监督突发事件应急处置、应急抢险、生产恢复工作中安全技术措施和组织措施的落实

续表

总部应急总指挥部

序号	事件名称	总指挥	指挥部成员	指挥长	副指挥长	工作组组成	工作组职责
7	跨2个省级行政区以上冰灾、台风、人口较密集地区6.0级以上地震	总指挥：分管生产副总经理 副总指挥：总经理助理、总工程师、安全总监	设备部、办公室、安监、营销、数字化、宣传、物资、后勤部、国调中心、信通公司负责人	设备部主任	设备部副主任	4. 供电服务组，组长：营销部副主任 成员：营销、设备部、国调中心	负责向重要用户通报突发事件情况，及时了解突发事件对重要用户造成的损失及影响；督促落实重要用户安措施；确定重要用户的优先及秩序计划用电负荷和电量的损失信息，恢复信息，对重要用户恢复供电情况，及时向指挥部汇报
						5. 舆情处置组，组长：宣传部副主任 成员：宣传、设备部	及时收集突发事件的有关信息，并组织新闻报道内容，拟定新闻发布方案和发布内容，负责新闻发布工作；接待、组织和管理媒体记者做好采访；负责突发事件处置期间的内外部宣传工作
						6. 技术支撑组，组长：信通公司主要负责人 成员：信通公司、南瑞信通、智研院数字化所	负责总部应急指挥中心信息通信等专业技术支持；负责应急指挥系统平台的技术支撑
						7. 后勤保障组，组长：中兴物业负责人 成员：中兴物业	负责人员出入、食宿、医疗卫生、会务等后勤保障
8	发电厂重大火灾	总指挥领导：分管发电的公司领导 副总指挥：协管发电的总师、安全总监	水新、产业部、办公室、安监、设备、国调中心、宣传、后勤部、信通公司负责人	水新部主任	水新部副主任	1. 抢险处置（综合）组，组长：水新部副主任 成员：水新、产业、安监、设备部、国调中心	负责现场抢险、抢修工作的组织、协调工作；了解、掌握突发事件的情况和处理进展，收集统计现场设备损坏、修复信息，及时向指挥部汇报
						2. 安全保障组，组长：安监部副主任 成员：安监部、办公室、后勤部	了解、掌握突发事件的情况和处置进展，统计人员伤亡和经济损失信息，及时向指挥部汇报；负责突发事件应急处置、应急抢险，生产恢复工作中安全技术措施和组织措施的落实

续表

序号	事件名称	总指挥	指挥部成员	指挥长	副指挥长	总部应急指挥部	
						工作组组成	工作组职责
8	发电厂重大火灾	总指挥：分管发电的公司领导 副总指挥：协管发电的总师、安全总监	水新、产业部、办公室、安监、设备、宣传、后勤部、国调中心、信通公司负责人	水新部主任	水新部副主任	3. 舆情处置组，组长：宣传部副主任 成员：宣传、产业部	及时收集突发事件的有关信息，整理并组织新闻报道稿件；拟定新闻发布方案和发布内容，负责新闻发布工作；接待、组织和管理媒体记者做好采访，突发事件处置期间的内外部宣传工作
						4. 技术支撑组，组长：信通公司主要负责人 成员：信通公司、南端信通、智研院数字化所	负责总部应急指挥中心信息通信等专业技术支撑，负责应急指挥中心安全技术应急指挥平台的技术支撑
						5. 后勤保障组，组长：中兴物业负责人 成员：中兴物业	负责人员出入、食宿、医疗卫生，会务等后勤保障
9	基建现场重大火灾	总指挥：分管基建副总经理 副总指挥：协管基建的副总师、安全总监	基建部、安监、设备、宣传、物资、后勤部、信通公司负责人	基建部主任	基建部副主任	1. 抢险处置（综合）组，组长：基建部副主任 成员：基建、安监、设备、物资部	负责现场抢险、抢修工作的组织、协调工作；了解、掌握突发事件的情况和处理进展，及时向指挥部汇报
						2. 安全保障组，组长：安监部副主任 成员：办公室、安监、后勤部	了解、统计人员伤亡和经济损失情况，及时向指挥部汇报，监督突发事件应急处置、应急抢险，生产恢复工作中安全技术措施和组织措施的落实
						3. 舆情处置组，组长：宣传部副主任 成员：宣传、基建部	及时收集突发事件的有关信息，整理并组织新闻报道稿件；拟定新闻发布方案和发布内容，负责新闻发布工作；接待、组织和管理媒体记者做好采访，突发事件处置期间的内外部宣传工作
						4. 技术支撑组，组长：信通公司主要负责人 成员：信通公司、南端信通、智研院数字化所	负责总部应急指挥中心信息通信等专业技术支撑，负责应急指挥中心安全技术应急指挥平台的技术支撑
						5. 后勤保障组，组长：中兴物业负责人 成员：中兴物业	负责人员出入、食宿、医疗卫生，会务等后勤保障

续表

序号	事件名称	总部应急指挥部					
		总指挥	指挥部成员	指挥长	副指挥长	工作组组成	工作组职责
10	城市中心区停电、重要用户停电、营业场所重大火灾	总指挥：分管营销的公司领导 副总指挥：协管营销的副总师、安全总监	营销部、办公室、安监、设备、数字化、宣传、物资、后勤部、国调中心、信通公司负责人	营销部主任	营销部副主任	1. 抢险处置（综合）组，组长：营销部 副主任 成员：营销、安监、设备、后勤部、国调中心	及时了解突发事件对重要用户造成的损失及影响，督促重要用户安施急发事件防范措施和对其应急供保电。收集统计用电负荷和电量的损失信息。恢复信息，对重要用户恢复供电情况，及时向指挥部汇报
						2. 设备抢修组，组长：设备部副主任 成员：设备、安监、物资部	负责现场抢险、抢修工作的组织、协调工作；了解、掌握突发事件的情况和处理进展，及时向指挥部汇报复信息，及时向指挥部汇报
						3. 安全保障组，组长：安监部副主任 成员：安监部、后勤部	了解、掌握突发事件的情况和处置进展，统计人员伤亡和经济损失信息，及时向指挥部汇报；应急抢险、生产恢复工作中安全技术措施的落实；督促突发事件应急处置和安全技术措施组织和落实
						4. 舆情处置组，组长：宣传部副主任 成员：宣传、营销部	及时收集突发事件的有关信息，整理并组织新闻报道稿件；拟定新闻发布方案和发布内容，负责新闻发布工作；接待、组织和管理媒体记者采访；负责突发事件处置期间的内外部宣传工作
						5. 技术支撑组，组长：信通公司主要负责人 成员：信通公司、南瑞信通、智研院数字化所	负责总部应急指挥中心信息通信等专业技术支持；负责应急指挥中心内各项应急指挥系统平台的技术支撑
						6. 后勤保障组，组长：中兴物业负责人 成员：中兴物业	负责人员出入、食宿、医疗卫生、会务等后勤保障

续表

总部应急指挥部

序号	事件名称	总指挥	指挥部成员	指挥长	副指挥长	工作组组成	工作组职责
11	物资仓库重大火灾	总指挥：分管物资副总经理 副总指挥：安全总监	物资部、办公室、安监、设备、数字化、宣传、信通、后勤部负责人	物资部主任	物资部副主任	1. 抢险处置（综合）组，组长：物资部 副主任 成员：物资、安监、设备部	负责现场抢险、抢修工作的组织，协调工作的组织，了解、掌握突发事件的情况和处置工作，收集统计现场设备损坏、修复信息，及时向指挥部汇报
						2. 安全保障组，组长：安监部副主任 成员：安监部、办公室、后勤部	了解、掌握突发事件的情况和处置进展，统计人员伤亡和经济损失信息，及时向指挥部汇报，应急抢险、生产恢复工作中安全技术措施组织的落实
						3. 舆情处置组，组长：宣传部副主任 成员：宣传、物资部	及时收集突发事件的有关信息，整理并组织新闻报道事件；拟定新闻发布方案和发布内容，负责新闻发布工作；接待、组织和管理媒体记者做好采访；负责突发事件处置期间的内外部宣传工作
						4. 技术支撑组，组长：信通公司主要负责人 成员：信通公司、南瑞信通、智研院数字化所	负责总部应急指挥中心信息通信等专业技术支持；负责应急指挥中心内各项应急指挥系统平台的技术支撑
						5. 后勤保障组，组长：中兴物业 成员：中兴物业负责人	负责人员出入、食宿、医疗卫生、会务等后勤保障
12	调度大楼、办公大楼重大火灾	总指挥：分管后勤的公司领导 副总指挥：安全总监	后勤部、办公室、安监、数字化、宣传、国调中心、信通公司负责人	后勤部主任	后勤部副主任	1. 抢险处置（综合）组，组长：后勤部 副主任 成员：后勤部、办公室、安监部	负责现场抢险、抢修工作的组织，协调工作的组织，了解、掌握突发事件的情况和处置工作，收集统计现场设备损坏、修复信息，及时向指挥部汇报
						2. 电网调控组，组长：国调中心 成员：国调中心、数字化部	负责电网运行方式的调整；负责向指挥部汇报电网应急处置的情况及相关监控信息的统计分析
						3. 安全保障组，组长：安监部副主任 成员：安监部、办公室、后勤部	了解、统计人员伤亡和经济损失信息，及时向指挥部汇报，监督突发事件应急处置，生产恢复工作中安全技术措施组织的落实

续表

序号	事件名称	总指挥	指挥部成员	指挥长	副指挥长	工作组组成	工作组职责
						总部应急指挥部	
12	调度大楼、办公大楼重大火灾	总指挥：分管后勤的公司领导 副总指挥：安全总监	后勤部、办公室、安监、数字化、宣传、国调中心、信通公司负责人	后勤部主任	后勤部副主任	4. 舆情处置组，组长：宣传部副部长 成员：宣传、办公室、后勤部	及时收集突发事件的有关信息，整理并组织新闻报道稿件；拟定新闻发布方案和发布内容，负责新闻发布工作；接待、组织和管理媒体记者做好采访，突发事件处置期间的内外部宣传工作
						5. 技术支撑组，组长：信通公司主要负责人 成员：信通公司、南瑞信通、智研院数字化所	负责总部应急指挥中心信息通信等专业技术支持；负责应急指挥系统平台的技术支撑
						6. 后勤保障组，组长：中兴物业负责人 成员：中兴物业	负责人员出入、食宿、医疗卫生、会务等后勤保障
13	生产控制大区网络安全攻击	总指挥：分管生产副总经理 副总指挥：安全总监、首席信息师	国调中心、设备、物资、安监、宣传、后勤、数字化部、信通公司负责人	国调中心主任	国调中心副主任、数字化部副主任	1. 应急处置（综合）组，组长：国调中心副主任 成员：国调中心、安监、设备、数字化部	负责生产控制大区网络安全突发事件应急处置工作的组织、协调，了解、掌握突发事件的情况和处理进展，组织向指挥部汇报
						2. 舆情处置组，组长：宣传部副部长 成员：宣传、物资部	及时收集突发事件的有关信息，整理并组织新闻报道稿件；拟定新闻发布方案和发布内容，负责新闻发布工作；接待、组织和管理媒体记者做好采访，负责突发事件处置期间的内外部宣传工作
						3. 技术支撑组，组长：信通公司主要负责人 成员：信通公司、南瑞信通、智研院数字化所	负责总部应急指挥中心信息通信等专业技术支持；负责应急指挥系统平台的技术支撑
						4. 后勤保障组，组长：中兴物业负责人 成员：中兴物业	负责人员出入、食宿、医疗卫生、会务等后勤保障

续表

总部应急总指挥部

序号	事件名称	总指挥	指挥部成员	指挥长	副指挥长	工作组组成	工作组职责
14	网络安全攻击	管理信息大区或互联网大区	总指挥：分管数字化副总经理副总指挥：总信息师、安全总监	数字化部、设备、安监、宣传、后勤中心、国调中心、信通公司负责人	数字化部主任	数字化部副主任	1. 应急处置（综合）组，组长：数字化部副主任成员：数字化、安监、设备部、国调中心	负责管理信息大区或互联网大区网络安全突发事件应急处置工作的组织、协调；了解、掌握突发事件的情况和处理进展，收集统计设备损坏、修复信息，及时向指挥部汇报
							2. 舆情处置组，组长：宣传部副主任成员：宣传、物资部	及时收集突发事件的有关信息，整理并组织新闻报道稿件；拟定新闻发布方案和发布内容，负责新闻发布工作；接待、组织和管理媒体记者做好采访，突发事件处置期间的内外部宣传工作
							3. 技术支撑组，组长：信通公司主要负责人成员：信通公司、南瑞信通、智研院数字化所	负责总部应急指挥中心信息通信等专业技术支持；负责应急指挥中心内各项应急指挥系统平台的技术支撑
							4. 后勤保障组，组长：中兴物业负责人成员：中兴物业	负责人员出入、食宿、医疗卫生、会务等后勤保障

附件 2 公司总部电力突发事件应急响应流程图

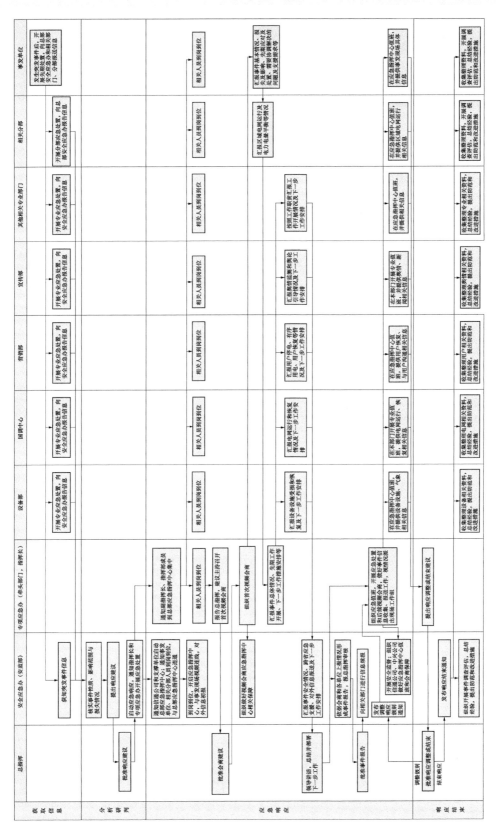

附件3 事发单位突发事件情况报告模板

国网×××公司×××突发事件情况汇报

×月××日××时××分，×××单位发生……（事发单位时间、地点、性质、涉及单位、基本经过、影响范围，电网设施设备受损、人员伤亡、次生衍生灾害、对电网和用户的影响、社会舆情等）。

事件发生后，×××单位……（应对情况、响应级别、已采取的应急响应措施及效果、抢险救援、抢修恢复、投入的力量等情况、事件发展趋势预测、是否需要支援、下一步安排等）。后续进展情况将及时汇报。

联系人：×××　　　　联系方式：×××××××××

2020年×月××日××：××

附件4 公司总部应急响应通知模板

类别	应急响应通知内容
启动响应	×年×月×日×时×分，××单位发生×××事件，根据《××预案》，公司决定启动×××事件×级应急响应，由××部门牵头，××、××、××、××等部门参加，请上述部门主要负责人及相关人员迅速赶往公司，于×点×分前到应急指挥中心集中，开展应急处置工作。（公司安全应急办）
级别调整	根据×××事件最新进展情况，公司决定将应急响应级别由×级调整为×级，请相关部门及涉及单位相关人员立即按照×级应急响应要求开展应急响应工作。（公司××事件专项应急办）
结束响应	×××事件已得到有效控制，公司决定结束×××事件×级应急响应，各部门及涉及单位恢复日常工作模式。（公司安全应急办）

附件5　应急值班信息报送模板

附件 5.1　事件报告

填报时间：　　年　　月　　日　　时　　分

□第一次报告□后续报告（第一次报告时间：　　年　　月　　日　　时　　分）

报告方式：□电话/□电传/□电子邮件/□其他

事件发生单位		上级主管单位	
事件简述			
事件起止时间	年 月 日 时 分～年 月 日 时 分		
基本经过（事件发生、扩大和采取措施、初步原因判断）： 			
事件后果（伤亡情况、停电影响、设备损坏或可能造成不良社会影响等）的初步估计： 			
填报人姓名		单位	
联系方式		信息来源	

附件 5.2　日报模板

国家电网有限公司
××事件应急处置日报

（第××期）

××事件处置领导小组办公室（国网××部）　　　　　20××年×月×日

一、事件概况

包括事件概况、影响、发展趋势、恢复情况等，以及有关领导指示批示、工作要求、处置工作情况（牵头部门负责）

二、应急处置工作开展情况

1．电网调度处置（国调中心负责）

2．设备抢修恢复（国网设备部负责）

3．客户应急服务（国网营销部负责）

4．新闻舆论应对（国网宣传部负责）

5．应急协调联动（国网安监部负责）

6．网络安全保障（国网数字化部负责）

7．应急物资供应（国网物资部负责）

8．其他专业

三、事发属地单位应急工作开展情况

（牵头部门负责）

四、下一步工作

（牵头部门负责）

附件6 公司总部应急指挥中心内专用席位分配图

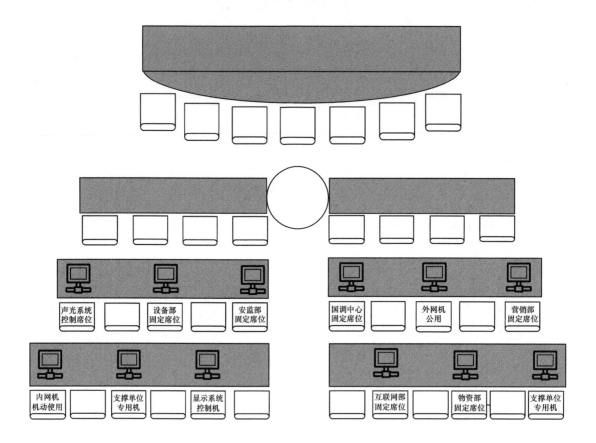

附件7 各部门提供资料清单

部门名称	接入系统	资料内容	资料形式及要求
安监部	—	应急基干分队及其装备资料	纸质、A4幅面、黑白
		事件安全情况	纸质、A4幅面、黑白
		国家能源局、国资委、应急管理部有关信息及工作要求	纸质、A4幅面、黑白
设备部	PMS系统	设备、输配电线路基础台账	纸质、A4幅面、黑白
		地理接线图	纸质、A3幅面、彩色
		灾害现场气象资料（台风、覆冰、山火等）	纸质、A4幅面、彩色
	电网统一视频监控	事发现场设备设施具体资料信息	系统界面
国调中心	DTS系统	电网接线图	系统界面、纸质、A3幅面、彩色
		变电站一次系统图	系统界面
		SCADA系统潮流图	系统界面
		负荷曲线图	系统界面
		变电设备、输配电线路等电网和设备停运、恢复信息	纸质、A4幅面、黑白
营销部	营销系统（用电信息采集系统）	重要及高危用户停电情况	纸质、A4幅面、黑白
		有序用电情况	纸质、A4幅面、黑白
		停电台区及用户数	纸质、A4幅面、黑白
		用户恢复情况	纸质、A4幅面、黑白
宣传部	舆情监测系统	舆情监测情况	纸质、A4幅面、黑白
	—	新闻通稿	纸质、A4幅面、黑白
数字化部	—	网络信息系统运行情况	纸质、A4幅面、黑白
		安全防护	纸质、A4幅面、黑白
基建部	—	分别负责提供工程建设相关项目资料、特高压变电站（换流站）设计图纸、主变压器（换流变）结构图等信息及基建抢修队伍信息，水电站大坝基本情况、电站布置图、坝体结构图等信息资料	纸质、A3幅面、彩色
特高压部	—		
水新部	—		
物资部	—	应急抢修物资信息	纸质、A4幅面、黑白
其他部门	—	本专业处置相关信息	纸质、A4幅面、黑白

附件8 公司总部应急响应会商汇报内容模板

时间	单位/部门	工作内容	情况记录
：	□副总指挥（主持）	副总指挥：现在我们召开×××事件应急会商会。目前，公司已按照预案启动了×××事件×级应急响应，下面请指挥长组织参会各单位/部门等汇报应急工作开展情况	
	□指挥长	指挥长：下面请各单位/各部门/工作组汇报×××事件应急处置情况，主要包括：天气情况、电力突发事件情况、客户影响、到岗到位、应急救援、故障抢修、通信保障、沟通联动等况	
	□事发现场	事发现场汇报：指挥长，这里是××××应急指挥部，已启动突发事件×级应急响应： 1）现场天气情况； 2）电力突发事件详细情况概况、先期处置情况及影响； 3）我公司领导××××，各部门负责人均已到岗到位，共计（ ）人； 4）应急救援队伍已集结情况，共计（ ）人，正在事发现场抢险救援/前往事发现场； 5）已安排故障抢修队伍（ ）支（ ）人，安排抢修车辆（ ）辆，正在事发现场抢险救援/前往事发现场； 6）我公司已安排运行保障人员（ ）人到（ ）座变电站、（ ）个供电所及相关地点值守； 7）与上级有关部门、政府有关部门沟通、联系、联动情况； 8）需要协调解决的问题及支援需求等； 9）其他需要汇报的情况	
	□事发单位	事发单位（省公司）汇报：指挥长，这里是××××公司应急指挥部，已启动突发事件×级应急响应： 1）电力突发事件概况、先期处置情况及影响； 2）我公司领导××××，各部门负责人均已到岗到位，共计（ ）人； 3）突发事件应对情况； 4）与有关单位、政府有关部门沟通、联系、联动情况； 5）需要协调解决的问题及支援需求等； 6）其他需要汇报的情况	
	□相关分部	相关分部汇报：指挥长，这里是××××分部应急指挥部，已启动突发事件×级应急响应： 1）电力突发事件概况、先期处置情况及影响； 2）我分部领导××××，各部门负责人均已到岗到位，共计（ ）人； 3）电力突发事件应对情况； 4）区域电网运行及电力电量平衡等情况； 5）与有关单位、政府有关部门沟通、联系、联动情况； 6）其他需要汇报的情况	
	□抢险处置组 □电网调控组 □安全保障组 ○支撑保障组 □舆情处置组 □供电服务组 ……	各工作组（副指挥长）汇报：指挥长，×××工作组汇报： 1）工作组人员到岗到位情况； 2）电力突发事件应对情况，下一步工作措施及安排等； 3）与有关单位、政府有关部门沟通、联系、联动情况； 4）其他需要汇报的情况	

续表

时间	单位/部门	工作内容	情况记录
＿：＿	公司安全应急办	安全应急办汇报：指挥长，安全应急办汇报： 1）事件处置过程安全情况； 2）跨省应急支援情况； 3）对外信息报送情况； 4）下一步工作安排； 5）其他需要汇报的情况	
	副总指挥	副总指挥：请各单位做好继续事件应急处置工作，下面请总指挥讲话，并提出工作要求	
	总指挥	总指挥（公司领导）讲话、总结并部署下一步工作，提出相关要求	

附件 9 重大传染性疾病疫情期间总部防控要求和分工

一、各级单位场所疫情防控要求

重大传染性疾病疫情防控期间，应急响应时应当做好相应的防护措施。

（一）公司总部

1. 要尽可能减少人员聚集，启动应急指挥中心时，原则上各部门限 1 名负责同志到总部应急指挥中心参加应急指挥工作。

2. 在应急指挥中心参加视频会商时，应控制参加人数，参与人员按照当地政府防疫指挥部要求，经过隔离、检测等确保健康无感染后，应佩戴口罩，做好自身消毒防疫工作，大于 1 米间距就座。

3. 国网中兴物业公司要做好总部应急指挥中心通风、消毒等防疫工作。

4. 参加突发事件应急值班人员在本部门 24 小时值班。

（二）事发单位、相关分部

1. 视频会商时，参与人员佩戴口罩，做好自身消毒防疫工作，大于 1 米间距就座。事发单位总指挥汇报现场防疫情况。

2. 合理安排应急值班，避免人员聚集。

3. 各单位相关部门要组织做好各自应急指挥中心通风、消毒等防疫工作。

二、相关单位提供技术支撑要求

重大传染性疾病疫情防控期间，应急响应要做好以下防疫措施，确保安全。

1. 国网信通公司要在做好防疫工作基础上，尽快启动总部应急指挥中心；智研院、南瑞信通等单位尽可能采取远程方式做好总部应急指挥中心技术保障，无法远程支撑时按照最小方式安排人员赴总部应急指挥中心开展保障。

2. 一般情况下，在确保健康无感染后相关人员（单人）在本部门开展应急处置工作，通过电话或网络视频会议终端沟通、协商相关事项。非必要时，应避免聚集，副指挥长、指挥部主要成员或专业组长、关键岗位人员轮流到应急指挥中心开展处置工作，相关人员应做好佩戴口罩、消毒等个人防疫工作，大于 1 米间距就座。原则上总部不向疫情地区派出现场工作组，相关部门按照职责分工在本部门开展事件处置工作。

3. 公司后勤部负责提供应急处置相关单位疫情状态、防疫资源投入情况、疫情防控措施等相关信息。

4. 国网中兴物业公司负责做好总部应急指挥中心通风、消毒等防疫工作。

5. 视频会商时，各单位要控制参会人员，减少聚集；相关后勤部门要组织做好通风、消毒等工作，参会人员要根据防疫需要佩戴口罩。

13 国家电网有限公司安全隐患排查治理管理办法

国家电网有限公司关于印发《国家电网有限公司作业风险管控工作规定》等 10 项通用制度的通知

国家电网企管〔2023〕55 号

总部各部门，各机构，公司各单位：

公司组织制定、修订了《国家电网有限公司作业风险管控工作规定》《国家电网有限公司工程监理安全监督管理办法》《国家电网有限公司预警工作规则》《国家电网有限公司电力突发事件应急响应工作规则》《国家电网有限公司安全生产风险管控管理办法》《国家电网有限公司安全生产反违章工作管理办法》《国家电网有限公司业务外包安全监督管理办法》《国家电网有限公司电力安全工器具管理规定》《国家电网有限公司电力建设起重机械安全监督管理办法》《国家电网有限公司安全隐患排查治理管理办法》10 项通用制度，经 2022 年公司规章制度管理委员会第四次会议审议通过，现予以印发，请认真贯彻落实。

国家电网有限公司

2023 年 2 月 10 日

第一章 总 则

第一条 为贯彻"安全第一、预防为主、综合治理"方针，进一步规范和加强国家电网有限公司（以下简称公司）安全隐患排查治理工作，构建隐患排查治理长效机制，防止和减少安全事故（事件）发生，依据《中华人民共和国安全生产法》等安全生产法律法规，制定本办法。

第二条 本办法所称安全隐患，是指在生产经营活动中，违反国家和电力行业安全生产法律法规、规程标准以及公司安全生产规章制度，或因其他因素可能导致安全事故（事件）发生的物的不安全状态、人的不安全行为、场所的不安全因素和安全管理方面的缺失等。

第三条 隐患排查治理应树立"隐患就是事故"的理念，坚持"谁主管、谁负责"和"全面排查、分级管理、闭环管控"的原则，逐级建立排查标准，实行分级管理，落实闭环管控。

第四条 本办法适用于公司总部、各单位及所属各级单位（含全资、控股、代管单位和省管产业单位）的隐患排查治理工作。公司系统承包建设的境外项目、管理的境外电网以及驻外机构参照执行。

第二章 职 责 分 工

第五条 安全隐患所在单位是隐患排查、治理和防控的责任主体。各级单位主要负责人对本单位隐患排查治理工作负全面领导责任，分管负责人对分管业务范围内的隐患排查治理工作负直接领导责任。

第六条 各级安委会负责建立健全本单位隐患排查治理规章制度，组织实施隐患排查治理工作，协调解决隐患排查治理重大问题、重要事项，提供资源保障并监督治理措施落实。

第七条 各级安委办负责隐患排查治理工作的综合协调和监督管理，组织安委会成员部门制定隐患排查标准，对隐患排查治理工作进行监督检查和评价考核。

第八条 各级安委会成员部门按照"管业务必须管安全"的原则，负责职责范围内隐患排查治理工作。各级设备（运检）、调度、建设、营销、数字化、产业、水新、后勤等部门负责本专业隐患标准编制、排查组织、评估认定、治理实施和检查验收工作；各级发展、财务、物资等部门负责隐患治理所需的项目、资金和物资等投入保障。

第九条 各级从业人员负责管辖范围内安全隐患的排查、登记、报告，按照职责分工实施隐患防控治理。

第十条 各级单位将生产经营项目或工程项目发包、场所出租的，应与承包、承租单位签订安全生产管理协议，并在协议中明确各方对安全隐患排查、治理和管控的管理职责；对承包、承租单位隐患排查治理进行统一协调和监督管理，定期进行检查，发现问题及时督促整改。

第三章 分 级 分 类

第十一条 根据隐患的危害程度，隐患分为重大隐患、较大隐患、一般隐患三个等级。

（一）重大隐患主要包括可能导致以下后果的安全隐患：

1. 一至三级人身事件；

2. 一至四级电网、设备事件；

3. 五级信息系统事件；

4. 水电站大坝溃决、漫坝、水淹厂房事件；

5. 较大及以上火灾事故；

6. 违反国家、行业安全生产法律法规的管理问题。

（二）较大隐患主要包括可能导致以下后果的安全隐患：

1. 四级人身事件；

2. 五至六级电网、设备事件；

3. 六至七级信息系统事件；

4. 一般火灾事故；

5. 其他对社会及公司造成较大影响的事件；

6. 违反省级地方性安全生产法规和公司安全生产管理规定的管理问题。

（三）一般隐患主要包括可能导致以下后果的安全隐患：

1. 五级及以下人身事件；

2．七至八级电网、设备事件；

3．八级信息系统事件；

4．违反省公司级单位安全生产管理规定的管理问题。

上述人身、电网、设备和信息系统事件，依据《国家电网有限公司安全事故调查规程》（国家电网安监〔2020〕820号）认定。火灾事故等级依据国家有关规定认定。

第十二条　根据隐患产生原因和导致事故（事件）类型，隐患分为系统运行、设备设施、人身安全、网络安全、消防安全、水电及新能源、危险化学品、电化学储能、特种设备、通用航空、安全管理和其他等十二类。

第四章　隐　患　标　准

第十三条　公司总部以及省、市公司级单位应分级分类建立隐患排查标准，明确隐患排查内容、排查方法和判定依据，指导从业人员及时发现、准确判定安全隐患。

第十四条　隐患排查标准编制应围绕影响公司安全生产的高风险领域，依据安全生产法律法规和规章制度，结合事故（事件）暴露的典型问题，确保重点突出、内容具体、责任明确。

第十五条　隐患排查标准编制应坚持"谁主管、谁编制""分级编制、逐级审查"的原则，各级安委办负责制定隐患排查标准编制规范，各级专业部门负责本专业排查标准编制。

（一）公司总部组织编制重大、较大隐患排查标准，并对省公司级单位隐患排查标准进行审查。

（二）省公司级单位补充完善较大、一般隐患排查标准，并对地市公司级单位隐患排查标准进行审查。

（三）地市公司级单位补充完善一般隐患排查标准，形成覆盖各专业、各等级的隐患排查标准体系。

第十六条　各专业隐患排查标准编制完成后，由本单位安委办负责汇总、审查，经本单位安委会审议后发布。

第十七条　各级专业部门应将隐患排查标准纳入安全培训计划，及时组织培训，指导从业人员准确理解和执行隐患排查内容、排查方法，提高全员隐患排查发现能力。

第十八条　隐患排查标准实行动态管理，各级单位应每年对排查标准的针对性、有效性组织评估，结合安全生产规章制度"立改废释"、事故（事件）暴露的问题滚动修订，每年3月底前更新发布。

第五章　隐　患　排　查

第十九条　各级单位应在每年6月底前，对照隐患排查标准组织开展一次涵盖安全生产各领域、各专业、各层级的隐患全面排查。各级专业部门应加强本专业隐患排查工作指导，对于专业性较强、复杂程度较高的隐患必要时组织专业技术人员或专家开展诊断分析。

第二十条　针对全面排查发现的安全隐患，隐患所在工区、班组应组织审查，依据隐患排查标准进行初步评估定级，利用公司安全隐患管理信息系统建立档案，形成本工区、班组安全隐患清单，并汇总上报至相关专业部门。

第二十一条　各相关专业部门对本专业安全隐患进行专业审查，评估认定隐患等级，形成本专业安全隐患清单。一般隐患由县公司级单位评估认定，较大隐患由市公司级单位评估认定，重大隐患由省公司级单位评估认定。

第二十二条 各级安委办对各专业安全隐患清单进行汇总、复核，经本单位安委会审议后，报上级单位审查。

（一）市公司级单位安委会审议基层单位和本级排查发现的安全隐患，一般隐患审议后反馈至隐患所在单位，较大及以上隐患报省公司级单位审查。

（二）省公司级单位安委会审议地市公司级单位和本级排查发现的安全隐患，对较大隐患审议后反馈至隐患所在单位，对重大隐患报公司总部审查。

（三）公司总部安委会审议省公司级单位和本级排查发现的安全隐患，对重大隐患审议后反馈至隐患所在单位。

第二十三条 隐患全面排查工作结束后，各单位应结合日常巡视、季节性检查等工作，开展隐患常态化排查。

第二十四条 对于国家、行业及地方政府部署开展的安全生产专项行动，各单位应在公司现行隐患排查标准基础上，补充相关标准条款，开展针对性排查。

第二十五条 对于公司系统安全事故（事件）暴露的典型问题和家族性隐患，各单位应举一反三开展事故类比排查。

第二十六条 各单位应在全面排查和逐级审查基础上，分层分级建立本单位安全隐患清单，并结合日常排查、专项排查和事故类比排查滚动更新。

第六章 隐 患 治 理

第二十七条 隐患一经确定，隐患所在单位应立即采取防止隐患发展的安全管控措施，并根据隐患具体情况和紧急程度，制定治理计划，明确治理单位、责任人和完成时限，做到责任、措施、资金、期限和应急预案"五落实"。

第二十八条 各级专业部门负责组织制定本专业隐患治理方案或措施，重大隐患由省公司级单位制定治理方案，较大隐患由市公司级单位制定治理方案或治理措施，一般隐患由县公司级单位制定治理措施。

第二十九条 各级安委会应及时协调解决隐患治理有关事项，对需要多专业协同治理的明确责任分工、措施和资金，对于需要地方政府协调解决的及时报告政府有关部门，对于超出本单位治理能力的及时报送上级单位协调解决。

第三十条 各级单位应将隐患治理所需项目、资金作为项目储备的重要依据，纳入综合计划和预算优先安排。公司总部及省、市公司级单位应建立隐患治理绿色通道，对计划和预算外急需实施治理的隐患，及时调剂和保障所需资金和物资。

第三十一条 隐患所在单位应结合电网规划、电网建设、技改大修、检修运维、规章制度"立改废释"等及时开展隐患治理，各专业部门应加强专业指导和督导检查。

第三十二条 对于重大隐患治理完成前或治理过程中无法保证安全的，应从危险区域内撤出相关人员，设置警戒标志，暂时停工停产或停止使用相关设备设施，并及时向政府有关部门报告；治理完成并验收合格后方可恢复生产和使用。

第三十三条 对于因自然灾害可能引发事故灾难的隐患，所属单位应当按照有关规定进行排查治理，采取可靠的预防措施，制定应急预案。在接到有关自然灾害预报时，应当及时发出预警通知；发生自然灾害可能危及人员安全的情况时，应当采取停止作业、撤离人员、加强监测等安全措施。

第三十四条　各级安委办应开展隐患治理挂牌督办，公司总部挂牌督办重大隐患，省公司级单位挂牌督办较大隐患，市公司级单位挂牌督办治理难度大、周期长的一般隐患。

第三十五条　隐患治理完成后，隐患治理单位在自验合格的基础上提出验收申请，相关专业部门应在申请提出后一周内完成验收，验收合格予以销号，不合格重新组织治理。

（一）重大隐患治理结果由省公司级单位组织验收，结果向国网安委办和相关专业部门报告。

（二）较大隐患治理结果由地市公司级单位组织验收，结果向省公司安委办和相关专业部门报告。

（三）一般隐患治理结果由县公司级单位组织验收，结果向地市公司级安委办和相关专业部门报告。

（四）涉及国家、行业监管部门、地方政府挂牌督办的重大隐患，治理结束后应及时将有关情况报告相关政府部门。

第三十六条　各级安委办应组织相关专业部门定期向安委会汇报隐患排查治理情况，对于共性问题和突出隐患，深入分析隐患成因，从管理和技术上制定源头防范措施。

第三十七条　各级单位应统一使用公司安全隐患管理信息系统，实现隐患排查治理全过程记录和"一患一档"管理。重大隐患相关文件资料应及时移交本单位档案管理部门归档。

隐患档案应包括以下信息：隐患简题、隐患内容、隐患编号、隐患所在单位、专业分类、归属部门、评估定级、治理期限、资金落实、治理完成情况等。隐患排查治理过程中形成的会议纪要、治理方案、验收报告等应归入隐患档案。

第三十八条　各级单位应将隐患排查治理情况如实记录，并通过职工大会或者职工代表大会、信息公示栏等方式向从业人员通报。各单位应在月度安全例会上通报本单位隐患排查治理情况，各班组应在安全日活动上通报本班组隐患排查治理情况。

第三十九条　各级单位应建立隐患季度分析、年度总结制度，各级专业部门应定期向本级安委办报送专业隐患排查治理工作，省公司级安委办在 7 月 15 日前向公司总部报送上半年工作总结，次年 1 月 10 日前通过公文报送上年度工作总结。

第四十条　各级安委办按规定向国家能源局及其派出机构、地方政府有关部门报告安全隐患统计信息和工作总结。各级单位应加强内部沟通，确保报送数据的准确性和一致性。

第七章　重　大　隐　患　管　理

第四十一条　重大隐患应执行即时报告制度，各单位评估为重大隐患的，应于 2 个工作日内报总部相关专业部门及安委办，并向所在地区政府安全监管部门和电力安全监管机构报告。

重大隐患报告内容应包括：隐患的现状及其产生原因；隐患的危害程度和整改难易程度分析；隐患治理方案。

第四十二条　重大隐患应制定治理方案。

重大隐患治理方案应包括：治理目标和任务；采取方法和措施；经费和物资落实；负责治理的机构和人员；治理时限和要求；防止隐患进一步发展的安全措施和应急预案等。

第四十三条 重大隐患治理应执行"两单一表"（签发督办单-制定管控表-上报反馈单）制度，实现闭环监管。

（一）签发安全督办单。国网安委办获知或直接发现所属单位存在重大隐患的，由安委办主任或副主任签发《安全督办单》，对省公司级单位整改工作进行全程督导。

（二）制定过程管控表。省公司级单位在接到督办单 15 日内，编制《安全整改过程管控表》，明确整改措施、责任单位（部门）和计划节点，由安委会主任签字、盖章后报国网安委办备案，国网安委办按照计划节点进行督导。

（三）上报整改反馈单。省公司级单位完成整改后 5 日内，填写《安全整改反馈单》，并附佐证材料，由安委会主任签字、盖章后报国网安委办备案。

第四十四条 各级单位重大隐患排查治理情况应及时向政府负有安全生产监督管理职责的部门和本单位职工大会或职工代表大会报告。

第八章 监 督 考 核

第四十五条 各级单位应建立隐患排查治理工作评价机制，对所属单位隐患标准针对性、排查全面性、立项及时性、治理有效性进行评价，定期发布通报，结果纳入安全工作考核。

第四十六条 各级单位应综合利用安全生产巡查、专家抽查、现场实地检查和远程视频督查等手段，对所属单位隐患排查开展情况进行监督检查。

（一）对隐患排查不细致、防控不到位、整改不及时以及瞒报重大隐患的单位给予通报，必要时开展安全警示约谈。

（二）对已列入隐患排查标准但未有效发现安全隐患的，对重大、较大隐患分别按照五级、七级安全事件对相关责任单位进行惩处，对重复发生的提级惩处。

（三）对因隐患排查治理不到位导致安全事故（事件）发生的，要全面倒查隐患排查治理各环节责任落实情况，严肃追究相关单位及人员责任。

第四十七条 各级单位应建立隐患排查治理激励机制，对在隐患排查治理工作中作出突出贡献的个人、单位给予通报表扬或奖励，相关费用从各单位安全生产专项奖中列支，各级安委办组织对所属单位奖励事项进行审查。

（一）及时排查发现隐患排查标准之外的安全隐患。

（二）及时完成重大隐患治理、有效避免事故发生。

（三）及时排查治理典型性、家族性隐患，或隐患排查治理技术方法取得创新突破得到上级认可推广。

（四）及时排查发现常规方法（手段）不易发现的隐蔽性安全隐患。

第九章 附 则

第四十八条 本办法由国网安监部负责解释并监督执行。

第四十九条 本办法自 2023 年 3 月 3 日起施行。原《国家电网公司安全隐患排查治理管理办法》[国家电网企管〔2014〕1467 号之国网（安监/3）481—2014]同时废止。

14 国家电网有限公司应急预案管理办法

国家电网有限公司关于印发
《国家电网有限公司网络安全监督管理
办法》等13项通用制度的通知

国家电网企管〔2019〕720号

总部各部门，各分部，公司各单位：

根据公司制度标准一体化建设工作部署，公司组织制定、修订了《国家电网有限公司网络安全监督管理办法》《国家电网有限公司交通安全监督管理办法》《国家电网有限公司安全教育培训工作规定》《国家电网有限公司应急工作管理规定》《国家电网有限公司应急预案管理办法》《国家电网有限公司应急预案评审管理办法》《国家电网有限公司电网运检智能化分析管控系统运行与应用管理规定》《国家电网有限公司运检业务职工创新实践活动管理规定》《国家电网有限公司110（66）kV及以上电缆及通道检修管理规定》《国家电网有限公司110（66）kV及以上电缆及通道运维管理规定》《国家电网有限公司电网设备金属（材料）技术监督规定》《国家电网有限公司运检环节电网设备供应商绩效评价管理办法》《国家电网有限公司输变电状态监测系统管理规定》13项通用制度，经2019年公司第四次规章制度管理委员会审议通过，现予印发，请认真贯彻落实。

国家电网有限公司（印）
2019年10月18日

第一章 总 则

第一条 为了规范国家电网有限公司（以下简称公司）突发事件应急预案管理工作，完善应急预案体系，增强应急预案的科学性、针对性、实效性和可操作性，制定本办法。

第二条 公司应急预案管理工作应当遵循统一标准、分类管理、属地为主、分级负责、条块结合、协调衔接、动态管理的原则。对涉及企业秘密的应急预案，应当严格按照保密规定进行管理。

第三条 公司各级单位负责本单位应急预案的管理，并指导和监督所属下级单位开展应急预案管理工作。各级单位主要负责人负责组织编制和实施本单位的应急预案，并对应急预案的真实性和实用性负责；各分管负责人应当按照职责分工落实应急预案规定的职责。国网安监部是公司总部应急预案体系管理和监督的责任部门，各职能部门是相关预案管理和实施的责任部门。公司所属各级单位应急管理归口部门是本单位应急预案体系管理和监督的责任部门，各职能部门是相关预案管理和实施的责任部门。

第四条 本办法适用于公司总（分）部、各单位及所属境内各级单位（含全资、控股、代管单位）的应急预案管理工作。

集体企业参照执行，境外全资、控股单位根据当地监管要求参照执行。

第二章 预 案 编 制

第五条 公司各级单位应按照"横向到边、纵向到底、上下对应、内外衔接"的要求建立应急预案体系。

第六条 公司应急预案体系由总体应急预案、专项应急预案、部门应急预案和现场处置方案构成。

总体应急预案是公司为应对各种突发事件而制定的综合性工作方案，是公司应对突发事件的总工作程序、措施和应急预案体系的总纲，应包括应急预案体系、危险源分析、组织机构及职责、预防与预警、应急响应、信息报告与发布、后期处置、应急保障等内容。

专项应急预案是公司为应对某一种或者多种类型突发事件（突发事件分为自然灾害类、事故灾难类、公共卫生类、社会安全类四类），或者针对重要设施设备、重大危险源而制定的专项性工作方案，应包括事件类型和危害程度分析、应急指挥机构及职责、信息报告、应急响应程序和处置措施等内容。

部门应急预案是公司有关部门根据总体应急预案、专项应急预案和部门职责，为应对本部门突发事件，或者针对重要目标物保护、重大活动保障、应急资源保障等涉及部门工作而预先制定的工作方案，应包括信息报告、响应分级、指挥权移交等内容。

现场处置方案是针对特定的场所、设备设施、岗位，针对典型的突发事件，制定的处置措施和主要流程，应包括应急组织及职责、应急处置和注意事项等内容。

第七条 公司总（分）部、各单位设总体应急预案、专项应急预案，视情况制定部门应急预案和现场处置方案。明确本部门或关键岗位应对特定突发事件的处置工作。公司总部和各单位本部涉及大面积停电、人身伤亡、消防安全、设备设施损坏等事件管理工作的部门，应当编制相应的部门应急预案，并做好与对应专项应急预案的内容衔接和工作配合。

地市和县级供电企业设总体应急预案、专项应急预案、现场处置方案，视情况制定部门应急预案；公司其他单位根据工作实际，参照设置相应应急预案；公司各级职能部门、生产车间，根据工作实际设现场处置方案；建立应急救援协调联动机制的单位，应联合编制应对区域性或重要输变电设施突发事件的应急预案。

第八条 总体应急预案由本单位应急管理归口部门组织编制；专项应急预案、部门应急预案和现场处置方案由本单位相应职能部门组织编制。在突发事件应急预案的基础上，根据工作场所和岗位特点，编制简明、实用、有效的应急处置卡。

应急处置卡应当规定重点岗位、人员的应急处置程序和措施，以及相关联络人员和联系方式，便于从业人员携带。

第九条 应急预案的编制应符合下列基本要求：

（一）有关法律、法规、规章和标准的规定；

（二）本单位的安全生产实际情况；

（三）本单位的危险性分析情况；

（四）明确应急组织和人员的职责分工，并有具体的落实措施；

（五）有明确、具体的应急程序和处置措施，并与其应急能力相适应；

（六）明确应急保障措施，满足本单位的应急工作需要；

（七）遵循公司的应急预案编制规范和格式要求，要素齐全、完整，预案附件信息准确；

（八）相关应急预案之间以及与所涉及的其他单位或政府有关部门的应急预案在内容上相互衔接。

第十条　在应急预案编制前，应成立应急预案编制工作组，明确编制任务、职责分工，制定编制工作计划。

应急预案编制工作组应由本单位有关负责人任组长，吸收与应急预案有关的职能部门和单位的人员，以及有现场处置经验的人员参加。开展编制工作前，应组织对应急预案编制工作组成员进行培训，明确应急预案编制步骤、编制要素以及编制注意事项等内容。

工作组应广泛收集编制应急预案所需的各种材料，应急案例档案资源库，开展风险评估和应急资源调查。

（一）风险评估：是指针对不同事故种类及特点，识别存在的危险危害因素，分析事故可能产生的直接后果以及次生、衍生后果，评估各种后果的危害程度和影响范围，提出防范和控制事故风险措施的过程。

（二）应急资源调查：是指全面调查本单位第一时间可以调用的应急资源状况和合作区域内可以请求援助的应急资源状况，并结合事故风险评估结论制定应急措施的过程。

第十一条　应急预案编制完成后，应征求应急管理归口部门和其他相关部门的意见，并组织桌面推演进行论证。如有需要，可对多个应急预案组织开展联合桌面演练。演练应当记录、存档。涉及政府有关部门或其他单位职责的应急预案，应书面征求相关部门和单位的意见。

第十二条　应急预案编制责任部门根据反馈意见和桌面推演发现的问题，组织修改并起草编制说明。修改后的应急预案经本单位分管领导审核后，形成应急预案评审稿。

第三章　评审和发布

第十三条　总体应急预案的评审由本单位应急管理归口部门组织；专项应急预案、部门应急预案和现场处置方案的评审由预案编制责任部门负责组织。

第十四条　总体、专项应急预案、部门应急预案以及涉及多个部门、单位职责，处置程序复杂、技术要求高的现场处置方案编制完成后，必须组织评审。应急预案修订后，若有重大修改的应重新组织评审。

第十五条　总体应急预案的评审应邀请上级主管单位参加。涉及网厂协调和社会联动的应急预案，参加应急预案评审的人员应包括应急预案涉及的政府部门、国家能源局及其派出机构和其他相关单位的专家。

第十六条　应急预案评审采取会议评审形式。评审会议由本单位业务分管领导或其委托人主持，参加人员包括评审专家组成员、评审组织部门及应急预案编写组成员。评审意见应形成书面意见，评审专家按照"谁评审、谁签字、谁负责"的原则在评审意见上签字，并由评审组织部门存档。

第十七条 应急预案评审包括形式评审和要素评审。

形式评审：是对应急预案的层次结构、内容格式、语言文字和编制程序等方面进行审查，重点审查应急预案的规范性和编制程序。

要素评审：是对应急预案的合法性、完整性、针对性、实用性、科学性、操作性和衔接性等方面进行评审。

第十八条 总体应急预案和专项应急预案经评审、修改，符合要求后，由本单位主要负责人（或分管领导）签署发布；部门应急预案由本部门主要负责人签署发布；现场处置方案由现场负责人签署发布。

应急预案发布时，应统一进行编号。编号采用英文字母和数字相结合，应包含编制单位、预案类别、顺序编号和修编次数等信息，并及时发放到本单位有关部门、岗位和相关应急救援队伍。

第四章　备　　案

第十九条 公司各级单位按照以下规定做好公司系统内部应急预案备案工作。

（一）备案对象：由应急管理归口部门负责向直接主管上级单位报备；

（二）备案内容：总体、专项、部门应急预案的文本，现场处置方案的目录；

（三）备案形式：正式文件；

（四）备案时间：应急预案发布后 20 个工作日内；

（五）审查要求：受理备案单位的应急管理归口部门应当对预案报备进行审查，符合要求后，予以备案登记。

第二十条 公司各级单位按政府有关部门的要求和以下规定做好公司外部备案：

（一）公司安全应急办负责按要求将公司自然灾害、事故灾难类应急预案报国家能源局、国务院国有资产监督管理委员会备案，并抄送应急管理部；公司各级单位安全应急办按要求将本单位自然灾害、事故灾难类突发事件应急预案报所在地的省、自治区、直辖市或者设区的市级人民政府电力运行主管部门、国家能源局派出机构备案，并抄送同级安全生产监督管理部门。

（二）公司各级单位地震地质、防汛、设备设施损坏、消防等专项事件应急处置领导小组办公室按要求将负责的专项预案报国家或地方政府专业主管部门备案。

（三）公司各单位应急管理归口部门负责监督、指导本单位各专业部门以及所辖单位做好应急预案备案工作。

（四）各单位可通过生产安全事故应急救援信息系统办理生产安全事故类应急预案备案手续，报送应急救援预案演练情况；并依法向社会公布，但依法需要保密的除外。

第五章　培　训　与　演　练

第二十一条 公司总部各部门、各级单位应当将应急预案培训作为应急管理培训的重要内容，对与应急预案实施密切相关的管理人员和作业人员等组织开展应急预案培训。

第二十二条 公司总部各部门、各级单位应结合本部门、本单位安全生产和应急管理工作组织应急预案演练，以不断检验和完善应急预案，提高应急管理水平和应急处置能力。

第二十三条 公司总部各部门、各级单位应制定年度应急演练和培训计划，并将其列入本部门、本单位年度培训计划。每三年至少组织一次总体应急预案的培训和演练，每半年至少开展一次专项应急预案培训和演练，且三年内各专项应急预案至少培训和演练一次；每半年至少开展一次现场处置方案培训和演练，且三年内各现场处置方案至少培训演练一次。

涉及易燃易爆物品、危险化学品等危险物品的经营、储存单位，施工单位，以及宾馆、商场、娱乐场所、旅游景区等人员密集场所经营单位，应当至少每半年组织一次生产安全事故应急预案演练，并将演练情况报送所在地县级以上地方人民政府负有安全生产监督管理职责的部门。

第二十四条　应急预案演练分为综合演练和专项演练，可以采取桌面推演、实战演练或其他演练方式。

第二十五条　总体应急预案的演练经本单位主要领导批准后由应急管理归口部门负责组织，专项应急预案的演练经本单位分管领导批准后由相关职能部门负责组织，部门应急预案和现场处置方案的演练经相关职能部门批准后由相关部门、车间或班组负责组织。

第二十六条　在开展应急预案演练前，应制定演练方案，明确演练目的、参演人员范围及任务、演练时间地点及方式、演练科目及情景设计、安全措施、保障措施、评估方法等。演练方案经批准后实施。

第二十七条　应急演练组织单位应当对演练的准备、方案、组织、实施、效果等进行全过程评估，并针对演练过程中发现的问题，对修订预案、应急准备、应急机制、应急措施提出意见和建议，形成应急预案演练评估报告。演练评估中发现的问题，应当限期改正。

第六章　实　施　和　修　订

第二十八条　应急预案的实施由本单位应急领导小组领导，各职能部门负责各自所主管应急预案的具体组织实施和解释工作，应急管理归口部门负责监督。

第二十九条　公司各级单位应当采取多种形式开展应急预案的宣传教育，普及安全用电常识、应急避险、自救和互救等知识，提高从业人员和社会公众的安全意识与应急处置技能。

第三十条　公司各级单位应当按照应急预案的规定，落实应急指挥体系、应急救援队伍、应急物资及装备，建立应急物资、装备配备及其使用档案，并对应急物资、装备进行定期检测和维护，使其处于适用状态。

第三十一条　发生突发事件，事发单位应当根据应急预案要求立即发布预警或启动应急响应，组织力量进行应急处置，并按照规定将事件信息及应急响应情况报告上级有关单位和部门。

应急处置结束后应对应急预案的实施效果进行评估，并编制评估报告。

第三十二条　公司各级单位应每三年至少进行一次应急预案适用情况的评估，分析评价其针对性、实效性和操作性，实现应急预案的动态优化，并编制评估报告。

第三十三条　应急预案每三年至少修订一次，有下列情形之一的，应进行修订。

（一）本单位生产规模发生较大变化或进行重大技术改造的；

（二）本单位隶属关系或管理模式发生变化的；

（三）周围环境发生变化、形成重大危险源的；

（四）应急组织指挥体系或者职责发生变化的；

（五）依据的法律、法规和标准发生变化的；

（六）重要应急资源发生重大变化的；

（七）应急处置和演练评估报告提出整改要求的；

（八）政府有关部门提出要求的。

第三十四条 应急预案修订涉及应急组织体系与职责、应急处置程序、主要处置措施、事件分级标准等重要内容的，修订工作应当参照本办法规定的预案编制、评审与发布、备案程序组织进行。仅涉及其他内容的，修订程序可根据情况适当简化。

第七章 组 织 保 障

第三十五条 公司各级单位应急管理归口部门应对应急预案管理工作加强指导和监督，并根据需要编写应急预案编制指南，指导应急预案编制工作。

第三十六条 公司各级单位应指定专门机构或人员负责应急预案管理相关工作；应急预案编制、评审、发布、备案、培训、演练、实施、修订等工作所需经费均应按照公司管理要求履行相关流程后纳入预算统筹安排。

第八章 检 查 与 考 核

第三十七条 公司各级单位应急管理归口部门不定期对本单位和所属下级单位应急预案管理工作进行检查，通报检查结果，以指导各级单位不断完善和提升应急预案管理水平。

第三十八条 突发事件应急处置结束后，由公司总部应急管理归口部门或发生该突发事件的省级公司，组织对突发事件应急处置涉及的相关应急预案进行评估调查，并根据相关规定，对所涉及应急预案的准确性、有效性和执行情况进行考核。

第九章 附 则

第三十九条 本办法由国家电网有限公司安全监察部负责解释并监督执行。

第四十条 本办法自 2019 年 10 月 18 日起施行。原《国家电网公司应急预案管理办法》[国家电网企管〔2014〕1467 号之国网（安监/3）484—2014] 同时废止。

第四十一条 本办法依据下列法律法规及相关文件规定，并结合公司实际制定。

《中华人民共和国突发事件应对法》（中华人民共和国主席令第 69 号）；

《中华人民共和国安全生产法》（中华人民共和国主席令第 13 号）；

《安全生产事故报告和调查处理条例》（国务院第 493 号令）；

《电力安全事故应急处置和调查处理条例》（国务院第 599 号令）；

《生产安全事故应急条例》（中华人民共和国国务院令第 708 号）；

《生产安全事故应急预案管理办法》（中华人民共和国应急管理部令第 2 号）；

《突发事件应急预案管理办法》（国务院办公厅国办发〔2013〕101 号）；

《电力企业应急预案管理办法》（国能安全〔2014〕508 号）；

《电力企业应急预案评审与备案细则》（国能综安全〔2014〕953 号）；

《生产经营单位生产安全事故应急预案编制导则》（GB/T 29639—2013）。

15 国家电网有限公司网络安全监督管理办法

国家电网有限公司关于印发
《国家电网有限公司网络安全监督
管理办法》等13项通用制度的通知

国家电网企管〔2019〕720号

总部各部门，各分部，公司各单位：

根据公司制度标准一体化建设工作部署，公司组织制定、修订了《国家电网有限公司网络安全监督管理办法》《国家电网有限公司交通安全监督管理办法》《国家电网有限公司安全教育培训工作规定》《国家电网有限公司应急工作管理规定》《国家电网有限公司应急预案管理办法》《国家电网有限公司应急预案评审管理办法》《国家电网有限公司电网运检智能化分析管控系统运行与应用管理规定》《国家电网有限公司运检业务职工创新实践活动管理规定》《国家电网有限公司110（66）kV及以上电缆及通道检修管理规定》《国家电网有限公司110（66）kV及以上电缆及通道运维管理规定》《国家电网有限公司电网设备金属（材料）技术监督规定》《国家电网有限公司运检环节电网设备供应商绩效评价管理办法》《国家电网有限公司输变电状态监测系统管理规定》13项通用制度，经2019年公司第四次规章制度管理委员会审议通过，现予印发，请认真贯彻落实。

国家电网有限公司（印）

2019年10月18日

第一章 总 则

第一条 为规范国家电网有限公司（以下简称公司）网络安全监督工作，强化网络安全责任落实，依据《中华人民共和国网络安全法》等国家法律法规和公司有关制度，制定本办法。

第二条 本办法所称网络安全监督是指依据有关法律法规、规章制度、标准规范，对公司网络安全管理要求和技术措施落实情况进行监督检查的活动。

第三条 公司网络安全监督坚持"统一领导、分级负责、全面覆盖、重点突出"的原则，不断健全监督体系，完善监督检查方式，强化考核评价，促进网络安全水平提升。

第四条 网络安全监督人员应遵守工作纪律，如实记录发现的问题，严格保护工作中涉及的信息、隐私和秘密等。

第五条 各级单位应积极配合网络安全监督检查，提供检查所需资料、环境、网络接入等必要条件。

第六条 本办法适用于公司总（分）部及各级单位的网络安全监督工作。公司各级控股、参股、代管单位和集体企业的网络安全监督工作参照执行。

第二章 职 责 分 工

第七条 各级单位应建立健全网络安全监督体系和保证体系，全面落实网络安全主体责任。各级安监部门是网络安全监督部门；各级互联网、调控、设备（运检）、营销等业务部门是网络安全保证部门；联研院、信通产业集团，各级电科院、信通公司等是网络安全监督支撑单位。

第八条 各级网络安全监督部门主要职责：

（一）建立健全网络安全监督工作体系，制定完善网络安全监督规章制度和标准规范。

（二）监督网络安全法律法规、规章制度和标准规范的贯彻落实。

（三）组织开展网络安全监督检查，并督促整改。

（四）督促开展网络安全隐患排查治理、风险预警管控、应急管理等工作。

（五）按规定报送网络安全事件信息；组织或配合开展网络安全事件调查、分析和处理。

第九条 各级网络安全保证部门主要职责：

（一）按照"谁主管谁负责，谁运行谁负责，谁使用谁负责，管业务必须管安全"原则，做好本专业网络安全工作。其中，各级互联网部门承担本单位网络安全归口管理职能，负责管理信息系统安全管理；各级调控中心承担本单位电力监控系统安全管理职能。

（二）参与或配合监督部门开展网络安全监督检查。

（三）组织开展本专业网络安全隐患排查治理、风险预警管控、应急管理等工作。

（四）向同级监督部门报送本专业网络安全事件信息；参与或配合开展网络安全事件调查。

第十条 各级网络安全监督支撑单位主要职责：

（一）参与网络安全监督检查、事件调查分析等工作。

（二）及时报告监测到的网络安全事件信息。

（三）组织研发、推广应用网络安全监督新技术、新装备、新方法。

第三章 监 督 内 容

第十一条 网络安全监督应覆盖全员、全过程、全方位、各环节。重点包括各单位网络安全组织机构，网络安全基础管理，人员安全管理，信息、电力通信、电力监控系统全过程安全管理和技术防护，数据安全，网络产品和服务等内容。

第十二条 在网络安全组织机构方面，主要监督机构建立、安全责任落实等。

（一）成立负责网络安全工作的领导小组，设立网络安全管理和监督机构，明确网络安全岗位，配备相应岗位人员。

（二）贯彻落实上级网络安全工作要求，并将网络安全工作纳入各单位安全生产管理体系。

（三）建立健全网络安全责任制，制定年度目标并分解落实，各级人员应严格履行网络安全职责。

第十三条 在网络安全基础管理方面,主要监督制度体系完善、关键信息基础设施保护、网络安全等级保护、隐患排查治理、风险预警管控等。

(一)建立健全网络安全制度标准体系,开展规章制度和标准规程宣贯、培训。

(二)严格落实电网关键信息基础设施保护相关要求,做好等级保护和安全风险检测评估等工作。

(三)编制、实施网络安全反事故措施计划和安全技术劳动保护措施计划。

(四)开展网络安全反违章、隐患排查治理、风险预警管控等工作。

(五)建立健全网络安全应急体系,开展监测分析,完善应急预案并定期演练,遇有突发事件及时高效处置。

(六)及时报告网络安全事件,规范开展事件调查处理。

第十四条 在人员安全管理方面,主要监督安全培训、保密等。

(一)建立网络安全从业人员安全背景审查、离岗离职安全管控等机制。

(二)开展全员网络安全知识、技能等培训宣贯,定期组织专业人员开展《电力安全工作规程(信息、电力通信、电力监控部分)(试行)》(以下简称安规)培训和考试。

(三)组织全员、相关外来人员签订《网络安全承诺书》。

(四)组织相关外来工作人员开展安全培训和考试,加强活动区域控制和网络接入管控等。

第十五条 在信息、电力通信和电力监控系统全过程安全管理方面,主要监督规划设计、开发建设、运行维护、退役下线等各环节网络安全要求落实执行等。

(一)规划设计阶段:在信息、电力通信和电力监控系统规划阶段充分考虑安全需求,编制安全需求分析和安全防护方案并按规定进行评审。

(二)开发建设阶段:应严格执行网络产品和服务采购安全管理、安全测试测评、安全防护方案要求,上线入网应履行安全审查审批手续。

(三)运行维护阶段:应严格执行安规和作业现场到岗到位规定,抓好作业现场安全管控。

(四)退役下线阶段:应开展安全风险评估处置,规范做好数据备份迁移、软硬件及数据的安全处理。

第十六条 在信息、电力通信和电力监控系统技术防护方面,主要监督物理环境、网络环境、硬件设备、软件系统和辅助设施安全防护等。

(一)信息系统应根据等级保护要求,严格落实安全物理环境、安全通信网络、安全区域边界、安全计算环境等方面的安全技防措施。

(二)电力通信系统应严格落实通信线路、通信设备、通信网结构、通信电源等方面的安全技防措施。

(三)电力监控系统应严格落实基础设施、体系结构、系统本体等方面的安全技防措施,以及有关安全防护规定和配套防护方案。

(四)新技术、新业务应用应严格执行安全检测、验证、评估和审核,加强网络安全防护措施落实。

第十七条 在数据安全方面,主要监督数据收集、发布、传输、存储等环节安全管理。

（一）建立健全用户信息保护制度，在信息收集使用、发布等环节要严格落实保护措施。

（二）数据对外提供过程中应严格履行备案、审批制度。

（三）重要数据应严格执行安全监测、审计、容灾备份及恢复等策略和要求。

（四）采取权限控制、安全加密、数字签名、数据脱密脱敏等安全技术措施加强数据安全管理。

第十八条 在网络产品和服务方面，主要监督网络产品和服务采购及提供过程中的安全管理。

（一）网络产品和服务采购前，应按要求开展网络安全审查。

（二）网络产品和服务提供前，应通过必要的安全认证和检测。

第四章 监 督 检 查

第十九条 各级单位应建立网络安全监督工作机制，采取安全性评价、专项监督、日常监督等方式，统筹网络安全专业力量，应用现场检查、远程检测等方法，对网络安全工作情况进行监督。

第二十条 各单位应依据安全性评价规范，以 3～5 年为周期，严格按照"自查评—专家查评—整改提高—复查评"的流程对所属单位全面开展信息通信及电力监控安全性评价。

第二十一条 专项监督和日常监督按照"制定方案、组织实施、通报反馈、督促整改"流程组织开展。

（一）对网络安全薄弱环节和重点业务、领域进行专项监督。总（分）部每年不定期组织开展，省、市公司级单位每半年至少组织开展 1 次，县公司级单位按照上级安排或结合实际组织开展。

（二）对网络安全隐患排查治理、风险预警管控、违章查纠、安规执行等情况进行日常监督。可结合春秋季安全大检查、重大活动保障等工作一并开展。

第五章 评 价 考 核

第二十二条 各级单位应建立网络安全工作奖惩机制。对网络安全工作做出突出贡献的单位、集体及个人给予表彰奖励，对违反网络安全相关规定的行为进行惩处。将网络安全监督检查及整改情况纳入本单位安全工作奖惩范围。

第二十三条 发生由于网络攻击、有害程序、设置后门、配置不善、操作不当、设备故障、重要数据泄露等导致的《国家电网公司安全事故调查规程》中规定的信息系统事件和电力监控系统相关安全事件，各级相关保证部门应向同级安监部门和上级单位及时报送信息。各级安监部门逐级报送至国网安监部。

第二十四条 上述事件的调查处理按照《国家电网公司安全事故调查规程》有关规定执行。

第六章 附 则

第二十五条 本办法由国家电网有限公司安全监察部负责解释并监督执行。

第二十六条 本办法自 2019 年 10 月 18 日起施行。

16 国家电网有限公司调度机构安全工作规定

国家电网企管〔2022〕640号

第一章 总　　则

第一条 为规范国家电网有限公司各级调度机构安全管理工作，提升电网安全运行水平，根据国家有关法律法规及公司相关规章制度制定本规定。

第二条 调度机构安全工作坚持"安全第一、预防为主、综合治理"的方针，以防止发生电网稳定破坏、大面积停电事故和调度责任事故为重点，提升调度机构安全生产保障能力，确保电网安全稳定运行。

第三条 调度机构实行以行政正职为安全第一责任人的安全生产责任制，建立健全安全生产责任体系、保证体系和监督体系。党政主要负责人分设的调度机构，安全生产工作必须坚持"党政同责、一岗双责、齐抓共管、失职追责"，分管副职协助安全生产第一责任人负责分管工作范围内的安全工作。

第四条 调度机构安全保证体系和安全监督体系应相互协同、各司其职、各负其责。坚持"谁主管谁负责、管业务必须管安全"的原则，加大监督检查力度，加强安全管理的闭环全过程管控。

第五条 调度机构应严格执行国家、行业及公司有关法律法规、技术标准、规程规定，不断完善安全管理机制，使安全生产工作实现制度化、规范化、标准化。

第六条 本规定适用于国家电网有限公司各级调度机构。

第二章 安　全　目　标

第七条 各级调度机构应逐年制定安全生产目标，省级及以上调度机构安全生产目标至少应包含以下内容：

（一）不发生有人员责任的一般及以上电网事故；

（二）不发生有人员责任的一般及以上设备事故；

（三）不发生重伤及以上人身事故；

（四）不发生调度自动化系统核心功能失效引起的五级及以上事件；

（五）不发生危害电网安全的电力监控系统网络安全事件；

（六）不发生有人员责任的五级以上通信设备及信息系统事件；

（七）不发生调度生产场所火灾事故；

（八）不发生影响公司安全生产记录的其他事故。

第八条 省级及以上调度机构内设专业处室（科室）应逐年制定专业安全生产目标，专业安全生产目标至少应包含以下内容：

（一）不发生调度员误调度、误操作等事件；

（二）不发生发电计划、停电检修计划安排不当等事件；

（三）不发生系统运行方式安排不合理、无功电压控制策略安排不当等事件；

（四）不发生继电保护和安全自动装置配置不当、误整定等事件；

（五）不发生调度自动化系统 SCADA 功能全部丧失等事件；

（六）不发生通信设备或通信网安全事件；

（七）不发生危害电网安全的电力监控系统网络安全事件；

（八）不发生因调度运行安排不当导致的水库水位运行异常事件。

第九条　地县级调度机构根据自身实际情况，制定本级机构和内设专业科室（班组）安全生产控制目标。

第三章　责　任　落　实

第十条　建立健全各级、各类人员安全生产责任制，调度机构行政正职作为安全第一责任人，对本级机构安全工作和安全目标负全面责任。

第十一条　调度机构党建工作负责人对分管工作范围内的安全工作负责，应将安全工作列入党委（党支部）工作的重要内容，做好安全生产文化和思想政治建设。

第十二条　调度机构行政副职对分管工作范围内的安全工作负领导责任，向行政正职负责。内设专业处室（科室、班组）专业负责人对本专业安全生产工作负责，接受本调度机构安全第一责任人和分管副职的领导。调度机构员工对本岗位安全生产工作负责。

第十三条　调度机构应定期根据岗位变动情况修订（制订）岗位安全责任清单，并依据安全责任清单编制安全责任书。安全责任书应逐级签订，将安全责任分解落实到各层级、各专业、各岗位，确保安全责任落实到岗到人。

第十四条　安全责任书应按照两级安全生产控制目标要求，根据本岗位的安全职责制定，应具有针对性、层次性。

第十五条　安全责任书期限为一年，原则上应在每年一季度完成。新入职员工上岗前应签订安全责任书，人员岗位变动后，应重新签订安全责任书。

第四章　安　全　监　督

第十六条　各级调度机构应建立安全监督网络建立中心、专业处室（科室、班组）两级安全监督体系。调度机构应设置专职安全员，各内设专业应设兼职安全员。

第十七条　调度机构安全员任职条件如下：

（一）坚持原则，具有中级及以上职称；

（二）熟悉与电网安全生产有关的法律、法规、技术标准、规章制度；

（三）专职安全员应具备 5 年以上电网运行、管理工作经验；兼职安全员应具备 3 年以上专业工作经验；

（四）专职安全员应经过安全生产管理专项培训，具备岗位工作能力。

第十八条　调度机构安全员的主要职责如下：

（一）监督调度机构安全责任制的落实情况；监督各项安全规章制度、反事故措施和上级有关安全工作指示的贯彻执行情况，及时反馈存在的问题并提出工作建议；

（二）开展日常调度业务、电网风险防控、应急处置等工作的监督，组织开展安全检查、隐患排查治理等工作，及时向主管领导报告发现的问题和隐患；

（三）建立健全调度机构安全管理工作机制；

（四）监督安全培训计划的落实情况，组织或配合电力安全工作规程等安全规定的修订、培训和考试；

（五）协助组织事故（事件）调查，按照"四不放过"（事故原因未查清不放过、责任人员未处理不放过、整改措施未落实不放过、有关人员未受到教育不放过）原则完成事故（事件）的统计、分析、报送工作；

（六）对调度机构安全生产工作成效显著、有突出贡献的人员，提出表扬和奖励的建议或意见；对事故（事件）负有责任的人员，提出批评和处罚的建议或意见。

第十九条　加强调度机构日常安全监督工作管理，各专业安全员负责对涉及本专业的业务进行日常检查，提出安全风险控制措施和建议；中心安全员负责对核心业务进行抽查，汇总、编制、发布月度安全监督查评报告，提出评价意见和整改建议，对整改措施落实情况进行跟踪检查。

第二十条　调度机构内部日常安全监督的主要内容如下：

（一）调度操作票、电话录音、值班日志、应急处置方案、在线安全风险分析开展情况；

（二）电网运行风险预警通知书的评估、发布、延期、取消及解除情况；

（三）电网停电检修票、电网日前计划执行情况；

（四）继电保护定值整定及审批执行情况；

（五）电力监控系统检修及工作票执行情况、自动化值班日志及自动化运行消缺值班记录执行情况、外来人员进入机房环境登记记录情况、备调运转和场所管理情况；

（六）电力通信检修票、通信方式安排、通信系统风险预警发布、故障和缺陷处置情况等；

（七）电力监控系统安全防护措施落实情况；

（八）隐患排查及治理情况。

第二十一条　调度机构安全员应定期组织分析安全监督工作中存在的问题，提出改进意见及建议，并对整改落实情况进行监督检查。

第二十二条　各级调度机构应加强安全监督技术支撑手段建设，深化国（分）、省（自治区、直辖市）、地（县）安全监督一体化管控平台应用，加强调度机构纵向安全监督管理，不断提升安全监督管理水平。

第五章　安　全　制　度

第二十三条　调度机构应严格执行国家、行业和上级主管部门颁发的安全生产法律、法规、技术标准、规章制度和反事故措施，及时组织宣贯学习并根据自身实际制定相应的实施细则，确保安全要求可靠落地。

第二十四条　调度机构应配备必要的法律、法规、技术标准、规章制度等文件。加强文件分级分类和目录管理，动态修编目录，及时更新文件，每年至少开展一次安全法律法规、技术标准、规章制度有效性检查活动，定期公布现行有效安全制度清单。

第二十五条 调度机构应在公司通用制度统一框架下，及时制定、动态修订电网运行及专业安全管理工作规定或细则，确保实效性和可操作性。

第二十六条 调度机构应每年对所辖电网调度控制规程或实施细则进行复查，根据需要进行补充修订；每三至五年进行一次全面修订，在履行审批手续后印发执行。

第六章 安 全 教 育

第二十七条 调度机构应组织制定年度安全生产教育培训计划，定期开展培训，加强安全生产教育考核，确保所有员工具有适应岗位要求的安全知识和安全技能，增强事故预防和应急处理能力。

第二十八条 调度机构安全生产教育培训内容包括但不限于《国家电网有限公司安全工作规定》《国家电网公司电力安全工作规程》《国家电网公司安全事故调查规程》《国家电网有限公司电力突发事件应急响应工作规则》《电力监控系统安全防护规定》及《电网调度控制运行安全生产百问百查读本》《电网调度控制运行反违章指南》《电网调度控制运行安全风险辨识防范手册》安全读本等，安全生产教育培训应结合调度运行特点和日常业务开展。

第二十九条 调度机构新入职人员必须经过专业处室（科室、班组）安全生产教育、中心安全培训，在考试合格后方可进入专业处室（科室、班组）工作。安全生产教育培训的主要内容应包括电力安全生产法律法规、规章制度及调度机构内部安全生产工作要求。

第三十条 调度机构新入职运行值班人员须经专业培训，并经考试合格后方可正式上岗，专业培训的主要形式包括发电厂和变电站（换流站）现场实习、跟班实习、各专业轮岗学习、专业技术培训等。

第三十一条 在岗生产人员安全培训要求如下：

（一）调度机构应定期组织在岗人员的安全生产教育培训，对在岗人员开展有针对性的现场考问、技术问答、事故预想、反事故演习等培训工作；各专业处室（班组）负责本专业管理范围内安全生产教育培训工作的具体实施；

（二）调度机构应加强在岗生产人员现场培训，熟悉现场设备及工作流程，调度运行专业至少每年开展两次；

（三）离开调度运行岗位三个月及以上的调度员，应重新熟悉设备和系统运行方式，并经安全规程及业务考试合格后，方可重新开展调度运行工作；

（四）生产人员调换岗位，应当对其进行专门的安全生产教育培训，经考试合格后，方可上岗；

（五）每年进行一次全员安全知识和安全规程制度考试，不及格的应限期补考，合格后方可重新上岗；

（六）对违反安全规章制度造成事故、严重未遂事故的责任者，应停止其业务工作，学习有关安全规章制度，考试合格后方可重新上岗；

（七）调度机构人员应学习自救互救方法、疏散和现场紧急情况处理方法，掌握触电现场急救方法，掌握消防器材的使用方法。

第三十二条 调度机构应定期对调度业务联系对象进行培训，组织开展持证上岗考试。调度业务联系对象经培训合格并取得任职资格证书后方可持证上岗。

第七章　安　全　活　动

第三十三条　调度机构每年至少应开展两次以上安全日活动，安全日活动由安全第一责任人主持，中心安全员协助，全体员工参加，活动主要内容如下：

（一）传达上级有关安全生产指示；

（二）学习事故通报及安全生产简报；

（三）讨论、分析安全生产隐患及整改措施；

（四）布置本专业安全生产工作；

（五）其他与安全生产有关的工作。

第三十四条　调度机构应每周召开一次安全生产例会，相关专业人员参加，协调解决安全工作存在的问题，安排布置安全生产工作任务。

第三十五条　调度机构每季度应至少召开一次安全分析会，会议由调度机构安全生产第一责任人主持，相关专业人员参加，会后应下发会议纪要。会议主要内容应至少包括：

（一）组织学习有关安全生产的文件；

（二）通报电网运行情况；

（三）各专业根据电力电量平衡、电网运行方式变更、季节变化、火电储煤变化、水电及新能源运行情况、网络安全情况、通信系统及调度数据网运行情况、技术支持系统运行情况等，综合分析安全生产趋势和可能存在的风险；

（四）根据安全生产趋势，针对电网运行存在的问题，研究应对事故的预防对策和措施；

（五）总结事故教训，布置下一步安全生产重点工作。

第八章　安　全　检　查

第三十六条　调度机构应执行迎峰度夏（冬、汛）、节假日及特殊保电时期的安全检查制度，根据季节性特点、检修时段，每年至少组织一次安全专项检查或抽查。

第三十七条　调度机构进行安全检查前，应结合当前的工作实际编制安全检查提纲，对检查出的问题要制订整改方案并督促落实。

第三十八条　调度机构迎峰度夏（冬、汛）专项安全检查主要内容如下：

（一）结合季节安全生产特点，以查管理、查规程制度执行情况、查隐患、查安全措施落实情况为重点，从电网运行管理、二次设备管理（含继电保护、安全自动装置、调度技术支持系统、电力监控系统网络安全防护、电力通信）、网源协调管理、应急预案制定以及演练、迎峰度夏（冬、汛）准备情况等方面开展检查（抽查）工作；

（二）检查、抽查直调发电厂（场、站）运行管理、设备维护、燃料供应、应急处置、电力监控系统网络安全防护等方面存在的问题和薄弱环节。

第三十九条　调度机构节假日及特殊保电等时期专项安全检查主要内容如下：

（一）保电工作组织领导和工作制度执行情况；

（二）保电工作方案、事故处置方案、电网应急处置方案及备调运行管理情况；

（三）值班人员对节日方式和保电预案的熟悉程度，调度技术支持系统维护和管理情况，运行系统、设备和参数是否完好，电源系统、机房空调、消防设施、反恐安保、办公场所、值班安排是否正常等；

（四）组织协调下级调度机构和运行单位保电工作进展情况。

第四十条 加强调度操作票、设备检修票、电力监控系统检修票、电力通信检修票等管理，调度机构应健全完善相关管理制度，定期进行统计、分析、评价和考核。

第四十一条 加强调度系统反违章管理，各级调度机构应执行预防违章和查处违章的工作机制，开展违章自查、互查和稽查，采用违章通报、考核等手段，加大反违章力度，定期通报反违章情况，对违章现象进行点评和分析。

第四十二条 调度机构应按照调度机构安全生产保障能力评估标准开展自查评工作，针对存在的问题制定整改计划，并对落实情况进行跟踪检查。

第四十三条 调度机构应以三至五年为周期对下级调度机构开展安全生产保障能力评估，组织制定相关工作计划；下级调度机构应根据专家查评报告开展整改，按要求将整改计划报上级调度机构。

第九章 风 险 管 理

第四十四条 各级调度机构应全面实施安全风险管理，推行安全管理标准化，对各类安全风险进行超前分析和流程化控制，形成"管理规范、责任落实、闭环动态、持续改进"的安全风险管理工作机制。

第四十五条 调度机构应开展电网2～3年滚动分析校核，组织制定所辖电网年度运行方式，全面评估电网运行情况、安全稳定措施落实情况及其实施效果，分析预测电网安全运行面临的风险，组织制定风险专项治理方案。

第四十六条 调度机构应建立风险预警机制，开展月度日前安全校核分析工作，评估临时方式、过渡方式、特殊方式的电网风险，制定防范及应急措施，及时启动电网运行风险预警，提出电网风险控制的要求。

第四十七条 调度机构应定期开展问题（隐患）排查和治理工作。对发现的安全问题（隐患）进行评估。经评估达到规定隐患等级的，应纳入公司隐患统一管理。

第四十八条 按照"谁主管、谁负责"和"全方位覆盖、全过程闭环"原则，调度机构分管领导负责指导分管范围内的问题（隐患）排查治理及审核评估工作；专业负责人负责本专业问题（隐患）的控制、治理等相关工作，承担问题（隐患）排查治理的闭环管理责任。

第四十九条 调度机构应针对新设备启动、调度倒闸操作、调度自动化系统设备检修、日前停电计划、继电保护定值整定及流转、技术支持系统使用、电力通信系统检修等电网调度主要生产活动，按要求开展核心业务流程及标准化作业程序建设。

第五十条 调度机构应加强核心业务流程建立、执行到审计、监督、评估和改进的全过程管理，在流程中固化工作节点内容、时标，以核心业务的流程化、信息化推动调度工作的标准化、规范化。

第五十一条 调度机构应加强调度自动化系统运行保障，避免因物理安全风险、机房辅助设施、系统平台和软硬件、内部人为破坏和运维不当、外部网络攻击等导致的核心功能失效事件；应加强电力监控系统安全防护工作，坚持"安全分区、网络专用、横向隔离、纵向认证"的原则，保障电力监控系统安全运行。

第五十二条 调度机构应建立运行值班员业务承载力分析机制，合理调配调度员值班期间的人数与工作量，安全、高效开展电网运行工作。

第十章　应　急　管　理

第五十三条　按照"实际、实用、实效"的原则，建立完善调度机构应急预案体系，主要包括：调度机构应对大面积停电事件应急处置方案、电力保供应急预案、调度自动化系统故障应急预案、电力监控系统网络安全事件应急预案、通信系统突发事件应急预案、备调应急启用方案等处置预案。针对运行值班、设备运行维护等重要岗位，要进一步细化编制对应岗位明白纸和应急处置卡。

第五十四条　编制年度演练计划，针对各项应急处置方案，每年至少应开展一次应急演练。演练宜采用实战化、无脚本的形式。演练结束后应进行总结分析，查找存在的问题，提出改进建议，及时组织应急处置方案修订工作。

第五十五条　建立完善应急预案和协调工作机制：

（一）涉及下级或多个调度机构的，由上级调度机构组织共同研究和统一协调应急过程中的应急预案，明确上下级调度机构协调配合要求；

（二）需要上级调度机构支持和配合的，下级调度机构应及时将调度应急处置方案报送上级调度机构，由上级调度机构统筹协调；

（三）可能出现孤网运行的，上级调度机构应根据地区电网特点与关联程度，组织下级调度机构及相关发电企业对应急处置方案进行统筹编制。

第五十六条　加强调度机构反事故演习管理，定期组织反事故演习，统一规范反事故演练工作的方案编制、组织形式、演练流程。

（一）每年调度机构应至少组织或参加一次电网联合反事故演习。联合反事故演习应依托调度员培训仿真系统（DTS），应尽可能将备调系统、网络入侵、应急通信等内容纳入演习；

（二）联合反事故演习参演单位应包含相关调度机构、输变电运维单位、发电厂（场、站）、用户等调度对象，各单位参演人员应包含运行人员及技术支撑专业人员；

（三）联合反事故演习可由调度机构自行组织，也可与公司大面积停电、设备设施损坏、水电站大坝垮塌、气象灾害或地震地质灾害处置、电力服务事件处置等专项预案应急演练协同进行；

（四）联合反事故演习应组织相关人员现场观摩，并开展反事故演习后评估；

（五）调度运行专业每月应至少举行一次专业反事故演习。

第五十七条　调度机构应成立调度应急指挥工作组，组长由调度机构行政正职担任，在本公司应急领导小组及上级调度机构领导下开展工作。调度应急指挥工作组应结合本调度机构实际情况，下设故障处置、技术支撑、综合协调等小组，协同参与应急处置：

（一）当公司启动应急预案，调度应急指挥工作组按公司有关规定及要求执行；

（二）调度管辖范围内电网、电力通信网、电网技术支持系统、调度重要场所等发生突发事件时，调度机构应根据要求及时启动应急响应，并按照相关规定向上级调度机构、公司应急办、总值班室及有关部门报告；

（三）调度应急指挥工作组及相关专业组成员应按要求及时赶赴指定场所，指挥和协助应急处置；

（四）加强应急处置过程中的信息收集与共享，调度应急指挥工作组统一指挥电网运行信息的汇集与报送工作，按需调取相关资料；

（五）应急响应解除后，调度应急指挥工作组应及时向公司应急领导小组和上级调度机构报告。调度机构应对突发事件应急处置情况进行调查评估，提出改进措施，整理归档相关信息资料。

第十一章 备 调 管 理

第五十八条 各级调度机构应结合实际制定备调运行管理细则，加强备调场所、技术支持系统、后勤保障、人员及资料管理，确保满足日常运行和应急启用条件。

第五十九条 各级调度机构应编制备调启用应急方案，明确应急组织形式及职责、应急处置措施等。针对调度、自动化、通信等岗位，应编制备调启用应急处置卡，规范应急处置程序和措施。

第六十条 建有同城第二值班场所的调度机构，应考虑同城第二值班场所和异地值班场所在运行管理、应急启用、演练评估等方面的差异化要求，确保有效支撑人员业务常态化同步值守。

第六十一条 加强备调值班人员管理，备调值班人员经培训考试合格、取得任职资格后方可上岗。建设同城第二值班场所的调度机构，应按照满足同城双场所同步值守的需求进行调度员配置和培养。

第六十二条 加强调度机构备调演练管理，每月开展主、备调技术支持系统技术及管理资料的一致性、可用性检查；每季度组织一次电网调度指挥权转移至同城第二值班场所的应急演练，每年至少组织一次电网调度指挥权转移至异地值班场所的综合性应急演练。

第六十三条 主、备用技术支持系统应实行同质化管理，保持同步运行、同步维护、同步升级，系统的同步状态和数据一致性应进行实时监视，确保主、备用技术支持系统同时可用。

第六十四条 调度机构应建立备调评估机制，对备调临时启用的实战情况进行总结评估，及时发现问题，落实整改措施，不断提高备调建设、运行管理水平。

第十二章 涉 网 安 全 管 理

第六十五条 调度机构与发电企业、直调大用户应按照公司统一合同文本签订并网调度协议，应明确双方在电网运行方面的安全责任与义务。

第六十六条 依法依规履行发电企业、直调大用户涉网安全监督职能。

（一）新、改、扩建发电机组满足并网必备条件后方可并网，新机组完成各项系统调试工作，满足《电网运行准则》《电力系统安全稳定导则》等有关规定，方可进入商业运行；

（二）对已并网发电机组和涉网设备，应定期检查是否符合并网必备条件，并进行复核性试验，复核周期不应超过 5 年。存在问题的，应及时发出整改通知书，督促发电企业按要求进行整改；

（三）对并网发电厂、直调大用户发生涉及电网安全的异常和故障，调度机构应及时组织进行技术分析和评估，督促其完成事故技术分析与评估报告，有效落实整改措施；

（四）指导、督促并网发电企业、直调大用户落实电网、电力调度数据网、电力通信网反事故措施、电力监控系统安全防护等相关要求，对整改措施落实情况进行跟踪检查；

（五）及时向并网发电企业、直调大用户通报涉网安全要求，组织开展涉网安全专题培训。

第六十七条　加强新能源厂（场）站并网安全管理，严格落实新能源厂（场）站入网检测要求，严禁不满足并网条件的新能源厂（场）站违规并网。

第六十八条　持续完善分布式电源接入配电网安全管控措施，建立分布式电源涉网安全检查和整改机制，细化设备停电计划、倒闸操作、运行维护、检修工作要求，加强分布式电源接入区域内配电网管理和用电异常分析，及时消除安全隐患。

第六十九条　强化大用户涉网管理，相关调度机构应严格履行并网协议要求，参与用户系统接线、运行方式等技术方案审查和设备受电前验收工作，定期检查用户侧涉网设备配置、保护装置定值等情况，确保各项安全措施落实到位。

第七十条　持续深化国、网、省（自治区、直辖市）、地（县）网源协调管理平台应用，强化涉网参数和资料管理，不断提升涉网安全管理水平。

第十三章　工　程　管　理

第七十一条　建立调度机构项目立项、施工方案审查、过程管控监督、验收评价等全流程闭环安全管控机制，健全各项规章制度，避免发生各类人身、电网、设备和网络安全事件。

第七十二条　调度机构立项的工程项目，在签订合同时应同步签订安全协议，涉及调度保密信息的工程项目应签订保密协议。

第七十三条　外来施工人员进入调度场所开展作业需履行安全准入和工作票手续，经安全培训并考试合格后方可作业。作业时应做好安全措施。

第七十四条　在有可能引起安全事故的调度场所作业时，施工方应制定三措一案（组织措施、技术措施、安全措施、施工方案），经审核无误后严格按照施工方案进行作业，不得擅自变更；督导非调度场所的电力监控、通信工程项目"三措一案"落实情况。

第十四章　考评与奖惩

第七十五条　安全奖惩应坚持精神鼓励与物质奖励相结合、思想教育与经济处罚相结合的原则，实行安全目标管理、过程管控和以责论处的安全奖惩制度。

第七十六条　调度机构应对安全绩效考核情况进行通报，并将安全绩效考核纳入员工绩效考核。

第七十七条　调度机构应对安全生产工作方面有突出表现的下级调度机构和个人提出表彰奖励建议，对未实现安全目标或发生责任性安全事故的下级调度机构和个人在评先、评优方面实行"一票否决"。

第七十八条　发生一般及以上人身事故、五级及以上人员责任电网和设备事件、六级及以上人员责任信息安全事件，或发生造成重大影响事件的单位，应在要求时间内向上级调度机构汇报清楚。

第十五章 附 则

第七十九条 本规定由国调中心负责解释并监督执行。

第八十条 本规定自 2022 年 11 月 1 日起施行。原《国家电网公司调度机构安全工作规定》[国家电网企管〔2018〕176 号之国网（调/4）338—2018] 同时废止。

17 国家电网有限公司调度机构预防和处置大面积停电事件应急工作规定

国家电网企管〔2022〕640号

第一章 总 则

第一条 为规范国家电网有限公司调度机构应对大面积停电事件的预防和处置工作，正确、高效、快速处置大面积停电事件，保障电网安全运行和电力可靠供应，依据《国家电网有限公司安全事故调查规程》《国家电网有限公司电力突发事件应急响应工作规则》《国家电网有限公司大面积停电应急预案》等规章制度制定本规定。

第二条 大面积停电事件的预防应遵循"科学分析、实效演练、重点预控"的原则，按照"先降后控"的要求，严控电网运行风险。

第三条 按照"统一调度、分级管理、上下协同"的原则，各级调度机构应在本级公司大面积停电事件应急领导小组（以下简称公司应急领导小组）及上级调度机构的统一指挥下，开展大面积停电事件的处置工作。

第四条 本规定适用于国家电网有限公司各级调度机构。

第二章 职 责 分 工

第五条 调度机构应成立调度应急指挥工作组，在本公司应急领导小组及上级调度机构领导下开展工作。调度应急指挥工作组组长由调度机构行政正职担任，成员由调度机构分管领导及各专业人员组成。

第六条 调度应急指挥工作组应结合本调度机构实际情况，设置故障处置、技术支撑、综合协调等小组。

第七条 调度应急指挥工作组的主要职责是：

（一）贯彻落实公司及上级调度机构的规定、规范以及本单位预防和处置大面积停电事件预案中电网调度相关工作要求，履行调度机构处置电网大面积停电事件的职责；

（二）按照统一对外的原则，负责调度机构与本级公司应急领导小组、上下级调度机构及相关单位的工作协调；

（三）负责协调事件调查和对外信息传达，协调各小组开展事件处置、调查分析工作；

（四）负责组织和指挥、协调调度机构各专业应急工作，及时有效控制大面积停电事件的发展，保持电网稳定运行和可靠供电；

（五）督导应急工作任务在电网运行日常工作中的落实；

（六）组织开展调度机构大面积停电事件应急处置方案的编制、修订、培训及演练。

第八条 故障处置组的主要职责是：

（一）指挥所辖电网大面积停电事件应急处置及恢复工作；

（二）协助应急指挥工作组开展事态研判，提出相关决策建议；

（三）负责收集电网运行重大事件的信息，及时向调度应急指挥组汇报；

（四）及时向上级调度部门汇报电网运行重大事件信息，执行上级调度部门事故处置指令；

（五）指导下级调度机构开展电网故障处置工作，组织对发生事故的下级电网进行事故支援；

（六）收集继电保护、安控装置等动作情况及相关信息资料，进行分析和判断，为电网事故处理提供依据；

（七）负责与相关部门沟通联系，及时获取气象、水利、地震、地质、交通运输等最新信息。

第九条 技术支撑组的主要职责是：

（一）根据应急指挥工作组的要求，做好应急情况下专业应急值班人员协调组织工作；

（二）负责保障主备调调度技术支持系统正常运行，负责调度自动化系统全停等重大技术支撑系统事故的处理；

（三）负责调度通信业务协调；

（四）负责备用调度值班场所日常管理，组织应急备用人员培训和切换演练。

第十条 综合协调组的主要职责是：

（一）根据应急指挥工作组的要求及时收集、报送相关信息；

（二）负责协调安排主备调调度运行人员及中心应急人员后勤保障，做好与本单位后勤等部门沟通协调；

（三）协调故障处置组做好监测预警工作，针对大面积停电事件预警，及时向相关部门发布停电信息。

第三章 预 案 及 演 练

第十一条 调度机构应结合所在地区自然灾害、电网设备及结构特点，针对调度场所突发事件、电网重大检修、变电站（换流站）重大故障、调度自动化系统故障、调度数据网中断、通信网故障、电力监控系统网络安全事件、重要输电走廊破坏等可能造成大面积停电的重要危险点，组织开展风险评估，建立调度机构应对大面积停电事件处置预案体系。

第十二条 调度机构应充分考虑大面积停电可能对主备调场所供电电源、UPS 及直流电源、机房空调等危及调度运行指挥的影响，组织开展风险评估，编制调度机构应对处置方案。

第十三条 调度机构应根据相关法律法规和技术标准更新情况、电网结构和运行方式重大变化等，及时组织对调度机构应对大面积停电处置方案进行修订。

第十四条 调度机构主备调场所应包括但不限于《大面积停电事件处置方案》《重要厂站全停应急处置方案》《黑启动方案》等资料，并做好资料定时更新，确保实用性。

第十五条 为提升调度机构大面积停电应急处置能力，调度机构应编制明确各专业、岗位在大面积停电处置过程中的岗位职责、专业分工、处置要点等内容的《大面积停电应急处置分工明白纸》，并纳入调度机构大面积停电事件处置方案。

第十六条　地级以上调度机构应及时在调度安全技术支持系统中更新上传地理接线图、电网接线图等相关资料。

第十七条　调度机构应根据风险评估结果，有针对性地加强应急培训管理，定期组织相关人员开展电网大面积停电应急处置方案培训。

第十八条　调度机构应根据风险评估结果，有针对性地开展应急演练，演练内容包括但不限于：

（一）年度大面积停电事件应急演练；

（二）迎峰度夏（冬）联合反事故演习；

（三）调度机构主、备调切换应急演练；

（四）重大政治活动供电应急演练；

（五）调度反事故演习。

第四章　风　险　预　警

第十九条　电网风险预警启动要求如下：

（一）调度机构相关专业根据外部环境、电网运行、供需平衡、燃料供应、设备运行等因素，综合分析电网运行风险，提出电网大面积停电预警建议，调度应急指挥工作组审核后报本单位应急领导小组；

（二）调度应急指挥工作组在接到本单位应急领导小组大面积停电预警启动通知后，应启动电网大面积停电调度预警响应并向上级调度机构报告。

第二十条　依据《国家电网有限公司大面积停电事件应急预案》，公司电网大面积停电预警分为一级、二级、三级和四级。其中研判可能发生特别重大、重大、较大、一般大面积停电事件时，分别发布一级、二级、三级、四级预警，依次用红色、橙色、黄色和蓝色表示。

第二十一条　发布一、二级预警，调度机构预警行动要求如下：

（一）调度机构启动应急值班，中心主要领导、专业分管领导、处室负责人、专业骨干、运维技术支撑人员24小时在岗值班，根据需要启动备调同步值守，启用调度应急会商，实行零报告制度；

（二）加强自动化、通信运行值班力量，增加设备巡视频次，值班人员每4小时巡视一次；

（三）加强备品备件管理，保护、自动化、通信等核心设备或老旧设备应配足配齐，并督促运维单位同步开展；

（四）通知下级调度、运维单位做好预警响应工作，恢复变电站有人值守，加强重要断面、重载线路、重要设备巡视、监测；加强电网运行风险管控，落实"先降后控"要求，强化专业协同，制定落实管控措施，严防风险失控；

（五）强化网源协调，通知直调电厂做好预警响应工作，确保发电机、锅炉、变压器等主辅设备健康水平，燃料储备充足；落实保厂用电措施，加强设备巡视；相关电厂对承担电网"黑启动"机组进行检查，确保机组具有应急启动能力；

（六）通知大用户及重要用户做好预警响应工作，检查并落实保供电措施，加强设备巡视；按照政府发布的有序用电序列表，确保足够容量的紧急拉限电容量；

（七）停止电网检修试验、新设备启动等工作，尽可能恢复检修设备，保证电网全接线、全保护运行。

第二十二条 发布三、四级预警，调度机构预警行动要求如下：

（一）调度机构启动应急值班，中心专业分管领导、处室负责人、专业骨干、运维技术支撑人员 24 小时在岗值班，备调进入随时启动状态，启用调度应急会商，实行零报告制度；

（二）加强自动化、通信运行值班力量，增加设备巡视频次，值班人员每 6 小时巡视一次；

（三）加强备品备件管理，保护、自动化、通信等核心设备或老旧设备应配足配齐备品备件，并督促运维单位同步做好支撑；

（四）通知下级调度、运维单位做好预警响应工作，通知恢复重要变电站有人值守，加强重要断面、重载线路、重要设备巡视、监测；加强电网运行风险管控，落实"先降后控"要求，制定落实管控措施；

（五）强化网源协调，通知重点直调电厂做好预警响应工作，确保发电机、锅炉、变压器等主辅设备健康水平，燃料储备充足；落实保厂用电措施，加强设备巡视；相关电厂对承担电网"黑启动"机组进行检查，确保机组具有应急启动能力；

（六）通知大用户及重要用户做好预警响应工作，检查并落实保供电措施，加强设备巡视；按照政府发布的有序用电序列表，确保足够容量的紧急拉限电容量；

（七）按照需要终止电网检修试验、新设备启动等工作，条件允许的检修设备应尽快恢复并投入运行，预警涉及范围内恢复电网全接线、全保护运行。

第二十三条 调度机构各专业预警响应要求如下：

（一）调度运行专业：加强电网监视调整，严禁电网超稳定限额运行，熟悉应急处置方案，并结合预警要求开展反事故演习，有针对性地开展在线安全分析，做好事故预想；

（二）系统运行专业：根据预警信息，开展电网运行风险评估，提出调整电网运行方式、稳定限额、安稳装置策略、无功电压控制策略意见，协助调度运行专业制订事故处置方案；

（三）调度计划专业：结合预警情况，跟踪分析负荷、来水、燃料供应等情况，全面开展电网电力平衡分析，调整交易计划，进行发电机组启停预安排，滚动开展日计划安全校核；

（四）自动化及网络安全专业：全面检查主、备调自动化系统主站、调度数据网及厂站端运行情况，停止调度自动化系统及设备检修工作，保障调度自动化系统正常运行。加强网络安全运行状态实时监视，确保网络安全防护设备运行正常。加强机房和外来人员安全管控，严格防范社会工程学攻击；

（五）水电及新能源专业：根据预警情况，加强与各级水利、气象等部门的沟通和联系，及时获取汛情和气象的最新信息，做好水电及新能源功率预测，协助制定故障处置方案；

（六）继电保护专业：根据预警信息，开展继电保护定值适应性分析，全面检查继电保护、安控装置及故障录波主站等技术支撑系统的运行情况，做好异常缺陷应急处置准备；

（七）通信专业：做好应急通信系统巡视检查，确保应急通信系统正常运行；加强通信系统网管巡视，做好通信方式安排和通信应急事故抢修准备，确保调度生产电话、保护及安控通道等重要业务不中断，保证主干通信网网络安全、重要通信站和重要用户的通信畅通；

（八）综合技术专业：做好中心内部各专业、上下级调度机构及公司其他部门预警工作协调，督促检查中心各专业预警措施落实情况，负责预警响应期间中心值班安排，以及值班场所、车辆、物资等后勤保障协调工作。

第二十四条 调度应急指挥工作组成员接到预警通知后，应按要求到达指定场所进行处置会商，指导调度运行值班人员开展大面积停电事件处置工作。

第二十五条 调度机构应严格执行《国家电网有限公司电力突发事件应急响应工作规则》《国家电网有限公司调度系统重大事件汇报规定》相关要求，及时准确开展信息报送。

第二十六条 调度应急指挥工作组可根据电网运行及电力供应趋势提出预警级别调整或预警结束建议，并依据本公司应急领导小组通知，调整或结束预警响应，并向上级调度机构报告。

第五章 应 急 处 置

第二十七条 应急启动要求如下：

（一）调度机构可根据外部环境、电网运行、供需平衡、燃料供应、设备运行等可能造成电网大面积停电的情况，向调度应急指挥工作组提出电网大面积停电应急启动建议；调度应急指挥工作组审核同意后，报本单位应急领导小组；

（二）调度应急指挥工作组在接到本单位应急领导小组大面积停电应急启动通知后，立即启动电网大面积停电调度应急响应并向上级调度机构、公司应急办、总值班室等相关部门报告。

第二十八条 故障处置组依据电网故障处置预案开展故障处置，并向调度应急指挥工作组报告。

第二十九条 调度应急指挥工作组接到电网大面积停电事件汇报后，电话通知全体成员立即赶赴应急指挥场所。

第三十条 调度应急指挥工作组与故障处置组、相关单位或部门进行信息收集与核实，密切关注事态发展，根据电网故障危害程度、涉及范围、损失负荷、社会影响等情况做出决策和部署。主要包括但不限于：

（一）启动内部应急值班机制；

（二）启动应急信息汇集与报送机制，按需调取相关档案资料；

（三）初步确定应急响应级别，向本单位应急领导小组申请启动应急响应；

（四）按相应响应级别要求及职责分工开展工作，向本单位应急领导小组和上级调度机构报告；

（五）组织会商，参与事故处置、指导、指挥和决策；

（六）派遣专业人员赶赴事故现场或单位进行事故支援；

（七）按需启动备调应急工作模式，做好电网调度指挥权转移或同步值守准备。

第三十一条 调度应急指挥工作组应结合电网运行实际、电力平衡分析、电网安全稳定分析等情况，综合研判，发布应急处置的要求。

第三十二条 故障处置组应根据事故势态发展，适时开展以下工作：

（一）快速发现、判断、隔离故障，尽快恢复供电。及时启停发电机组、调整发电机组有功和无功负荷、滚动调整电网运行方式和调度计划等，必要时采取拉限负荷、解列电网、解列发电机组等措施，紧急联系上级及相关调度机构协调应急支援；

（二）及时收集设备跳闸、告警、保护动作、故障录波等信息，开展设备故障性质、继电保护定值适应性分析，为值班调度员事故处置提供支持；

（三）及时收集本级及相关上下级电网运行信息，加强沟通协调，在电网恢复过程中，协调好电网、电厂、用户之间的恢复次序，保证电网安全稳定；

（四）加强与有关专业部门沟通和联系，及时获得气象、水利、交通等信息，分析对电网运行可能造成的影响，制定防范措施，提出措施建议；关注各直调水电厂水库水位及流量变化，提出水电厂水库运行方式调整建议；

（五）发生孤网运行情况时，在上级调度机构统一指挥下，故障处置组协助、指导值班调度员迅速调整运行方式和机组开停方式，恢复系统频率和电压正常，优先恢复重要负荷供电，择机并网；

（六）发生网络攻击行为时，应迅速对恶意攻击源进行定位和阻断，及时隔离受影响设备，杜绝网络攻击蔓延，尽快修复网络攻击造成的影响。

第三十三条　技术支撑组应开展以下工作：

（一）停止与应急处置无关的自动化系统检修及操作，检查主、备调自动化系统、厂站端自动化系统、调度数据网和二次安防设备等自动化设备运行情况，及时消除设备异常状况，确保技术支持系统可靠运行；

（二）停止与应急处置无关的通信系统检修及操作，检查电力通信网及所属设备、数据通道运行情况，及时消除异常状况，恢复有关中断通信系统及数据通道运行，确保调度电话及通信系统可靠运行；

（三）按要求做好应急指挥中心调度自动化、通信业务的技术支持；

（四）协调做好应急电视电话会议系统、网真会议系统的实时保障工作；

（五）若大面积停电造成调度大楼外来电源消失，按照处置方案要求，采取有效措施，防止机房温度超标，延长 UPS 电源供电时间，确保自动化、通信机房设备安全运行。

第三十四条　综合协调组应开展以下工作：

（一）做好中心内部各应急处置小组、上下级调度机构、公司相关部门应急联动协调工作；

（二）做好信息报送，汇总灾害、气象、水情、设备故障、供需平衡、故障处置进度等信息，向中心应急指挥工作组报告，按要求向上级调度机构以及公司大面积停电事件处置领导小组报送信息；

（三）按照调度应急指挥工作组要求组织召开应急工作例会，编制有关会议材料；

（四）安排中心应急值班，协调应急值班人员以及备调启用期间的食宿、交通、通信等后勤保障。

第三十五条　调度应急指挥工作组根据国家及公司相关规定，在电网大面积停电应急处置满足终止条件时，可向本单位应急领导小组提出应急结束建议。

第三十六条　在接到本单位应急结束的通知后，调度应急指挥工作组通知各工作组结束应急响应，向上级调度机构报告，并通报下级调度机构、直调厂站等相关单位。

第六章　信　息　报　送

第三十七条　大面积停电事件发生后，调度机构值班调度员应严格按照《国家电网公司调度系统重大事件汇报规定》，向上级调度机构值班调度员电话报告，并在规定时间内书面报告，书面报告内容主要包括事件发生的时间、概况、可能造成的影响、负荷损失和恢复等情况。

第三十八条　大面积停电事件发生后，调度机构应按《国家电网有限公司电力突发事件应急响应工作规则》要求，在规定时间向本单位应急办、总值班室等相关部门提供事发时间、地点、基本情况、处置情况等信息。

第三十九条　事件处置过程中，调度机构应按要求，定时向上级调度机构、相关部门报送应急处置进展情况。应急处置信息包括但不局限于：

（一）事件起因、影响范围和重要电厂用户、已造成的负荷损失、停电区域、严重程度、可能后果；

（二）继电保护及安全自动装置动作信息；

（三）电网设施设备受损、电网情况、人员伤亡情况；

（四）事件发生后抢险救援、次生灾害，对电网、用户的影响，已经采取的措施及事件发展趋势等。

第四十条　调度应急指挥工作组应及时向相关调度对象通报事件进展和处置情况。

第四十一条　加强信息报送的保密工作。各类大面积停电信息及数据未经调度应急指挥工作组同意不得对外发布。

第四十二条　加强应急处置过程中的信息收集与共享，除利用电视电话会议系统汇报和通报信息外，应充分利用调度管理系统（OMS）等技术手段收集、通报相关信息。

第四十三条　任何调度机构及其专业人员均不得瞒报、缓报、谎报突发事件信息。

第七章　总　结　评　价

第四十四条　应急响应结束后，相关调度机构应按要求及时对处置工作全过程进行评估，整理归档相关信息资料，在事件处置完成后两周内形成报告，报送上级调度机构。

第四十五条　事件应急处置结束后4周内，调度机构应组织研究事件发生机理，分析故障发展过程，总结应急处置经验和教训，完善和修订相关应急处置预案，并组织各相关专业进行技术交流和研讨。

第八章　附　　则

第四十六条　本规定由国调中心负责解释并监督执行。

第四十七条　本规定自2022年11月1日起施行。原《国家电网公司调控系统预防和处置大面积停电事件应急工作规定》[国家电网企管〔2018〕176号之国网（调/4）344—2018]同时废止。

18 加强新形势下调度机构安全管理工作方案

国调中心关于印发《加强新形势下调度机构安全管理工作方案》的通知

调技〔2022〕31号

各分部，各省（自治区、直辖市）电力公司：

为贯彻落实公司安全生产电视电话会议精神和安全生产责任强化38项措施，指导各级调度机构在新型电力系统发展关键时期更好地做好安全管理工作，切实发挥调度机构安全监督作用，全面夯实调度机构本质安全基础。国调中心制定并印发了《加强新形势下调度机构安全管理工作方案》，请各单位遵照方案开展工作。

国调中心
2022年4月19日

为贯彻落实国家电网有限公司安全生产电视电话会议精神和安全生产责任强化38项措施，进一步加强调度系统安全监督机制、手段、队伍、文化建设，夯实调度运行本质安全基础，切实守好电网安全生命线，制定本方案。

一、工作思路

适应公司内外部安全形势变化和建设新型电力系统带来的风险和挑战，创新安全监督机制和手段，拓展调度安全监督工作内容，以管控风险、消除隐患、保障安全为目标，确保电网运行安全风险可控、能控、在控，有效保障调度机构安全生产各项工作顺利开展。

二、重点任务

（一）加强安全监督机制建设

1. 强化安全生产责任落实

充分借鉴安全生产专项整治"清单式"管理模式，组织各级调度机构制定责任清单、任务清单、风险清单。结合电网运行新形势，细化分解安全生产责任强化38项措施等新要求，修订部门、专业、岗位安全责任清单。根据公司和调度系统安全生产重点工作，制定任务清单，逐项落实具体内容和责任人。在安全生产专项整治"三下三上"的基础上，针对专业管理体系方面存在的问题提出风险清单，制定整改及管控措施，明确时间节点。

2. 加强调度机构内部安全监督

完善调度中心、专业处室两级安全监督体系，充分发挥技术管理处室及兼职安全员作用，定期对调度操作票、电话录音、值班日志、电网运行风险预警、一二次检修票、网络安全防护、人员管控等方面开展监督检查，强化调度机构内部安全管控。

3. 强化全系统安全监督

充分发挥五级调度系统的体制优势，强化上级调度机构对下级的纵向监督管理，以及调度机构之间交叉互查。根据新型电力系统运行和发展需要，修订调度机构安全保障能力评估标准。常态化开展"四不两直"安全巡查和安全保障能力评估，结合月度、周计划开展风险预警及管控措施落实情况专项检查，定期通报违章违规问题，完善一级监督一级、一级对一级负责的闭环管控机制。

4. 建立健全奖惩激励机制

落实安全工作奖惩制度，对于及时发现和消除重大事故隐患、有效管控重大安全风险、正确处置电网故障等情况，按照规定奖励相关专业和个人。开展调度机构内部安全监督成果后评估，对取得实际效果的监督工作进行表彰，激发全员参与调度安全监督积极性。

（二）加强全网安全管控

5. 切实增强"全网一盘棋"意识

主动适应特高压大电网一体化特征，积极转变"重直调、轻系统"的思维方式，各级调度机构针对送受端、交直流、上下级等耦合关系，国网省统一制定关键断面运行控制限额和策略，统一开展运行监视和控制，统一开展在线安全分析，统一制定故障处置预案，统一开展反事故演练。

6. 创新高占比新能源系统运行指标体系

高度关注新能源占比不断提高带来的安全风险，积极创新电网运行控制指标体系。新能源发电出力占比达到一定程度的区域和省级电网，在全面开展 N－1 故障扫描的基础上，加强新能源多场站短路比等指标在线安全校核。

7. 加强市场化条件下电网安全管控

高度重视市场建设过渡期和应急保供情况下的电网安全风险，切实履行安全校核程序，严格按照运行规程规定控制断面输送潮流，严禁超供电能力、稳定极限和设备能力运行，严禁"吃旋备、吃周波"，确保必要安全裕度。

（三）加强技术手段建设

8. 推进调度安全监督云平台建设

推进基于调控云的安全监督一体化手段建设，国网省全面部署调度安全监督平台，实现平台互联互通和远程调阅，汇集核心业务流程信息和生产数据，满足调度机构内部、纵向监督、交叉互查等业务需求，全面支撑调度系统安全监督。

9. 深化安全监督平台应用

充分利用调度安全监督平台，开展规定动作自动巡检，自选动作人工检查、远程培训交流等业务，与合规管理深度融合，推动安全监督管理向在线化、数字化、智能化转型，提升安全监督质效。

（四）加强安全监督队伍建设

10. 加强调度安全监督专家队伍建设

组织各级调度机构和中国电科院、南瑞集团等科研产业单位管理和技术骨干，补充、优化调度系统安全监督专家库。定期抽调专家库成员，深入开展安全巡查和安全保障能力评估，充分发挥专家库作用。

11. 强化工作评价和业务培训

制定调度系统安全监督履职清单和评价标准，定期开展工作质量评价，表扬优秀安全监督专家，营造争先创优氛围。编制调度安全监督培训教材，开展安全监督专家周期轮训，提升履职能力。

（五）加强安全文化建设

12. 全面开展调度安全文化建设

加大宣传力度，通过国网动态及公司专报、社会媒体等渠道，讲好引人关切、令人共鸣的调度故事，大力宣传电网调度工作特点、社会贡献及崇高意义。积极树立调度安全先进人物和事迹，发挥先进典型的引领及导向作用，建设调度自身特有的企业安全文化。

13. 关注员工思想和心理状态

正确引导员工心系企业、爱岗敬业，畅通员工沟通渠道，加强心理疏导，进一步增强向心力和凝聚力，保障生产一线员工思想和心理稳定。

三、工作计划

强化调度安全管理工作计划分为三个阶段开展：

第一阶段：方案制定阶段（2022年5月15日前）

各单位应按照上述工作重点，结合本单位调度安全管理工作实际，细化制定本单位调度安全管理工作提升方案，方案重点突出、措施详实。各省调应按照国调中心部署，组织所属地县调控机构开展方案编制，做到逐级落实、全面覆盖。各单位应坚持工作内容与提升措施相对应，强化提升措施的实施计划管控。各网、省调应于5月15日前组织完成本单位方案编制，编制任务里程碑计划，并将方案和任务计划报送国调中心。

第二阶段：创新实践阶段（2022年9月30日前）

各单位依据已制定的任务里程碑计划，全面开展调度安全管理提升，完成调度安全新机制的构建、调度安全新指标的设计、调度安全新技术手段的升级、调度安全新队伍的组建、调度安全新思想的宣传，切实有效开展调度安全管理提升工作落实。

第三阶段：巩固提升阶段（2022年12月31日前）

各单位要在调度安全管理提升的基础上，总结实践成果，形成长效管理机制，进一步夯实新形势下调度安全生产基础。11月底前，各网调和省调形成各单位检查总结报告并报送国调中心。下半年，国调中心将对部分网调和省调安全管理提升开展情况进行现场抽查。

19　国家电网有限公司调度系统重大事件汇报规定

国家电网企管〔2019〕591 号

第一章　总　　则

第一条　为提高公司调度系统突发事件应对能力，强化电网运行统筹协调，确保发生重大事件时信息通报及时、准确、畅通，保障电网安全运行，依据《电力安全事故应急处置和调查处理条例》《国家大面积停电事件应急预案》《国家突发公共事件总体应急预案》《国家电网公司大面积停电事件应急预案》《国家电网公司电网调度控制管理通则》《国家电网公司安全事故调查规程》，制定本规定。

第二条　本规定适用于公司总（分）部及所属各级单位电网发生重大事件时调控机构的汇报工作。

第二章　重大事件分类

第三条　调度系统重大事件包括特急报告类、紧急报告类和一般报告类事件。

第四条　特急报告类事件

（一）《电力安全事故应急处置和调查处理条例》规定的特别重大事故、重大事故中涉及电网减供负荷的事故，以及《国家大面积停电事件应急预案》《国家电网公司大面积停电事件应急预案》规定的特别重大、重大大面积停电事件，具体见附表 1。

（二）《国家电网公司安全事故调查规程》规定中涉及电网减供负荷的事件，具体见附表 2。

第五条　紧急报告类事件

（一）《电力安全事故应急处置和调查处理条例》规定的较大事故、一般事故中涉及电网减供负荷的事故，以及《国家大面积停电事件应急预案》《国家电网公司大面积停电事件应急预案》规定的较大、一般大面积停电事件，具体见附表 3。

（二）《电力安全事故应急处置和调查处理条例》规定的较大事故、一般事故中涉及电网电压过低、供热受限的事故，具体见附表 4。

（三）《国家电网公司安全事故调查规程》规定中涉及电网减供负荷、电压过低、供热受限的事件，具体见附表 5。

（四）除上述事件外的如下电网异常情况：

1. 省（自治区、直辖市）级电网与所在区域电网解列运行。

2. 区域电网内 500 千伏以上电压等级同一送电断面出现 3 回以上线路相继跳闸停运的事件；因同一次恶劣天气、地质灾害等外力原因造成区域电网 500 千伏以上线路跳闸停运 3 回以上，或省级电网 220 千伏以上线路跳闸停运 5 回以上的事件。

3．北京、上海、天津、重庆等重点城市发生停电事件，造成重要用户停电，对国家政治、经济活动造成重大影响的事件。

4．电网重要保电时期出现保电范围内减供负荷、拉限电等异常情况。

第六条 一般报告类事件

（一）《国家电网公司安全事故调查规程》规定的五级电网事件及五级设备事件中涉及电网安全的内容，具体见附表 6。

（二）电网内出现四级以上的"电网运行风险预警通知单"对应的停电检修、调试等事件。

（三）除上述事件外的如下电网异常情况：

1．发生 110 千伏以上局部电网与主网解列运行故障事件。

2．装机容量 3000 兆瓦以上电网，频率超出 50±0.2 赫兹；装机容量 3000 兆瓦以下电网，频率超出 50±0.5 赫兹。

3．因 220 千伏以上电压等级厂站设备非计划停运造成负荷损失、拉路限电、稳控装置切除负荷、低频低压减负荷装置动作等减供负荷事件。

4．在电力供应不足或特定情况下，电网企业在当地电力主管部门的组织下，实施了限电、拉路等有序用电措施。

5．厂站发生 220 千伏以上任一电压等级母线故障全停或强迫全停事件。

6．恶劣天气、水灾、火灾、地震、泥石流及外力破坏等导致 110（66）千伏变电站全停、3 个以上 35 千伏变电站全停或减供负荷超过 40 兆瓦等对电网运行产生较大影响的事件；发生日食、太阳风暴等自然现象并对电网运行产生较大影响的事件。

7．通过 220 千伏以上电压等级并网且水电装机容量在 100 兆瓦以上或火电、核电装机容量在 1000 兆瓦以上的电厂运行机组故障全停或强迫全停事件。

8．因电网故障异常等原因造成风电、光伏出现大规模脱网或出力受阻容量在 500 兆瓦以上的事件。

9．电网发生低频振荡、次同步振荡、机组功率振荡等异常电网波动；火电厂出现扭振保护（TSR）动作导致机组跳闸的情况。

10．地级以上调控机构、220 千伏以上厂站发生误操作、误碰、误整定、误接线等恶性人员责任事件。

11．单回 500 千伏以上电压等级线路故障停运及强迫停运事件。

12．220 千伏以上电压等级电流互感器（CT）、电压互感器（PT）着火或爆炸等设备事件。

13．公司资产的水电站、抽蓄电站发生重大设备损坏，导致单机容量 100 兆瓦以上机组检修工期超过 14 天的事件。

14．各级调控机构与超过 30%直调厂站的调度电话业务中断或与超过 30%直调厂站的调度数据网业务中断、调度控制系统 SCADA 功能全部丧失的事件。

15．各级调控机构调控场所（包括备用调控场所）发生停电、火灾、外力破坏等事件；省级以上调控机构调控场所（包括备用调控场所）发生主备调切换或切换至临时调度场所等事件。

16．当举办党和国家重大活动、重要会议，电网企业承办重要保电工作，接到保电任务并开始编制调度保电方案的事件。

17．省级以上调控机构接受电力监管，或监管机构监管检查中下发事实确认书、整改通知书内容涉及到调控机构的事件。

18．因电网突发的严重缺陷和隐患，可能导致影响铁路、公路、城市轨道交通、航运、机场等公共交通并造成较大社会影响的事件；因电网原因造成的铁路、公路、城市轨道交通、航运、机场等公共交通中断或延误的事件。

19．因电网原因影响城市供水、供热、供气及政府机构、医院、广播电视台等重要电力用户，在省级以上新闻（含网络）媒体出现报道等造成较大社会影响的事件。

20．其他对调控运行或电网安全产生较大影响及造成较大社会影响的事件。

第三章　重大事件汇报要求

第七条　重大事件汇报的时间要求

（一）在直调范围内发生特急报告类事件的调控机构调度员，须在15分钟内向上一级调控机构调度员进行特急报告，省调调度员须在15分钟内向国调调度员进行特急报告。

（二）在直调范围内发生紧急报告类事件的调控机构调度员，须在30分钟内向上一级调控机构调度员进行紧急报告，省调调度员须在30分钟内向国调调度员进行紧急报告。

（三）在直调范围内发生一般报告类事件的调控机构调度员，须在2小时内向上一级调控机构调度员进行一般报告，省调调度员须在2小时内向国调调度员进行一般报告。

（四）在直调范围内发生造成较大社会影响事件的调控机构调度员须在获知相应社会影响后第一时间向上一级调控机构调度员进行报告，省调调度员须在获知相应社会影响后第一时间向国调调度员进行报告。

（五）相应调控机构在接到下级调控机构事件报告后，应按照逐级汇报的原则，5分钟内将事件情况汇报至上一级调控机构，省调应同时上报国调和分中心。

（六）特急报告类、紧急报告类、一般报告类事件应按调管范围由发生重大事件的调控机构尽快将详细情况以书面形式报送至上一级调控机构，省调应同时抄报国调。

（七）分中心或省调发生与所有直调厂站调度电话业务全部中断、调度数据网业务全部中断或调度控制系统SCADA功能全部丧失事件，应立即报告国调调度员；地县调发生与直调厂站调度电话业务全部中断、调度数据网业务全部中断或调度控制系统SCADA功能全部丧失事件，应立即逐级报告省调调度员。

（八）各级调控机构调度控制系统应具有大面积停电分级告警和告警信息逐级自动推送功能。

第八条　重大事件汇报的内容要求

（一）发生文中规定的重大事件后，相应调控机构的汇报内容主要包括事件发生时间、概况、造成的影响等情况。

（二）在事件处置暂告一段落后，相应调控机构应将详细情况汇报上级调控机构，内容主要包括：事件发生的时间、地点、运行方式、保护及安全自动装置动作、影响负荷情况；调度系统应对措施、系统恢复情况；以及掌握的重要设备损坏情况，对社会及重要用户影响情况等。

（三）当事件后续情况更新时，如已查明故障原因或巡线结果等，相应调控机构应及时向上级调控机构汇报。

第九条 重大事件汇报的组织要求

（一）发生特急报告类、紧急报告类事件，除值班调度员报告外，相应调控机构负责生产的相关领导应及时了解情况，并向上级调控机构汇报事件发展及处理的详细情况，符合《电力安全事故应急处置和调查处理条例》《国家电网公司安全事故调查规程》调查条件的事件，要及时汇报调查进展。

（二）在发生严重电网事故或受自然灾害影响，恢复系统正常方式需要较长时间时，相关调控机构应随时向上级调控机构汇报恢复情况。

第四章 检 查 考 核

第十条 对于未及时汇报特急报告类、紧急报告类、一般报告类事件的相关单位，上级调控机构应进行评价考核，并定期通报。

第五章 附 则

第十一条 本规定所称的"以上"包括本数，所称的"以下"不包括本数。

第十二条 本规定由国调中心负责解释并监督执行。

第十三条 本规定自 2019 年 8 月 23 日起施行，原《国家电网公司调度系统重大事件汇报规定》[国家电网企管〔2016〕649 号之国网（调/4）328—2016]同时废止。

附件：1．特急报告类相关事件
　　　2．紧急报告类相关事件
　　　3．一般报告类相关事件

附件1 特急报告类相关事件

表1 《电力安全事故应急处置和调查处理条例》规定的特别重大、重大事故中涉及电网减供负荷的事故，以及《国家大面积停电事件应急预案》《国家电网公司大面积停电事件应急预案》规定的特别重大、重大大面积停电事件

《电力安全事故应急处置和调查处理条例》	《国家大面积停电事件应急预案》《国家电网公司大面积停电事件应急预案》
特别重大事故	特别重大大面积停电事件
（1）区域性电网减供负荷30%以上； （2）电网负荷20000兆瓦以上的省、自治区电网，减供负荷30%以上； （3）电网负荷5000兆瓦以上20000兆瓦以下的省、自治区电网，减供负荷40%以上； （4）直辖市电网减供负荷50%以上； （5）电网负荷2000兆瓦以上的省、自治区人民政府所在地城市电网减供负荷60%以上	1. 区域性电网：减供负荷30%以上。 2. 省、自治区电网：负荷20000兆瓦以上的减供负荷30%以上，负荷5000兆瓦以上20000兆瓦以下的减供负荷40%以上。 3. 直辖市电网：减供负荷50%以上，或60%以上供电用户停电。 4. 省、自治区人民政府所在地城市电网：负荷2000兆瓦以上的减供负荷60%以上，或70%以上供电用户停电
重大事故	重大大面积停电事件
（1）区域性电网减供负荷10%以上30%以下； （2）电网负荷20000兆瓦以上的省、自治区电网，减供负荷13%以上30%以下； （3）电网负荷5000兆瓦以上20000兆瓦以下的省、自治区电网，减供负荷16%以上40%以下； （4）电网负荷1000兆瓦以上5000兆瓦以下的省、自治区电网，减供负荷50%以上； （5）直辖市电网减供负荷20%以上50%以下； （6）省、自治区人民政府所在地城市电网减供负荷40%以上（电网负荷2000兆瓦以上的，减供负荷40%以上60%以下）； （7）电网负荷600兆瓦以上的其他设区的市电网减供负荷60%以上	1. 区域性电网：减供负荷10%以上30%以下。 2. 省、自治区电网：负荷20000兆瓦以上的减供负荷13%以上30%以下，负荷5000兆瓦以上20000兆瓦以下的减供负荷16%以上40%以下，负荷1000兆瓦以上5000兆瓦以下的减供负荷50%以上。 3. 直辖市电网：减供负荷20%以上50%以下，或30%以上60%以下供电用户停电。 4. 省、自治区人民政府所在地城市电网：负荷2000兆瓦以上的减供负荷40%以上60%以下，或50%以上70%以下供电用户停电；负荷2000兆瓦以下的减供负荷40%以上，或50%以上供电用户停电。 5. 其他设区的市电网：负荷600兆瓦以上的减供负荷60%以上，或70%以上供电用户停电

表2 《国家电网公司安全事故调查规程》中相关特急报告类事件

事件类型	判定标准
电网事件	（1）造成区域性电网减供负荷10%以上者； （2）造成电网负荷20000兆瓦以上的省（自治区）电网减供负荷13%以上者； （3）造成电网负荷5000兆瓦以上20000兆瓦以下的省（自治区）电网减供负荷16%以上者； （4）造成电网负荷1000兆瓦以上5000兆瓦以下的省（自治区）电网减供负荷50%以上者； （5）造成直辖市电网减供负荷20%以上者； （6）造成电网负荷2000兆瓦以上的省（自治区）人民政府所在地城市电网减供负荷40%以上者； （7）造成电网负荷2000兆瓦以下的省（自治区）人民政府所在地城市电网减供负荷40%以上者； （8）造成电网负荷600兆瓦以上的其他设区的市电网减供负荷60%以上者

附件 2 紧急报告类相关事件

表 3 《电力安全事故应急处置和调查处理条例》规定的较大事故、一般事故中涉及
电网减供负荷的事故，以及《国家大面积停电事件应急预案》《国家电网公司大面积
停电事件应急预案》规定的较大、一般大面积停电事件

《电力安全事故应急处置和调查处理条例》	《国家大面积停电事件应急预案》《国家电网公司大面积停电事件应急预案》
较大事故	较大大面积停电事件
（1）区域性电网减供负荷7%以上10%以下； （2）电网负荷20000兆瓦以上的省、自治区电网，减供负荷10%以上13%以下； （3）电网负荷5000兆瓦以上20000兆瓦以下的省、自治区电网，减供负荷12%以上16%以下； （4）电网负荷1000兆瓦以上5000兆瓦以下的省、自治区电网，减供负荷20%以上50%以下； （5）电网负荷1000兆瓦以下的省、自治区电网，减供负荷40%以上； （6）直辖市电网减供负荷10%以上20%以下； （7）省、自治区人民政府所在地城市电网减供负荷20%以上40%以下； （8）其他设区的市电网减供负荷40%以上（电网负荷600兆瓦以上的，减供负荷40%以上60%以下）； （9）电网负荷150兆瓦以上的县级市电网减供负荷60%以上	1. 区域性电网：减供负荷7%以上10%以下。 2. 省、自治区电网：负荷20000兆瓦以上的减供负荷10%以上13%以下，负荷5000兆瓦以上20000兆瓦以下的减供负荷12%以上16%以下，负荷1000兆瓦以上5000兆瓦以下的减供负荷20%以上50%以下，负荷1000兆瓦以下的减供负荷40%以上。 3. 直辖市电网：减供负荷10%以上20%以下。 4. 省、自治区人民政府所在地城市电网：减供负荷20%以上40%以下。 5. 其他设区的市电网：负荷600兆瓦以上的减供负荷40%以上60%以下；负荷600兆瓦以下的减供负荷40%以上。 6. 县级市电网：负荷150兆瓦以上的减供负荷60%以上
一般事故	一般大面积停电事件
（1）区域性电网减供负荷4%以上7%以下； （2）电网负荷20000兆瓦以上的省、自治区电网，减供负荷5%以上10%以下； （3）电网负荷5000兆瓦以上20000兆瓦以下的省、自治区电网，减供负荷6%以上12%以下； （4）电网负荷1000兆瓦以上5000兆瓦以下的省、自治区电网，减供负荷10%以上20%以下； （5）电网负荷1000兆瓦以下的省、自治区电网，减供负荷25%以上40%以下； （6）直辖市电网减供负荷5%以上10%以下； （7）省、自治区人民政府所在地城市电网减供负荷10%以上20%以下； （8）其他设区的市电网减供负荷20%以上40%以下； （9）县级市减供负荷40%以上（电网负荷150兆瓦以上的，减供负荷40%以上60%以下）	1. 区域性电网：减供负荷4%以上7%以下。 2. 省、自治区电网：负荷20000兆瓦以上的减供负荷5%以上10%以下，负荷5000兆瓦以上20000兆瓦以下的减供负荷6%以上12%以下，负荷1000兆瓦以上5000兆瓦以下的减供负荷10%以上20%以下，负荷1000兆瓦以下的减供负荷25%以上40%以下。 3. 直辖市电网：减供负荷5%以上10%以下。 4. 省、自治区人民政府所在地城市电网：减供负荷10%以上20%以下。 5. 其他设区的市电网：减供负荷20%以上40%以下。 6. 县级市电网：负荷150兆瓦以上的减供负荷40%以上60%以下，或50%以上70%以下供电用户停电；负荷150兆瓦以下的减供负荷40%以上

表 4 《电力安全事故应急处置和调查处理条例》规定的较大事故、一般事故中涉及
电网电压过低、供热受限的事故

判定项 事故等级	发电厂或者变电站因安全故障造成全厂（站）对外停电的影响和持续时间	供热机组对外停止供热的时间	发电机组因安全故障停运的时间和后果
较大事故	发电厂或者220千伏以上变电站因安全故障造成全厂（站）对外停电，导致周边电压监	供热机组装机容量200兆瓦以上的热电厂，在当地人民政府规定	发电机组因安全故障停止运行超过行业

续表

事故等级 \ 判定项	发电厂或者变电站因安全故障造成全厂（站）对外停电的影响和持续时间	供热机组对外停止供热的时间	发电机组因安全故障停运的时间和后果
较大事故	视控制点电压低于调控机构规定的电压曲线值20%并且持续时间30分钟以上，或者导致周边电压监视控制点电压低于调控机构规定的电压曲线值10%并且持续时间1小时以上	的采暖期内同时发生2台以上供热机组因安全故障停止运行，造成全厂对外停止供热并且持续时间48小时以上	标准规定的大修时间两周，并导致电网减供负荷
一般事故	发电厂或者220千伏以上变电站因安全故障造成全厂（站）对外停电，导致周边电压监视控制点电压低于调控机构规定的电压曲线值5%以上10%以下并且持续时间2小时以上	供热机组装机容量200兆瓦以上的热电厂，在当地人民政府规定的采暖期内同时发生2台以上供热机组因安全故障停止运行，造成全厂对外停止供热并且持续时间24小时以上	发电机组因安全故障停止运行超过行业标准规定的小修时间两周，并导致电网减供负荷

表5　　《国家电网公司安全事故调查规程》中相关紧急报告类事件

事件类型	判定标准
电网事件	（1）造成区域性电网减供负荷4%以上10%以下者； （2）造成电网负荷20000兆瓦以上的省（自治区）电网减供负荷5%以上13%以下者； （3）造成电网负荷5000兆瓦以上20000兆瓦以下的省（自治区）电网减供负荷6%以上16%以下者； （4）造成电网负荷1000兆瓦以上5000兆瓦以下的省（自治区）电网减供负荷10%以上50%以下者； （5）造成电网负荷1000兆瓦以下的省（自治区）电网减供负荷25%以上者； （6）造成直辖市电网减供负荷5%以上20%以下者； （7）造成省（自治区）人民政府所在地城市电网减供负荷10%以上40%以下者； （8）造成其他设区的市电网减供负荷20%以上者； （9）造成电网负荷150兆瓦以上的县级市电网减供负荷40%以上者； （10）造成电网负荷150兆瓦以下的县级市电网减供负荷40%以上者； （11）发电厂或者220千伏以上变电站因安全故障造成全厂（站）对外停电，导致周边电压监视控制点电压低于调控机构规定的电压曲线值20%并且持续时间30分钟以上、低于调控机构规定的电压曲线值10%并且持续时间1小时以上者、低于调控机构规定的电压曲线值5%以上10%以下并且持续时间2小时以上者； （12）发电机组因安全故障停止运行超过行业标准规定的大修时间两周，并导致电网减供负荷者或超过行业标准规定的小修时间两周，并导致电网减供负荷者
设备事件	供热机组装机容量200兆瓦以上的热电厂，在当地人民政府规定的采暖期内同时发生2台以上供热机组因安全故障停止运行，造成全厂对外停止供热并且持续时间24小时以上者

附件 3　一般报告类相关事件

表 6　　　　　　《国家电网公司安全事故调查规程》中相关一般报告类事件

事件类型	判定标准
电网事件	（1）造成电网减供负荷 100 兆瓦以上者； （2）220 千伏以上电网非正常解列成三片以上，其中至少有三片每片内解列前发电出力和供电负荷超过 100 兆瓦； （3）220 千伏以上系统中，并列运行的两个或几个电源间的局部电网或全网引起振荡，且振荡超过一个周期（功角超过 360°），不论时间长短，或是否拉入同步。 （4）变电站内 220 千伏以上任一电压等级母线非计划全停； （5）220 千伏以上系统中，一次事件造成同一变电站内两台以上主变跳闸。 （6）500 千伏以上系统中，一次事件造成同一输电断面两回以上线路同时停运。 （7）±400 千伏以上直流输电系统双极闭锁或多回路同时换相失败。 （8）500 千伏以上系统中，开关失灵、继电保护或自动装置不正确动作致使越级跳闸。 （9）电网电能质量降低，造成下列后果之一者： 频率偏差超出以下数值：在装机容量 3000 兆瓦以上电网，频率偏差超出 50±0.2 赫兹，延续时间 30 分钟以上。在装机容量 3000 兆瓦以下电网，频率偏差超出 50±0.5 赫兹，延续时间 30 分钟以上。 500 千伏以上电压监视控制点电压偏差超出 ±5%，延续时间超过 1 小时。 （10）一次事件风电机组脱网容量 500 兆瓦以上。 （11）装机总容量 1000 兆瓦以上的发电厂因安全故障造成全厂对外停电。 （12）地市级以上地方人民政府有关部门确定的特级或一级重要电力用户电网侧供电全部中断
设备事件	（1）输变电设备损坏，出现下列情况之一者：220 千伏以上主变压器、换流变压器、高压电抗器、平波电抗器发生本体爆炸、主绝缘击穿；500 千伏以上断路器发生套管、灭弧室或支柱瓷套爆裂；220 千伏以上主变压器、换流变压器、高压电抗器、平波电抗器、换流器（换流阀本体及阀控设备，下同）、组合电器（GIS），500 千伏以上断路器等损坏，14 天内不能修复或修复后不能达到原铭牌出力，或虽然在 14 天内恢复运行，但自事故发生日起 3 个月内该设备非计划停运累计时间达 14 天以上；500 千伏以上电力电缆主绝缘击穿或电缆头损坏；500 千伏以上输电线路倒塔；装机容量 600 兆瓦以上发电厂或 500 千伏以上变电站的厂（站）用直流全部失电。 （2）10 千伏以上电气设备发生下列恶性电气误操作：带负荷拉（合）隔离开关、带电挂（合）接地线（接地开关）、带接地线（接地开关）合断路器（隔离开关）。 （3）主要发电设备和 35 千伏以上输变电主设备异常运行已达到现场规程规定的紧急停运条件而未停止运行。 （4）发电厂出现下列情况之一者：因安全故障造成发电厂一次减少出力 1200 兆瓦以上；100 兆瓦以上机组的锅炉、发电机组损坏，14 天内不能修复或修复后不能达到原铭牌出力，或虽然在 14 天内恢复运行，但自事故发生日起 3 个月内该设备非计划停运累计时间达 14 天以上；水电厂（抽水蓄能电站）大坝漫顶、水淹厂房或火电厂灰坝垮坝；水电机组飞逸；水库库盆、输水道等出现较大缺陷，并导致非计划放空处理；或由于单位自身原因引起水库异常超汛限水位运行；风电场一次减少出力 200 兆瓦以上。 （5）通信系统出现下列情况之一者：国家电力调度控制中心与直接调度范围内超过 30% 的厂站通信业务全部中断；电力线路上的通信光缆因故障中断，且造成省级以上电力调度控制中心与超过 10% 直调厂站的调度电话、调度数据网业务全部中断；省电力公司级以上单位本部通信站通信业务全部中断。 （6）国家电力调度控制中心或国家电网调控分中心、省电力调度控制中心调度自动化系统 SCADA 功能全部丧失 8 小时以上，或延误送电、影响事故处理

20 国家电网有限公司调度系统故障处置预案管理规定

国家电网企管〔2022〕640 号

第一章 总 则

第一条 为了加强国家电网有限公司（以下简称公司）电网故障处置预案的管理，规范预案的编制流程、框架内容和基本要素，促进预案体系的规范化、制度化、标准化建设，依据《电力安全事故应急处置和调查处置条例》《电力系统安全稳定导则》《电力系统技术导则》《电网故障处置预案编制与校核技术规范》及公司相关规程规定等制定本规定。

第二条 本规定所称"故障"是指变电站或电厂全停、重要厂站双母同停、直流闭锁、重要输电断面或密集输电通道全失、重要设备跳闸、关键二次设备异常等故障，所称"预案"是指针对可能发生的故障，为迅速、有序地开展应急行动而预先制定的行动方案。

第三条 各级调控机构负责编制其直接调管范围内的故障处置预案（以下简称直调预案）。预案形式包括独立预案和联合预案，独立预案由单一调控机构编制，故障处置环节一般不涉及与其他调控机构协调配合，若涉及其他调控机构，编制过程中应征询相关调控机构意见；联合预案是由多级调控机构联合编制的预案，故障处置环节涉及多级调控机构协调配合，一般由参与预案编制的最高一级调控机构组织联合编制。

第四条 本规定适用于公司总部（分部）及所属各级单位的故障处置预案编制管理工作。

第二章 职 责 分 工

第五条 各级调控机构职责如下：

（一）国家电力调度控制中心（以下简称国调中心）负责编制国调中心直调预案，组织相关调控机构共同编制国家电网联合预案，对下级调控机构直调预案中需国调中心参与配合部分提供指导及建议。

（二）分部电力调度控制中心（以下简称网调）负责编制网调直调预案，组织相关调控机构共同编制区域电网联合预案，对上级调控机构直调预案中需网调参与配合部分提供建议，对下级调控机构直调预案中涉及需网调参与配合部分提供指导及建议。

（三）省级电力调度控制中心（以下简称省调）负责编制本省调直调预案、组织相关调控机构共同编制省级电网联合预案、对上级调控机构直调预案中需省调参与配合部分提供建议、对下级调控机构直调预案中需省调参与配合部分提供指导及建议。

（四）地级电力调度控制中心（以下简称地调）负责编制地调直调预案、组织相关调控机构共同编制地级电网联合预案、对上级调控机构直调预案中需地调参与配合部分提供建议、对下级调控机构直调预案中需地调参与配合部分提供指导及建议。

（五）县级电力调度控制中心（以下简称县调），编制县调直调预案，对上级调控机构直调预案中需县调参与配合部分提供建议。

第六条 专业职责如下：

调度运行专业牵头负责故障处置预案编制和校核工作，其他专业配合审核。预案编制过程中，各专业应按职责范围与相关部门和单位沟通协调。各专业具体职责如下：

（一）调度运行专业：根据电网运行情况或相关专业发布的正式预警通知，牵头组织编制预案，提出预想故障发生后调度实时处置步骤及电网运行控制要点。

（二）调度计划专业：根据电网开机方式、负荷预测、重大检修计划等确定预案初始运行方式；对预想故障发生后及调度处置过程中的平衡支援路径、联络线计划调整等提出建议。

（三）系统运行专业：根据运行方式分析电网薄弱环节，向调度运行专业发布正式预警通知；对预想故障发生后及调度处置过程中的运行方式进行校核计算，提出调整建议和电网运行控制要求。

（四）继电保护专业：根据电网继电保护运行方式分析电网薄弱环节，向调度运行专业发布正式预警通知；对预想故障发生后及调度处置过程中的继电保护运行方式进行校核计算和调整建议。

（五）水电及新能源专业：根据气象、水情预警等情况，向调度运行专业发布正式预警通知；对预想故障发生后及调度处置过程中的水电及新能源运行方式提出调整建议。

（六）自动化专业：根据自动化设备运行方式分析电网薄弱环节，向调度运行专业发布正式预警通知；提出预想自动化设备故障发生后相关调整建议。

（七）通信专业：根据通信设备运行方式分析电网薄弱环节，向调度运行专业发布正式预警通知；提出预想通信设备故障发生后相关调整建议。

第三章 预 案 分 类

第七条 年度典型预案：针对本电网年度典型运行方式的薄弱环节，根据电网规模设置预想故障，编制年度典型运行方式故障处置预案。

第八条 特殊运行方式预案：针对重大检修、基建或技改停电计划导致的电网运行薄弱环节，及新设备启动调试过程中的过渡运行方式，设置预想故障，编制相应预案。

第九条 应对自然灾害预案：根据气象统计及恶劣天气预警等情况，针对可能对电网安全造成严重威胁的自然灾害，编制相应预案。

第十条 重大保电专项预案：针对重要节日、重大活动、重点场所及重要用户保电要求，设置预想故障，编制相应预案。

第十一条 其他预案：针对其他可能对电网运行造成严重影响的故障，编制相应预案。

第四章 预 案 编 制

第十二条 独立预案编制流程如下：

调度运行专业牵头编制本级调度预案，其他各专业配合；预案初稿完成后，调度运行专业征求相关专业、部门、单位意见并修改预案；预案修改稿经相关专业会签和相关部门、单位确认；调控机构分管领导审核批准预案正式稿，发送至相关单位及厂站（流程图详见附件一）。

第十三条 联合预案编制流程如下：

（一）预案涉及的最高一级调控机构调度运行专业启动流程，并编制联合预案大纲。

（二）预案涉及的所有调控机构调度运行专业编制本级调度预案初稿，其他各专业配合并与相关专业、相关部门沟通。

（三）预案涉及的最高一级调控机构调度运行专业收集整理并编制联合预案初稿，发送本机构相关专业及相关部门、其他调控机构调度运行专业、相关单位征求意见，并最终形成修改稿。

（四）预案修改稿需经相关单位及部门确认。

（五）预案涉及的最高一级调控机构分管领导审核批准预案正式稿，发送至相关单位及厂站。

联合预案编制流程图详见附件二。

第十四条 预案编制的内容如下：

省调及以上调控机构预案主要应包括故障前方式、故障后运行方式及影响、控制目标、控制策略及处置步骤等。地调、县调预案主要应包括调管范围内涉及的故障分析、受影响的重要用户、负荷转移策略及处置步骤等。

第十五条 预案应具备规范的格式如下：

主要包括预案类型和形式、预案编号、预案名称、预案概要、电网初始运行方式、故障后运行方式及影响、稳定控制要求、故障处置措施、信息通报等内容（省级以上调控机构预案参考模板详见附件三；地调、县调预案格式可根据电网实际自行制定）。

第十六条 预案编制范围如下：

预案主要结合电网运行方式和薄弱环节，针对可能出现的重要变电站或电厂全停、重要厂站双母同停、直流闭锁、重要输电断面、密集输电通道、重要设备故障及其他严重故障等情况编制。

第十七条 预案滚动修订要求如下：

根据电网结构、运行方式、负荷特性等因素变化，各级调控机构应定期修订相应预案；涉及重要节日、政府重大活动等保电任务，各级调控机构应及时编制专项预案。

第十八条 预案校核要求如下：

预案编制完成后，各级调控机构应针对不同的电网运行方式开展预案校核，评估预案的合理性和有效性，给出完善预案的相关建议。

第十九条 预案批准及印发要求如下：

独立预案由本级调控机构审核，并发布至预案涉及的相关调控机构及厂站；联合预案由参与预案编制的最高一级调控机构审核，并发布至相关调控机构及厂站。

第五章 其 他 要 求

第二十条 预案演练要求如下：

独立预案编制完成后，各级调控机构应定期开展预案演练，以检验预案的有效性。

联合预案编制完成后，一般由参与预案编制的最高一级调控机构有选择性地组织进行联合演练，以检验各级调控机构协调配合能力和预案有效性。

第二十一条 预案评估要求如下：

电网实时故障处置或故障演练后，应对相关预案的正确性、有效性、合理性进行评估。

第六章 附 则

第二十二条 本规定由国调中心负责解释并监督执行。

第二十三条 本规定自 2022 年 11 月 1 日施行。原《国家电网公司调度系统故障处置预案管理规定》［国家电网企管〔2014〕747 号之国网（调/4）329—2014］同时废止。

附件一 独立预案编制流程

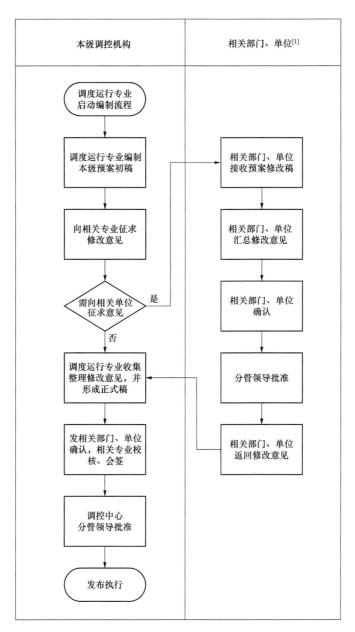

注：[1] 相关单位含其他调控机构、相关厂站等单位。

附件二 联合预案编制流程

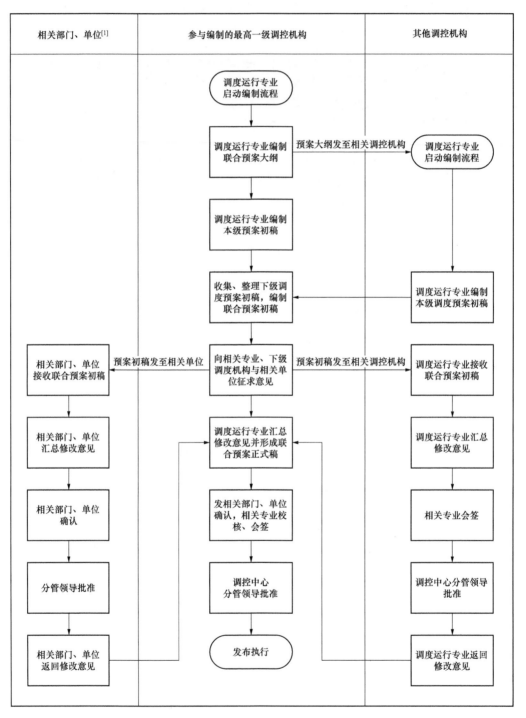

注：[1] 相关单位含相关厂站等单位。

附件三　预案参考模板

预案编号	按照"调控机构代码-预案类型代码-预案形式代码-编制时间-预案序号"的格式编制，应满足如下要求： a）调控机构代码见表1； b）预案类型代码见表2； c）预案形式代码见表3； d）编制时间采用"年月日（YYYYMMDD）"的形式； e）预案序号应根据预案总数选取适当数位的序列数。 如：国网-年度典型方式预案-联合预案参考格式为 SG-DX-U-20210709-0001
预案名称	按照"故障信息-关键设备信息-其他"的格式编制，其中"故障信息"为必填项，其余为选填项，应满足如下要求： a）故障信息：应包括故障设备名称、故障类型； b）关键设备信息：包括关键设备运行状态、安全自动装置动作情况等； c）其他：其他需要说明的信息。 如：1000kV ××线故障跳闸-××线检修-安控正确动作
预案概要	（1）编制时间：YYYY 年 MM 月 DD 日； （2）编制人员：人员1，人员2，…； （3）参与编制调控机构：国调，××网调，××省调； （4）编制状态：未完成/已完成； （5）初始运行方式概况：故障发生前电网关键运行特征信息的概况，如：迎峰度夏方式，××线检修； （6）故障后运行方式概况：预想故障发生后电网的运行状态概况，如：××、××电网解列运行； （7）故障后电网运行主要风险：××断面超稳定限额运行等
电网初始 运行方式	主要描述故障发生前电网关键运行特征信息，应包含发电及负荷水平、区域交换功率、系统备用水平、关键设备运行状态、关键断面或元件潮流、安全自动装置状态等
故障后运行 方式及影响	主要描述预想故障发生后电网的运行状态、存在的运行风险及影响，应包含如下信息： a）故障影响的具体设备或区域； b）继电保护及安全自动装置动作情况； c）故障后电网运行状态，包括但不限于：系统频率越限、功率振荡、断面潮流越限、设备过载、母线电压越限、事故解列、新能源脱网、负荷损失
稳定控制 要求	应包含如下信息： a）受约束设备或区域名称； b）安全约束类型，包括但不限于：断面潮流约束、发电机运行约束、电压及无功约束、系统备用约束、安全自动装置策略约束等； c）约束限值。 控制要求采用如下格式： a）控制××直流功率不超××万千瓦； b）控制××断面潮流不超××万千瓦
故障处置 措施	一、紧急控制阶段 a）故障发生后，迅速采取有效控制措施，限制故障发展，满足稳定控制要求和相关标准规范要求； b）处置操作应按照电网面临的紧急状态程度由高到低依次编写，并明确操作对象、操作类型，宜给出调整量和处置时限要求。操作规范用语见表4：故障处置措施规范用语 二、方式调整阶段 优化调整电网运行方式，提高电网安全稳定裕度和供电可靠性。操作规范用语见表4：故障处置措施规范用语 三、故障恢复阶段 根据故障处理情况，尽可能恢复电网故障前运行方式。操作规范用语见表4：故障处置措施规范用语
信息通报	应包含如下信息： a）根据故障影响及协同处置要求，通知相关单位进行故障处置； b）按相关规章制度要求汇报故障信息。 示例： a）国调：按照相关规定，将故障情况及各阶段处置情况通报相关单位； b）××网调：按照相关规定，将故障情况及各阶段处置情况汇报上级调控机构并通报相关单位； c）××省调：按照相关规定，将故障情况及各阶段处置情况汇报上级调控机构并通报相关单位

表1   调 控 机 构 代 码

电网名称	调控机构代码	电网名称	调控机构代码
国网	SG	福建	FJ
华北	NC	河南	EN
华东	EC	湖北	HB
华中	CC	湖南	HN
东北	NE	江西	JX
西北	NW	辽宁	LN
西南	SW	吉林	JL
北京	BJ	黑龙江	LJ
天津	TJ	蒙东	MD
冀北	JB	陕西	SN
河北南网	EB	甘肃	GS
山西	SX	青海	QH
山东	SD	宁夏	NX
上海	SH	新疆	XJ
江苏	JS	四川	SC
浙江	ZJ	重庆	CQ
安徽	AH	西藏	XZ

表2   预 案 类 型 代 码

预案类型	代码
年度典型方式预案	DX
特殊运行方式预案	TS
应对自然灾害预案	ZH
重大保电专项预案	BD
其他预案	QT

表3   预 案 形 式 代 码

预案形式	代码
独立预案	I
联合预案	U

表4   故 障 处 置 措 施 规 范 用 语

序号	操作对象	规范用语
1	直流	××直流停运/恢复运行 ××直流功率提升/回降至×× 控制××直流功率至×× ××直流转为××电压方式运行 ××直流转为××金属回线/大地回线方式运行

续表

序号	操作对象	规范用语
2	发电机	××电厂（××机组）（紧急）开机/停运 （紧急）调整/增加/减少××电厂（××机组）有功（无功）出力至×× ××电厂××机组进相/滞相运行（至××） ××抽蓄电厂××机组发电/抽水/抽水调相/发电调相/解列 指定××电厂为第一/第二调频厂
3	母线	××站××母线并列/分列运行 ××站××母线转热备用/冷备用/检修/恢复运行
4	线路	试送××线路 ××线路转热备用/冷备用/检修/恢复运行 ××线路在××站侧解环/合环
5	主变	××站××主变并列/分列运行 ××站××主变转热备用/冷备用/检修/恢复运行
6	开关	拉开/合上××站××设备××开关 ××站××开关转运行/热备用/冷备用/检修
7	刀闸	拉开/合上××站××设备××刀闸
8	无功补偿装置、调相机	投/退××站××低容/低抗/高抗 ××调相机进相/滞相运行（至××）
9	负荷	××分钟内在××站/××区域事故拉路/拉电××负荷 将××站/××区域××负荷调至××站/××区域供电
10	断面	控制××断面功率不超过/不低于×× 控制××断面功率至××～××
11	二次装置	调整/投/退××继电保护装置/安全自动装置 调整××站/××区域 AGC 运行状态 调整××站/××区域 AVC 运行状态 投/退××机组一次调频/PSS 将××继电保护装置/安全自动装置投/改信号
12	其他运行方式调整	××设备倒至××母线运行 ××分区与××分区合环/解环运行 ××设备与××设备在××站出串/入串运行 ××开关/线路旁代运行 ××站××设备××开关同期并列

21 国家电网有限公司调度机构备用调度运行管理工作规定

国调中心关于印发《国家电网有限公司调度机构备用调度运行管理工作规定》的通知

调技〔2021〕35 号

各分部，各省（自治区、直辖市）电力公司：

为了进一步规范国家电网有限公司各级调度机构备用调度体系运行及管理工作，结合备用调度建设运行实际情况，国调中心组织对《国家电网有限公司调度机构备用调度运行管理工作规定》进行了修编，现予以印发，请各单位遵照执行。

本规定自下发之日起执行，原《国家电网公司省级以上备用调度运行管理工作规定》《国家电网公司地县级备用调度运行管理工作规定》（国家电网企管〔2014〕747 号）、《国家电网公司地县级调控机构主备调综合转换演练评估标准》（调技〔2015〕95 号）同时废止。

国调中心
2021 年 8 月 13 日

第一章　总　　则

第一条　为了规范国家电网有限公司（以下简称公司）备用调度体系（以下简称备调）运行及管理工作，明确各级调度机构备调管理工作要求，确保在突发事件下电网调度指挥业务不间断运转，依据国家有关法规和公司相关规章制度制定本规定。

第二条　调度机构备调体系包括同城第二值班场所、异地值班场所、备用技术支持系统、通信系统等，具备调度场所备用、技术支持系统备用、数据采集存储备用和应急调度业务备用能力。

第三条　同城第二值班场所是指在本级调度机构所在城市区域内，具备常态化承担调度运行业务功能的其他调度场所。

第四条　异地值班场所是指与本级调度机构不在同一地区，以应急防灾为主要用途，具备随时承接主调调度指挥功能的调度场所。

第五条　备用技术支持系统是指与本级调度机构主用技术支持系统软硬件分别独立部署，采用独立 UPS 电源供电，数据分别独立采集、传输和存储，具备支撑调度运行业务应用功能的调度技术支持系统。

第六条　本规定适用于公司所属各级调度机构备用调度的运行管理。各级调度机构应根据本规定，结合实际制定备调运行管理细则。

第二章　建 设 与 管 理 原 则

第七条　建设原则：

（一）省级以上调度机构应建设同城第二值班场所和异地值班场所（直辖市调度机构至少应建设同城第二值班场所），满足国家及公司有关电力调度机构建设及安全等级保护、防恐、防疫等规定、标准。

1. 同城第二值班场所建设宜结合各单位实际，坚持因地制宜、经济适用、选址合理，同城第二值班场所与本级调度机构应避免在同一街区或园区，避免采用同一路电源供电，距离本级调度机构场所宜为 30 公里以内，应为公司资产用地用房。

2. 异地值班场所原则上在本级调度管辖范围内，选择远离本级调度机构场所的另一个地区（地域）内的调度机构建设，一般情况距离本级调度机构行程不超过 3 小时。选址应充分考虑地理地质、环境条件、基础设施、通信网络、运行维护、与主调的距离等多种因素。

（二）省级调度机构应加强地县级调度机构备调标准化建设指导，地县级调度机构备调建设方案应经过所属省级调度机构审批。

（三）地级调度机构应建设异地值班场所，原则上设置在所辖县调或其他调度机构。无下辖县调的地级调度机构可选择具备值班及生活条件的公司资产用地用房。

（四）县级调度机构备调建设由所属地级调度机构负责。

（五）备用技术支持系统建设地点应与异地值班场所保持一致，原则上宜建设在调度机构内，系统功能应独立支撑电网调度日常业务需求。

（六）各级调度机构主从（主备）技术支持系统应同步规划、同步立项、同步建设，构建主备并列运行的技术支持系统。

（七）同城第二值班场所、异地值班场所的通信节点应为与主调运行标准相同的通信枢纽节点，至少具备两个独立的传输路由，在主调失效的情况下能保持电网调度通信业务正常运行。

第八条　管理原则：

（一）各级调度机构应全面加强备调运行管理，强化人员配置，建立健全备调运行保障机制，满足日常运行和应急启用条件。

（二）同城第二值班场所应实行与主调设备设施同步运行、同步维护，常态化支撑调度人员同步值守；异地值班场所应实行与主调设备设施同步运行、同步维护，有效支撑调度业务常态备用、灾时启用。

（三）技术支持系统应保持同步运行、同步维护、同步升级，确保电网模型、画面、信息和系统功能一致。主调调度室、同城第二值班场所及异地值班场所人机终端应同时接入主从（主备）技术支持系统，支持终端在主从（主备）技术支持系统间任意切换访问。

第三章　工 作 职 责

第九条　省级以上调度机构负责其备调的建设、升级和完善；地级调度机构负责地调及所辖县调备调的建设、升级和完善。

第十条　各级调度机构应及时制（修）订启用备调的应急方案和工作流程，组织开展备调专项演练和综合性演练，实施调度指挥权转移，负责组织人员培训和应急值守能力评估。

第十一条　各级调度机构全面负责其备调的日常管理，可根据实际需求将备调生产环境、设备日常巡检、后勤保障等部分业务委托所在地单位实施。

第四章　备 调 日 常 管 理

第十二条　备调日常管理主要包括备调场所管理、技术支持系统管理、备调人员管理、资料管理、后勤保障管理等。

第十三条　备调场所管理：

（一）同城第二值班场所及异地值班场所应设置在独立楼层或采取独立隔离措施，不与其他办公区域混合工作。各级调度机构应明确备调场所管理责任，场所安保、消防等应纳入所在单位生产场所安消防体系，确保场所安全。

（二）场所配置应满足应急启用下各专业人员工作及生活需要，省级以上调度机构同城第二值班场所调度室及异地值班场所调度室均应设置至少 4 个调度席位，地县级调度机构可根据实际需求至少设置 2 个调度席位；条件具备的，还应设置自动化、网络安全、通信备用值班室。

第十四条　主从（主备）技术支持系统应实行同质化管理，系统的同步状态和数据一致性应进行实时监视，确保主、备用技术支持系统同时可用。

第十五条　备调人员管理：

（一）建设同城第二值班场所的调度机构，应按照满足同城双场所同步值守的需求进行调度员及专业支撑人员的配置和培养。

（二）同城双场所同步值守时，双场所值班人员按同值管理，明确业务分工。

（三）异地值班场所所在地调度机构应配置备调调度员并负责管理，备调调度员的培训和上岗资格认定由主调负责。

第十六条　同城第二值班场所、异地值班场所应配置（或能查阅）必要的技术及管理资料，同步备份、实时更新，确保运行资料的准确性和一致性。

第十七条　后勤保障管理：

（一）备调后勤保障纳入所在地单位生产运行后勤保障体系，具备人员 24 小时值班所必需的后勤保障服务（包括用餐、饮水、休息、保洁、防疫、通勤车辆等）。

（二）各级调度机构应与本单位后勤部门建立沟通机制，及时解决日常运行值班和应急响应中出现的后勤保障问题。

第五章　应 急 启 用 与 演 练

第十八条　各级调度机构应结合备调建设实际，编制备调应急启用方案，方案应至少包括事件特征、应急组织形式及职责、应急处置措施、注意事项等。针对调度、自动化、通信等岗位，应编制备调启用应急处置卡，明确应急处置程序和措施。

第十九条　备调应急演练分为季度演练和年度演练。

第二十条　建设同城第二值班场所的调度机构，每季度应组织一次电网调度指挥权转移至同城第二值班场所的应急演练或同步值守演练，演练时长至少 24 个小时。

第二十一条 各级调度机构每年应至少组织一次电网调度指挥权转移至异地值班场所的综合性应急演练或同步值守演练，演练时长至少 72 个小时。

第二十二条 季度、年度演练期间，调度系统有关统计考核指标可申请上级调度机构免考核。

第六章 备 调 评 估

第二十三条 各级调度机构应建立备调评估机制，及时发现问题，制定整改计划，落实整改措施，不断提高备调建设、运行管理水平。（运行演练评估标准见附件）

第二十四条 因突发事件导致调度指挥权转移，事件结束后一周内，调度机构应组织分析评估，总结备调启用过程中的经验，完善相关应急启用方案和应急处置卡。

第七章 附 则

第二十五条 本规定由国调中心负责解释并监督执行。

第二十六条 本规定自下发之日起执行，原《国家电网公司省级以上备用调度运行管理工作规定》《国家电网公司地县级备用调度运行管理工作规定》（国家电网企管〔2014〕747号）《国家电网公司地县级调控机构主备调综合转换演练评估标准》（调技〔2015〕95号）同时废止。

附件：

1．国家电网调度机构同城第二值班场所运行演练评估标准
2．国家电网调度机构异地值班场所运行演练评估标准

附件 1

国家电网调度机构同城第二值班场所运行演练评估标准

评估内容		评估要点	标准分	评估情况
一、场所与功能建设			20	
1	选址科学合理	1. 在主调值班场所所在城区临近上（下）级调度机构、公司资产用地用房办公场所建立同城第二值班场所	3	
2		2. 同城第二值班场所应与主调保持独立，地理距离30公里以内，满足防火、防恐等要求	2	
3		3. 同城第二值班场所设立调度值班席位至少4席（地调至少2席），支持与主调和异地值班场所间音视频实时交互	3	
4	席位功能全面	同城第二值班场所值班席位应满足调度运行和技术支持业务开展，每个值班席位均应接入主从技术支持系统，均应配备 OMS 和调度电话系统	3	
5	场所安全达标，工作、生活配套保障完善	1. 同城第二值班场所和相关机房消防器材配置符合标准且定期维护，记录完整；门禁齐备，出入履行登记手续；场所安全消防体系完备，责任清晰	3	
6		2. 同城第二值班场所具备调度运行人员不间断值班所必需的日常需要，各项日常维护、保障工作任务责任明确	3	
7		3. 同城第二值班场所应具备应急会商办公条件，具备调度值班人员必需的用餐、休息场所	3	
二、技术支持系统建设与应用			20	
8	人机终端配置	1. 同城第二值班场所设置的人机终端应能可靠访问主、备用技术支持系统，人机界面响应指标应不低于主调值班场所人机终端同类指标	3	
9		2. 调度自动化系统人机终端应具备分别访问主从技术支持系统能力，访问切换时间应小于15s	2	
10	网络安全防护	1. 同城第二值班场所的安全防护部署应满足《电力监控系统安全防护规定》（国家发展改革委2014年第14号令）、《关于印发电力监控系统安全防护总体方案等安全防护方案和评估规范的通知》（国能安全〔2015〕36号文）要求	3	
11		2. 同城第二值班场所人机终端的监测信息应接入网络安全管理平台	2	
12		3. 同城第二值班场所人机终端应采用口令、密码技术、生物技术等两种或以上组合的身份鉴别技术，实现本地操作人员的权限管理和安全认证	2	
13	信息网络通畅	同城第二值班场所应接入可靠的信息网络，接入点具备2条以上链路，满足各类调度、生产管理系统的应用	3	
14	系统电源独立部署	1. 同城第二值班场所调度自动化系统人机终端采用独立不间断电源供电	3	
15		2. 交流电消失后，不间断供电维持时间应不小于2小时。蓄电池应进行定期核对性放电试验，实验记录完整	2	

评估内容		评估要点	标准分	评估情况
三、通信系统建设与应用			18	
16	调度电话配置达标	1. 同城第二值班场所调度电话应连接专用的调度交换机，使用与主调、异地值班场所功能一致的人机设备，具备与主调一致的数据内容和显示界面，操作流程一致	3	
17		2. 同城第二值班场所调度电话号码应与主调、异地值班场所一致，且能同步振铃	3	
18		3. 同城第二值班场所应具备独立的电脑录音设备，进行实时录音，并具有查询、备份等功能	2	
19		4. 与主调和异地值班场所之间均应具备专用直通电话设施，以便于在突发情况下能及时沟通	2	
20	光缆通道及传输设备达标	1. 同城第二值班场所通信站点应具备2条以上物理路由独立的光缆通道	3	
21		2. 同城第二值班场所通信站点光传输设备核心板件具备冗余1＋1配置	2	
22	动力环境基础设施达标	同城第二值班场所具备双通信直流电源，通信机房空调设施完备，具备动力环境监测手段	3	
四、组织机构及日常管理			22	
23	应急启用	1. 同城第二值班场所应急启用方案中应包含可能引发主调失效的重大公共卫生事件、社会安全事件、电网突发事件等事件特征	2	
24		2. 同城第二值班场所应急启用方案中应明确应急组织机构和职责，应急组织机构应包括主调及同城第二值班场所所在单位相关成员，职责应清晰明确	1	
25		3. 同城第二值班场所应急启用方案中应急处置流程应合理、可操作，调度指挥权转移程序清晰、要求明确、无缝衔接	2	
26		4. 同城第二值班场所应急启用方案应结合业务、人员、技术支持系统变化及时修编	1	
27		5. 应急处置卡应涵盖启用流程中各岗位	1	
28		6. 应急处置卡应结合岗位实际具有针对性，应急措施应明确，具有可操作性	1	
29		7. 启用流程中各岗位人员应熟练掌握应急处置内容	1	
30	人员管理	1. 同城第二值班场所值班人员由主调调度运行人员担任，制订主调与同城第二值班场所同步值班方案，排班方式科学、合理	2	
31		2. 调度值班人员配置应满足主调与同城第二值班场所常态化同步值班需求	2	
32		3. 同城第二值班场所调度值班人员与主调值班人员作为同一值管理，业务分工明确清晰，同步进行交接班	1	
33	系统管理	1. 主从技术支持系统运维、检修、异常处置、网络安全防护以及数据接入、存储、备份等管理要求完全一致，实行同质化管理	2	
34		2. 主、备用技术支持系统的同步状态和数据一致性应进行实时监视，确保主、备用技术支持系统同时可用	1	
35		3. 主、备用OMS系统定期同步，系统数据保持一致	1	

评估内容		评估要点	标准分	评估情况
36	资料管理	同城第二值班场所资料应齐全，内容应及时更新并与主调保持一致。资料可为电子版或纸质，应包括但不限于：1) 调度法律、法规及有关文件；2) 电网突发事件处置预案；3) 调控各专业运行规程、技术标准、规定、制度、运行方式以及备调各类规章制度等；4) 调度操作票、检修票、日志等；5) 各应用系统、设备运行维护日志、图纸、资料、手册等；6) 有关单位通信联系方式和其他重要运行资料等；7) 其他所需要的有关文件资料	2	
37	后勤保障管理	同城第二值班场所应具备人员24小时值班所必需的后勤保障服务，包括用餐、饮水、休息、保洁、防疫等	2	
五、常态化演练			20	
38	定期开展演练	1. 制定同城第二值班场所应急演练计划并按期执行，每季度应组织一次电网调度指挥权转移至同城第二值班场所的应急演练或同步值守演练	2	
39		2. 同城第二值班场所季度演练至少应通过24小时以上的连续承担电网调度指挥权相关业务的检验	3	
40	演练方案编制完备	同城第二值班场所应急演练方案应以备调应急启用方案和应急处置卡为基础，明确演练流程、内容和各类保障措施等重点事项的安排	3	
41	调度指挥权转移程序	1. 调度指挥权转移的程序正确、合理，满足调度指挥体系不间断运转的要求	4	
42		2. 相关注意事项均交接清晰，无遗漏。若演练紧急情况下的调度权切换，可视情况简化	3	
43	自评估及时	演练完成后编制自评估总结，对演练组织、日常管理、备调设施、演练过程、演练效果、存在问题、整改措施及计划进行逐项总结	2	
44	开展完善整改	针对演练过程中及自评估发现的问题，按照实际情况滚动修订或完善相关应急启用方案和应急处置卡，开展完善提升及缺陷整改	3	
合计			100	

附件2

国家电网调度机构异地值班场所运行演练评估标准

评估内容		评估要点	标准分	评估情况
一、场所与功能建设			15	
1	选址科学合理	1. 在非主调所在地的上级、同级、下级调度，或公司资产用地用房办公场所建立常备的异地值班场所	2	
2		2. 异地值班场所与主调原则上不应在同一地震板块内，满足防大型自然灾害、战备等要求	2	
3		3. 异地值班场所设立的专用调度席位至少4席（地调至少2席），配置与主调、同城第二值班场所间的音视频交互系统	2	
4	席位功能全面	异地值班场所值班席位应满足调度运行和技术支持业务开展，每个值班席位均应接入主从技术支持系统，均应配备OMS和调度电话系统	3	
5	场所安全达标、生活配套保障完善	1. 异地值班场所和相关机房消防器材配置符合标准且定期维护，记录完整；门禁齐备，出入履行登记手续；场所安消防体系完备，责任清晰	2	
6		2. 异地值班场所具备调度运行人员不间断值班所必需的日常需要，各项日常维护、保障工作任务责任明确	2	
7		3.异地值班场应具备应急会商办公条件，具备调度值班人员必需的用餐、休息场所	2	
二、技术支持系统建设与应用			35	
8	基本功能完善	1. 主从技术支持系统的B系统实时数据通过站端两套调度数据网网络实现独立采集、独立下发，数据完整、准确并独立存储	2	
9		2. 主从技术支持系统的B系统应具备与A系统一致的AVC（AGC）控制功能，可实现相关功能控制权一键式切换	2	
10		3. 主从技术支持系统的B系统应具备与A系统一致的SCADA，满足电网监视控制业务应急备用的需要	2	
11	数据同步	1. 主从技术支持系统应能与上下级调度主、备用技术支持系统实现互联互通	3	
12		2. 主从技术支持系统的B系统应实现同与A系统间的模型数、人工操作、文件的自动同步、增量同步和双向同步，具备捕获各类数据同步异常并发出告警的功能	2	
13		3. 主从技术支持系统应具备针对指定模型数据表记录、指定文件夹及文件进行自动或手动一致性校验功能	2	
14	主从切换	1. 主从技术支持系统应实现主从功能组的定义、主从状态展示、自动或手动切换功能	2	
15		2. 主从技术支持系统具备模型维护主从机制，具备FES、SCADA、AGC及AVC等核心应用主从切换机制	2	
16	人机终端配置	1. 人机网络架构采用人机代理服务模式（NPM）、局域网扩展模式（LAN）或桌面云方案	2	
17		2. 具备人机终端，或具备位置无关、权限控制的统一人机，可实现灵活访问主从系统的功能需求	2	

续表

评估内容		评估要点	标准分	评估情况
18	网络安全防护	1. 主从技术支持系统的 B 系统的安全防护部署应满足《电力监控系统安全防护规定》（国家发展改革委 2014 年第 14 号令）、《关于印发电力监控系统安全防护总体方案等安全防护方案和评估规范的通知》（国能安全〔2015〕36 号文）要求	3	
19		2. 主从技术支持系统的 B 系统监测信息应接入网络安全管理平台	2	
20		3. 异地备调技术支持系统终端应采用口令、密码技术、生物技术等两种或以上组合的身份鉴别技术，实现本地操作人员的权限管理和安全认证	2	
21	信息网络通畅	主从技术支持系统的 B 系统应接入可靠的信息网络，接入点具备 2 条以上链路，满足各类调度、生产管理系统的应用	2	
22	系统电源独立部署	1. 主从技术支持系统的 B 系统应采用独立不间断电源供电	3	
23		2. 交流电消失后，不间断供电维持时间应不小于 2 小时。蓄电池应进行定期核对性放电试验，实验记录完整	2	
三、通信系统建设与应用			15	
24	调度电话配置达标	1. 异地值班场所调度电话应连接专用的调度交换机，使用与主调、同城第二值班场所功能一致的人机设备，具备与主调一致的数据内容和显示界面，操作流程一致	3	
25		2. 异地值班场所应与主调和同城第二值班场所调度电话号码一致，且能同步振铃	2	
26		3. 异地值班场所具备独立的电脑录音设备，对调度电话进行实时录音，并具有查询、备份等功能	2	
27		4. 异地值班场所应与主调和同城第二值班场所之间分别具备专用直通电话设施，以便于在突发情况下能及时沟通	2	
28	光缆通道及传输设备达标	1. 异地值班场所通信站点应具备 2 条以上物理路由独立的光缆通道	3	
29		2. 异地值班场所通信站点光传输设备核心板件具备冗余 1＋1 配置	2	
30	动力环境基础设施达标	具备双通信直流电源，通信机房空调设施完备，具备动力环境监测手段	1	
四、组织机构及日常管理			20	
31	应急启用	1. 异地值班场所应急启用方案中应包含可能引发主调和同城第二值班场所失效的灾害事故、战争等事件特征	2	
32		2. 异地值班场所应急启用方案中应明确应急组织机构和职责，应急组织机构应包括主调及异地值班场所所在单位相关成员，职责应清晰明确	1	
33		3. 异地值班场所应急启用方案中应急处置流程应合理、可操作，调度指挥权转移程序清晰、要求明确、无缝衔接	2	
34		4. 异地值班场所应急启用方案应结合业务、人员、技术支持系统变化及时修编	1	
35		5. 应急处置卡应涵盖启用流程中各岗位	1	
36		6. 应急处置卡应结合岗位实际具有针对性，应急措施应明确，具有可操作性	1	
37		7. 启用流程中各岗位人员应熟练掌握应急处置内容	1	

	评估内容	评估要点	标准分	评估情况
38	人员管理	1．异地值班场所值班人员应在场所所在地另行配置，值班人员培训和上岗资格认定由主调负责	2	
39		2．异地值班场所人员配置应满足主调值班人员赶赴异地值班场所期间应急值班需求	2	
40	资料管理	异地值班场所资料应齐全，内容应及时更新并与主调保持一致。资料可为电子版或纸质，应包括但不限于：1）调度法律、法规及有关文件；2）电网突发事件处置预案；3）调度各专业运行规程、技术标准、规定、制度、运行方式以及备调各类规章制度等；4）调度操作票、检修票、日志等；5）各应用系统、设备运行维护日志、图纸、资料、手册等；6）有关单位通信联系方式和其他重要运行资料等；7）其他所需要的有关文件资料	3	
41	保障管理	1．应对异地备调值班场所设施及主从技术支持系统的 B 系统进行例行巡视并做好记录	1	
42		2．异地值班场所应具备人员 24 小时值班所必需的后勤保障服务，包括用餐、饮水、休息、保洁、防疫等	1	
43		3．主调值班员及相关专业人员应每年（或每季度）赴异地值班场所短期值守，开展部分主调业务	2	
五、常态化演练			15	
44	定期开展演练	1．制定异地值班场所应急演练计划并按期执行，每年应组织一次电网调度指挥权转移至异地值班场所的应急演练或同步值守演练	2	
45		2．异地值班场所年度演练至少应通过 72 小时以上的连续承担电网调度指挥权相关业务的检验	2	
46	演练方案编制完备	异地值班场所应急演练方案应以备调应急启用方案和应急处置卡为基础，明确演练流程、内容和各类保障措施等重点事项的安排	1	
47	调控指挥权转移程序	1．调度指挥权转移的程序正确、合理，满足调度指挥体系不间断运转的要求	3	
48		2．相关注意事项均交接清晰，无遗漏。若演练紧急情况下的调度权切换，可视情况简化	3	
49	自评估及时	演练完成后编制自评估总结，对演练组织、日常管理、备调设施、演练过程、演练效果、存在问题、整改措施及计划进行逐项总结	2	
50	开展完善整改	针对演练过程中及自评估发现的问题，按照实际情况滚动修订或完善相关应急启用方案和应急处置卡，开展完善提升及缺陷整改	2	
合计			100	